Szabó – Der Gral im Horoskop

Zoltán Szabó

Der Gral im Horoskop

Astrologie der Wandlung

NEUE ERDE

Stellungnahme des Verlages: Warum wir an der »alten« Rechtschreibung festhalten

Wir halten die »neue« Rechtschreibung für eine Fehlgeburt, und das konnte auch gar nicht anders sein, weil der Ansatz der Reformer war, das Schreiben einfacher zu machen. Wir als Verlag veröffentlichen unsere Bücher aber für Sie, liebe Leserin/lieber Leser - Sie sollen es als Leser einfach haben. Das Lesen und das Verständnis ist bei vielen Regeln der »alten« Rechtschreibung einfacher und klarer. (Denken Sie nur einmal, daß nach der neuen Rechtschreibung, zwei Autoren kein Buch mehr zusammenschreiben können, es hieße dann immer, sie hätten es zusammen geschrieben, auch wenn sie es zusammengeschrieben haben.) Im übrigen sind die neuen Regeln nun auch nicht eben frei von Widersprüchen. Auf Wunsch senden wir Ihnen gerne ein ausführliches Info mit den wichtigsten Ungereimtheiten am »Neuschrieb«.

2 3 4 5 6 20 19 18 17 16 15 14 13 12 11 10 09 08 07 06 05 04 03 02

Der Gral im Horoskop
Zoltán Szabó

Unveränderter Nachdruck der 1985 bei Heinrich Hugendubel in München unter dem Titel ASTROLOGIE DER WANDLUNG erschienenen Ausgabe.

Titelseite:
Foto: Astrophoto
Gestaltung: Dragon Design, GB

Satz: Fotosatz Otto Gutfreund, Darmstadt

Gesamtherstellung:
Legoprint, Lavis (TN)
Printed in Italy

ISBN 3-89060-465-X

NEUE ERDE Verlag GmbH
Cecilienstr. 29 · D-66111 Saarbrücken
Deutschland · Planet Erde
info@neueerde.de · www.neueerde.de

Inhalt

Vorwort zur zweiten Auflage

»Der GRAL ist in PORTUGAL.« *Ben Kon*

Vorliegendes Buch handelt von spiritueller Astrologie. Diese Astrologie kann man auch als okkult, esoterisch, philosophisch, transpersonal oder geistig bezeichnen. Wie alles auf der Welt, hat auch die Astrologie drei Aspekte: den körperlichen, den seelischen und den geistigen Aspekt. Auf der körperlichen Ebene liegt die Ereignisastrologie. Hier versucht man, das Schicksal mit dem Horoskop in Einklang zu bringen und mögliche zukünftige Ereignisse vorauszusagen. Bald erkennt man allerdings, daß Schicksal und Charakter eins sind. Damit befinden wir uns bereits auf der seelischen Ebene, und wir betreiben Erkenntnisastrologie, auch psychologische Astrologie genannt. Der Zweck ist die Selbsterkenntnis; der Mensch wächst sozusagen in sein Horoskop hinein und versucht, sein Schicksal im Sinne seines Charakters ein wenig mitzugestalten. Auf der dritten, geistigen Stufe wird die Astrologie zum Werkzeug der Wandlung sowohl des Menschen als auch der Welt, und ihr Ziel und Sinn ist hier die Befreiung vom Horoskop. Selbstverständlich sind alle drei Stufen gleichzeitig vorhanden, doch richtet sich das Hauptaugenmerk folgender Erörterungen stets auf den geistigen Aspekt von Mensch, Welt und Horoskop.

Der Gral ist das schönste und trefflichste Symbol der Ganzheit. Da aber Ganzheit lediglich ein anderes Wort für Gesundheit und Heil ist, entpuppt sich die spirituelle Astrologie des Grals als Heilsweg. Was genau Gral und Gralsburg sind, das sagt sich nicht so einfach. Man kann sie jedoch mit Hilfe von Mandalas – ebenfalls Symbole der Ganzheit – annähern, und auf diese Weise werden sie immer deutlicher hervortreten. Mandalas sind die unumgänglichen Grundpfeiler jeglicher spirituellen Disziplin, so etwa der Runenkunde, der Geomantie und eben der Astrologie. Symbolisch gesehen, sind also Gral und Gralsburg Mandalas, ist astrologische Gralskunde ein Heilsweg.

Dieses Buch ist vor bald zwei Jahrzehnten geschrieben worden. Da sein Inhalt esoterisch ist, hat er an Aktualität dennoch nichts eingebüßt: Spiritualität ist zeitlos. Politik hingegen ist exoterisch, und hier hat sich in den letzten zwanzig Jahren einiges verändert: Der Ost-West-Konflikt ist in den Hintergrund getreten. Vor dem Fall der Berliner Mauer und des Eisernen Vorhangs lag das verborgene geographische Zentrum Europas bei Würzburg (siehe dazu die Ausführungen in meinem »Buch der Runen«). Dieses Zentrum, der Mittelpunkt des Europa-Mandalas, hat sich ein wenig nach Osten verschoben und befindet sich heute bei Prag. Hervorgetreten ist dafür mit voller Wucht der bisher verdrängte Nord-Süd-Konflikt. Diese politische, exoterische Entwicklung war vorhersehbar. Sie findet ihr esoterisches Pendant im Zusammenwirken der äußeren (Ost-West) und der inneren (Nord-Süd) Gralsburg. Außen und Innen, Exoterik und Esoterik, sind nur zwei Seiten der einen, heilen Wirklichkeit.

Und in diesem Sinne möchte ich jetzt die Frage beantworten, die in den vergangenen Jahren sehr oft an mich gestellt wurde: Gibt es die Gralsburg wirklich? Ja, sie gibt es wirklich. Die Gralsburg ist nicht nur eine Metapher, sie existiert real und zum Anfassen – sogar mehrfach. Zwar muß jeder Sucher seine »eigene« Gralsburg finden. Doch eine will ich hier nennen: Es ist das Castel del Monte Friedrichs II. von Hohenstaufen (1194 - 1250) in Apulien. Jeder, der sich mit diesem Bau gründlich auseinandersetzt, wird zugeben, daß ich mit meiner Behauptung recht habe. Der Gral ist dort allerdings nicht mehr vorhanden. Einer der besten Wege zu ihm führt durch Tierkreis und Horoskop.

Zoltán Szabó, Konstanz, den 1. Februar 2002

Manfred Graf Keyserling
gewidmet

»Heil, wer neue Tänze schafft,
Tanzen wir in tausend Weisen,
Frei sei unsre Kunst geheißen,
Fröhlich unsre Wissenschaft!«

I. Astrologie der Kreuze

Der Tierkreis ist die jährliche Bahn der Sonne und der Weg sämtlicher Planeten. Daß die Sonnenbahn ein Kreis ist, wird aus der unmittelbaren Anschauung nicht sofort klar. Wohl sehen wir, daß die Sonne im Sommer höher und im Winter tiefer am Himmel steht, doch ihre jährliche Bewegung wird durch die tägliche Himmelsdrehung verdeckt. Nur die langfristige Beobachtung vor allem des nächtlichen Himmels und einiges Nachdenken lassen uns den Tierkreis erkennen.

Wir können also feststellen, daß der Tierkreis eine tiefere Schicht der Himmelsharmonie aufzeigt als die tägliche Himmelsbewegung. Diese Erkenntnis hat für die Astrologie sehr weitreichende Folgen, denen bei der gewöhnlichen Horoskopdeutung nicht annähernd Rechnung getragen wird.

Die Auslegung eines Horoskops ist der Versuch, das Leben eines Menschen in größere Zusammenhänge einzuordnen und dadurch den Platz zu finden, wo der Mensch besser wachsen kann. Das mag auf den ersten Blick paradox klingen, denn wenn der Mensch sich den kosmischen Gesetzmäßigkeiten unterstellt, so wird er seine Kleinheit und Bedeutungslosigkeit erkennen, er wird also bescheiden. Gerade deshalb erreicht er aber den Ort, wo er – ähnlich der Pflanze, die auf fruchtbarem Boden lebt – besser gedeihen kann. Diesen Ort finden wir in der Zeit, die uns dieses Leben auf der Erde zur Verfügung stellt.

Das individuelle Leben in der Zeit ist als Kreis zweifach an den Himmel geschrieben. Zuerst und offensichtlich als die Tagesbewegung der Sonne: Vom Sonnenaufgang bis zum Sonnenuntergang finden wir den nach außen sichtbaren Teil eines ganzen Lebens von der Geburt bis zum Tod symbolisch dargestellt. Parallel dazu zeigt die Nachthälfte des Tages (vom Sonnenuntergang bis zum Sonnenaufgang) die verborgenen Aspekte desselben Lebens. Hier steht also ein Tag für ein Leben, und das astrologische Häusersystem beruht auf dieser täglichen Himmelsbewegung.

Wenn nun bei der Deutung eines Horoskops die Aufmerksamkeit überwiegend auf die Häuser gerichtet wird – und das ist in der gewöhnlichen Astrologie durchweg der Fall – so erreichen wir vor allem eine erste, relativ offensichtliche und oberflächliche Schicht des Menschen. Eben seine Verhaltensweisen, seine bevorzugten Lebensbereiche, sein nach außen sichtbar gewordenes Schicksal – all dies können uns die Häuser eines Horoskops zeigen. Normalerweise ist das auch alles, was der Ratsuchende beim Astrologen erfahren möchte: Was bringt die Zukunft in bezug auf Geld, Liebe und Gesundheit?

Hingegen zeigt der durch die Häuser verdeckte Tierkreis das Leben im größeren Rhythmus des Jahres, eine Sicht, die nicht mehr so schnell einsehbar ist wie der schnelle Wechsel von Tag und Nacht. Hier zeigen sich die Anlagen des Menschen, die er oftmals hinter seinem offensichtlichen Verhalten versteckt und sein Charakter, der letztlich sein sichtbar gewordenes Schicksal bestimmt. Die Häuser mögen zeigen, wo man vielleicht Gold findet. Will man aber wie die Alchemisten Gold machen, so muß man den Tierkreis befragen. Die Häuser der Tagesbewegung vermögen vollständig das Leben einer Eintagsfliege zu erfüllen. Um eine Pflanze zu verstehen, muß man schon im jährlichen Rhythmus der Sonne denken, und der Mensch ist ein noch höheres Wesen.

Versuchen wir also den Tierkreis zu fassen. Ein Kreis hat zunächst einmal keinen Anfang und kein Ende, und vier Ecken eines Kreises finden zu wollen, ist gleichsam eine Quadratur dieses Kreises. Die Anschauung der jährlichen Sonnenbahn liefert uns die vier Ecken des Tierkreises. Im Laufe des Jahres bewegt sich die Sonne am Himmel auf und ab, bei Berücksichtigung des langsamen Fortschreitens beschreibt sie eine Figur, die wir als Sinuskurve kennen.

Die horizontale Linie ist der Himmelsäquator, der Pfeil zeigt die Richtung der Zeit. Wenn die Sonne im Steigen begriffen den Äquator schneidet, beginnt der Frühling. Das

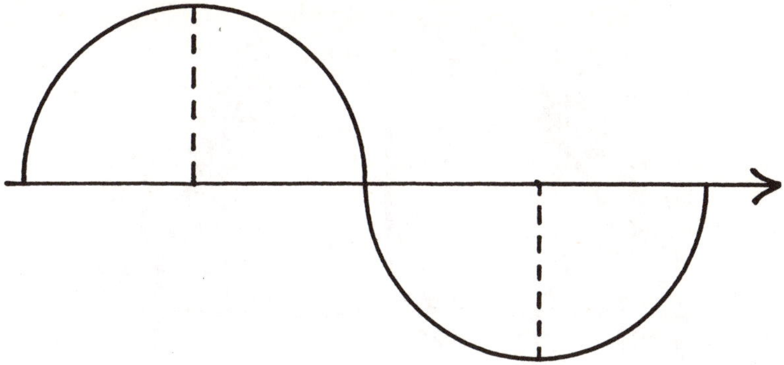

ist der Frühlingspunkt oder der Beginn des Tierkreiszeichens Widder. Ab jetzt steigt sie Tag für Tag höher am Himmel, bis sie drei Monate später zum Sommerbeginn im Steigen anhält: Am Anfang des Tierkreiszeichens Krebs hat die Sonne ihren höchsten Stand erreicht, sie bleibt stehen. Der Abstieg beginnt; zum Herbstbeginn im Zeichen Waage überquert die Sonne erneut den Äquator und erreicht im Steinbock ihren tiefsten Stand: der Winter beginnt. Auch hier ist ein Anhalten und ein Richtungswechsel, nach weiteren drei Monaten erreicht sie wieder den Äquator und ein neuer Frühling bricht an.

Nachdem wir festgestellt haben, daß die jährliche Sonnenbahn wieder dort endet, wo wir angefangen haben, können wir die zwei Halbkreise der Zeichnung zusammenklappen, und wir haben den Tierkreis erhalten. Gleichzeitig haben wir vier besondere Punkte des Sonnenlaufes bestimmt und damit die Quadratur des Tierkreises gelöst.

Die vier Tierkreiszeichen, die durch diese Ableitung hervortreten, sind Widder, Krebs, Waage und Steinbock. Sie bilden das kardinale Kreuz. In der astrologischen Deutung bedeuten die Kardinalzeichen das beginnende Stadium, einen das jeweils folgende Viertel des Tierkreises einleitenden Impuls. Sie stehen am Anfang eines Geschehens, das für das nun folgende Viertel maßgeblich ist. Sie leiten die vier Jahreszeiten ein, bei Krebs und Steinbock durch Rich-

tungswechsel der Sonnenbahn, bei Widder und Waage durch Wechsel der Ebenen zwischen oben und unten.

Das kardinale Kreuz ist das Kreuz des Werdens. Es ist die jugendliche Energie, die gerade in Erscheinung getreten, unaufhaltsam vorwärts drängt. Nehmen wir zum Beispiel Widder, er symbolisiert die Geburt. Bei der Geburt gibt es noch keine Vergangenheit und auch keine Gegenwart. Das ganze Leben liegt noch vor uns, es ist nur Zukunft, anders ausgedrückt eine einzige Hoffnung. Eine schwangere Frau geht in Hoffnung, denn sie trägt die ganze Zukunft des Kindes in sich. Krebs ist die Mitte des oberen Halbkreises. Wir müssen anhalten und erkennen, daß es nicht mehr weiter nach oben geht. Weiter aufwärts zu streben hat keine Zukunft mehr, die neue Hoffnung entsteht durch die Wende nach innen. Mit Waage sind hell und dunkel ausgeglichen, Tag und Nacht sind gleich lang und die Nächte werden ab jetzt immer länger. Wenn ich weiterkommen will, muß ich erkennen, daß dieses Andere, dieses Fremde und Dunkle mächtiger ist als ich, ich muß mich diesem

Du zuwenden, um es kennenzulernen. Schließlich Steinbock, wo die Talfahrt der Sonne ein Ende nimmt und die Tage wieder länger werden. Mitten in der dunklen Jahreszeit erhebt sich erneut das Licht und gibt neue Hoffnung und bald ein neues Jahr.

Das kardinale Kreuz ist das Kreuz der Zukunft. Etwas, das Vorangegangene, ist endgültig vorbei, die Würfel sind gefallen, neue Hoffnung finden wir nur durch den Blick nach vorne. Wenn wir ein treffendes Symbol für das kardinale Stadium suchen, bietet sich der vorwärtsgerichtete Pfeil an.

Wir haben das kardinale Kreuz abgeleitet, indem wir aus der Anschauung der Sonnenbahn die vier Eckpunkte des Tierkreises bestimmt haben. Dadurch bekommt der Kreis Anfang und Ende, wir können nunmehr sagen, wo oben und unten ist. Durch das kardinale Kreuz wird der Tierkreis im Raum ausgerichtet, gleichsam im Raum getragen, wobei die Kardinalzeichen die Verankerungen oder Träger sind. Sie bilden den vierfachen Rahmen oder das vierfache Gerüst für den ganzen Tierkreis.

Die Betonung der Trägerfunktion des kardinalen Kreuzes wird besonders deutlich, wenn wir die anatomischen Zuordnungen der Körperregionen des Menschen zu den einzelnen Tierkreiszeichen berücksichtigen. Für die Kardinalzeichen finden wir dabei folgende Entsprechungen:

Widder	—	Kopf
Krebs	—	Brustkorb (Magen)
Waage	—	Becken
Steinbock	—	Knie bzw. Knochengerüst

All diese Körperteile bilden schützende Panzerungen für die darinliegenden weichen Organe, bzw. sie gewährleisten das selbständige Auftreten des Menschen in der Körperwelt, kurz, sie sind die Träger des menschlichen Körpers.

Über die Planetenherrscher der Tierkreiszeichen werden wir später ausführlich sprechen, hier sei nur erwähnt, daß der Mond (durch Krebs) das kardinale Kreuz beherrscht. Der Mond aber symbolisiert die Erscheinungsform und die Gestaltungskraft. Mithin haben wir auch hier die Bestätigung, daß das kardinale Kreuz vor allem das körperliche sichtbare In-Erscheinung-Treten des Menschen darstellt.

Die Vierteilung durch das kardinale Kreuz ermöglicht die Ausrichtung des Tierkreises. Jedes Kardinalzeichen leitet ein neues Viertel ein und bestreitet dessen erste Phase. Die nun folgenden fixen Zeichen haben die Aufgabe, sich mit dem durch die kardinalen Zeichen Hervorgebrachten auseinanderzusetzen. Jedes fixe Zeichen bildet den mittleren Teil des entsprechenden Viertels. Hier ist die Energie nicht auf das Vorwärtsstürmen gerichtet, hier muß man langsamer aber beständiger treten, das Vorgefundene bearbeiten, vertiefen und mit Inhalt füllen. Das fixe Stadium bildet den Höhepunkt des jeweiligen Viertels. Dies erkennt man bei der Beobachtung der Jahreszeiten, wenn die Sonne in den fixen Zeichen steht: Stier bringt die schönste Frühlingszeit, die »Wonnezeit«, in der die Erde duftet, Blumen und Bäume in voller Pracht blühen, die Vögel vergnügt zwitschern, die Studenten verliebt sind und Flieder für die Geliebte klauen. Löwe ist der heiße Sommer. Die glühende Sonne zerstrahlt hemmungslos ihre Kraft, ihr starkes Licht bricht alles auf und legt die Welt offen zutage, man kann sich nicht verstecken. Die Mittagshitze verbrennt alles. Nicht nur die grünen Wiesen, sondern auch die Gedanken und die Grübeleien, die Sorgen von gestern und die Hoffnungen auf morgen. Es gibt keine Vergangenheit und keine Zukunft, die Gedanken schweigen, die Gefühle sind schläfrig. Was übrigbleibt, ist zeitlose Gegenwart – das Leben hier und jetzt. Skorpion bringt den Tod des Herbstes. Die Welt ist grau geworden. Der Wind reißt die restlichen Blätter von den Bäumen, wirbelt sie in der Luft herum und wirft sie zu Boden. Kalter Schneeregen schlägt ins Gesicht. Die Natur scheint zu sterben. Unten am Boden zersetzt die Fäulnis die abgefallenen Blätter, daraus entsteht neue Nahrung für die Erde.

Ein geheimnisvoller Umwandlungsprozeß ist im Gange, es ist die Zeit des »Stirb und Werde«. Und Wassermann ist das majestätische Schweigen der schlafenden Natur. Nur eine Schneeflocke schwebt über der hartgefrorenen Winterlandschaft, ein Stück kristallisierter Geist.

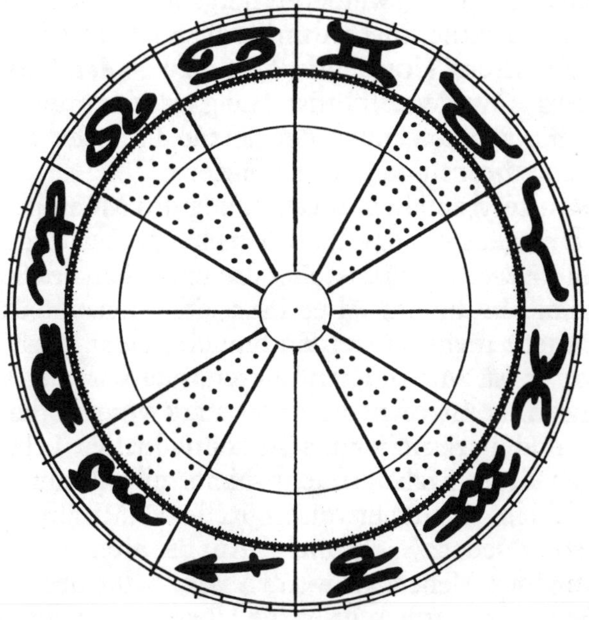

Das fixe Kreuz ist das Kreuz der Gegenwart. In diesem Stadium angelangt, hat man schon eine Vergangenheit – nämlich das Kardinale – die aber nicht mehr interessiert, und eine Zukunft – nämlich das Labile – die aber noch nicht interessiert. Die Aufmerksamkeit ist hier vollständig auf das Jetzt gerichtet. Das treffende Symbol der fixen Qualität ist der Kreis.

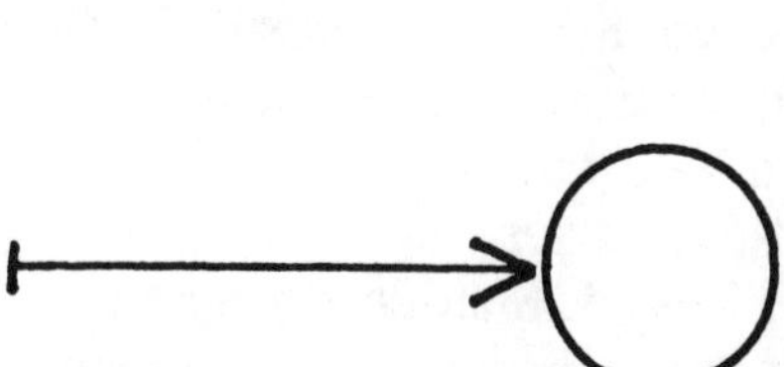

Der vorwärtsgerichtete Pfeil des kardinalen Kreuzes symbolisiert das Werden. Die Entwicklung ist dort an der Zukunft ausgerichtet, weshalb Vorstellungen das kardinale Stadium charakterisieren. Diese Vorstellungen werden im fixen Kreuz zu grundsätzlichen Einstellungen. Vorsatz ist eine kardinale Tugend, Grundsatz dagegen eine fixe. Aus diesem Grund werden Stiergeborene als stur verschrien, und manchmal stimmt es ja auch. Das fixe Kreuz ist das Kreuz des Seins. Der Übergang von den Vorstellungen über das Werden zur Einstellung im Sein muß in jedem Prozeß bewältigt werden, der gerade Pfeil der Hoffnung muß sich zum zeitlosen Kreis biegen.

In der altersgemäßen Entwicklung des Menschen sollte dieser Übergang um das 28. Lebensjahr gemeistert werden. Es ist die »zweite Geburt« oder das Erwachen des Selbstbewußtseins. In diesem Alter kann der Mensch erkennen, daß er nicht mehr zu werden braucht, denn er ist bereits das, was er ist. Mit anderen Worten, hier wird der Mensch erwachsen, er ist nicht mehr so stark vom Kollektiv abhängig und beginnt jetzt sein individuelles Leben. Wer dieses Stadium nicht erreicht, bleibt ein »Einmalgeborener« und ein möglicherweise nützliches Mitglied der Gemeinschaft, jedoch nicht mehr. Auf die altersgemäße Entwicklung des Menschen werden wir später noch zurückkommen. Der hier beschriebene Übergang ist der Wechsel von der kollektiven Mond- zur individuellen Sonnenstufe. Dieselbe Symbolik finden wir beim Übergang vom kardinalen Krebs (Mondzeichen) zum fixen Löwe (Sonnenzeichen). Die Sonne bedeutet das Wesen, den geistigen Lebenskern, der zunächst unsichtbar hinter den Erscheinungen (Mond) steckt. Der äußere Rahmen des kardinalen Kreuzes wird also im fixen Kreuz mit lebendigem Inhalt gefüllt. Die den fixen Zeichen entsprechenden Regionen des menschlichen Körpers bestätigen diese Aussage. Es bestehen folgende Entsprechungen:

Stier	—	Hals
Löwe	—	Herz
Skorpion	—	Geschlechtsorgane
Wassermann	—	Waden bzw. Rückenmark

Die Organe der fixen Zeichen bilden sozusagen das Innenleben der entsprechenden Kardinalzeichen. Die Sprache tritt durch den Mund (Widder) in Erscheinung, wird aber im Hals belebt. Der Brustkorb (Krebs) beinhaltet und beschützt das Herz, das Becken (Waage) die Geschlechtsorgane und schließlich die Wirbelsäule (Steinbock) das Rükkenmark. Die kardinalen Träger werden durch die fixe Substanz rhythmisch belebt. Leben bedeutet schlechthin Rhythmus: in der Sprache (Stier), in der Herztätigkeit (Löwe), in der Sexualität (Skorpion) und im Nervensystem (Wassermann). Kann der innere Rhythmus nicht mehr aufrechterhalten bleiben, so zerfallen auch die Träger und der Tod tritt ein.

Wir sehen also, daß im fixen Kreuz eine verborgene Seite des Lebens aufscheint. Vielleicht ist dieses Geheimnis der Grund dafür, daß die christliche Kirche die uralten Symbole der fixen Zeichen für die vier Evangelisten beibehielt: Stier für Lukas, Löwe für Markus, Adler (Skorpion) für Johannes und Wassermann für Matthäus. Das kardinale Kreuz ist der Träger des Tierkreises, es ist auch das Kreuz von Jesus Christus. Das fixe Kreuz ist das »verborgene Kreuz«, dessen Geheimnis einerseits tief in die Vergangenheit zurückgeht (Stierzeit), andererseits für unsere heutige Zeit noch in ferner Zukunft liegt. Es wird wohl die Aufgabe des kommenden Wassermann-Zeitalters sein, das verborgene Geheimnis etwas zu lüften. Das dritte und letzte Kreuz in unserer Reihenfolge ist das labile Kreuz, gebildet von den Tierkreiszeichen Zwillinge, Jungfrau, Schütze und Fische. Die hier beschriebene Folge der Kreuze, die der Bewegungsrichtung der Planeten entspricht, bezieht sich auf das Zeiterleben und die Entwicklung des Menschen als Individuum. Wir werden später sehen, daß Entwicklungen, die die Menschheit betreffen, gerade umgekehrt vor sich gehen. Für den einzelnen wird aber diese umgekehrte Entwicklung erst dann von Bedeutung sein, wenn er sich als Weltbürger begreift und sein Schicksal mit dem Schicksal der Erde gleichschaltet.

Das labile Kreuz beendet die Entwicklung in jedem Viertel des Tierkreises und bereitet so vor für das nächste kardinale Zeichen. Die labile Energie ist jedoch nicht vorwärts auf das Kommende, sondern rückwärts auf das Vorangegangene gerichtet. Das Symbol des rückwärtsgerichteten Pfeiles liefert nun ein vollständiges Sinnbild für die Stadien der drei Kreuze.

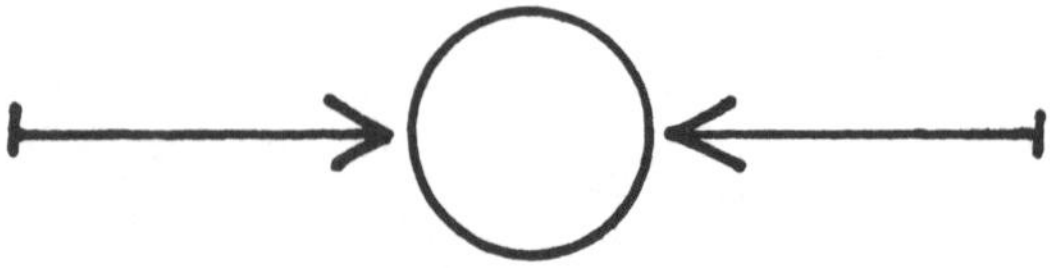

Jedes labile Tierkreiszeichen ist als drittes Zeichen die Synthese der vorangegangenen zwei Zeichen, es ist das Ergebnis des Zusammentreffens der kardinalen und der fixen Energie oder die Funktion zwischen diesen. Unser Sinnbild zeigt aber, daß hier etwas nicht stimmt. Wenn wir den kardinalen Pfeil als These setzen – und das ist richtig – so wäre doch der dagegengerichtete labile Pfeil die Antithese, woraus dann der Kreis des fixen Kreuzes als Synthese resultieren kann. Die richtige Reihenfolge muß also lauten: kardinal, labil und fix – oder – Pfeil vorwärts, Pfeil rückwärts und Kreis. Diese Reihenfolge finden wir tatsächlich, wenn wir den Tierkreis im Uhrzeigersinn entwickeln, wenn wir uns also am Gang der Weltgeschichte und nicht an der individuellen Entwicklung ausrichten. Diese Umkehrung des Tierkreises oder das »Umstellen der Lichter« ist von esoterisch orientierten Autoren schon oft beschrieben worden. Für den Menschen in seiner altersgemäßen Entwicklung wird dieses Problem mit dem Beginn des letzten Lebensdrittels um das 56. Lebensjahr aktuell. Dort ist er mit dem Vergehen konfrontiert, mit der Fragestellung des labilen Kreuzes.

kardinal	Beginn	Werden	kollektiv
fix	Mitte	Sein	individuell
labil	Ende	Vergehen	transpersonal

Die Umkehrung der Drehrichtung im Tierkreis finden wir auch in der christlichen Symbolik. Das kardinale

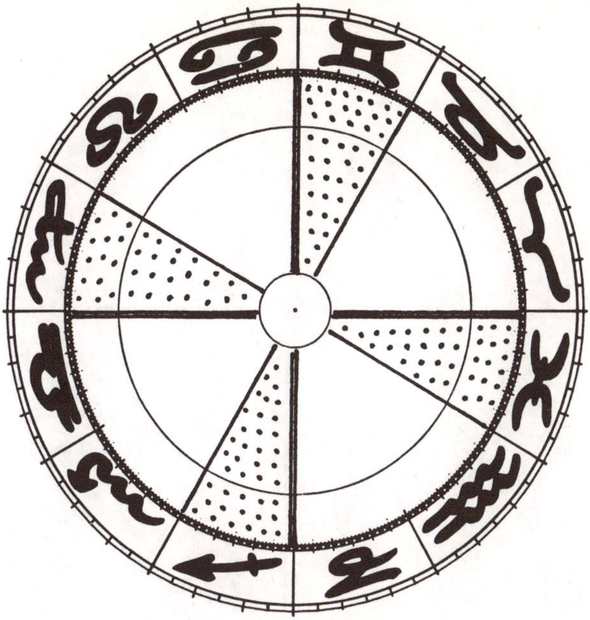

Kreuz ist das Kreuz von Jesus Christus, es ist das Eine Kreuz. Das Andere Kreuz oder das Andreaskreuz ist aber das labile Kreuz. Aus den Abbildungen der Kreuze geht das klar hervor: Wenn wir das kardinale Kreuz um seine Hauptachsen spiegeln – also die Drehrichtung wechseln – geht es ins labile Kreuz über.

Bei der Behandlung des fixen Kreuzes haben wir gesehen, daß dieses in seiner vollen Bedeutung verborgen ist, es ist das verborgene Kreuz. Versuchen wir nun eine synthetische Darstellung aller drei Kreuze. Wie die vorangestellte Tabelle zeigt, entspricht der Beginn dem kardinalen und das Ende dem labilen Kreuz. Der Beginn des kardinalen und das Ende des labilen Kreuzes fallen aber zusammen, sie bilden die Hauptachsen des Tierkreises. Das Christuskreuz und das Andreaskreuz sind also letztlich identisch. Das fixe Kreuz entspricht der Mitte, die Mitte des fixen Kreuzes ist das Achsenkreuz, das jeweils durch den 15. Grad der fixen Zeichen verläuft, dies also das verborgene Kreuz.

Die zeichnerische Darstellung ergibt die achtfache Teilung des Tierkreises.

Es ist erwiesen, daß diese Achtteilung des Himmels in früheren Zeiten benutzt wurde, wir finden sie z. B. auch im I Ging. Dies kann nur gewesen sein in Zeiten, in denen das fixe Kreuz nicht verborgen war, also das letzte Mal vor etwa 5000 Jahren in der Stierzeit.

Möglicherweise wird man in 1000 Jahren in der Wassermannzeit erneut die achtfache Teilung verwenden, denn nur in Zeitaltern des fixen Kreuzes kann das verborgene Kreuz unverhüllt hervortreten.

Solange wir jedoch den Menschen in seiner individuellen Entwicklung studieren, muß für uns die Reihenfolge kardinal, fix und labil gelten. Nehmen wir für die Lebensspanne eines Menschen dreimal 28 Jahre, also insgesamt 84 Lebensjahre an.

Bei dieser groben Aufteilung stehen die einzelnen Lebensdrittel unter der Herrschaft der drei Kreuze in der gewöhnlichen Reihenfolge.

kardinal	Jugend	Zukunft	Hoffnung
fix	Lebensmitte	Gegenwart	Handlung
labil	Alter	Vergangenheit	Erinnerung

Das Symbol des labilen Kreuzes ist der rückwärtsgerichtete Pfeil. Im Alter setzt die Erinnerung an die Vergangenheit verstärkt ein, denn jede diesseitige Hoffnung auf die Zukunft wird angesichts des Todes immer geringer. Die jugendlichen Vorstellungen des kardinalen Kreuzes wurden im Erwachsenenalter zu fixen Einstellungen, jetzt im Alter werden sie zu labilen Nachahmungen. Der Sinn- und Trostlosigkeit des Alters kann nur das »Umstellen der Lichter« begegnen, das ist in der Tat die vornehmste Aufgabe des Alters.

Doch der Tod ist nicht nur im Alter vorhanden, sondern stets gegenwärtig. Wie man sagt, ist er der unsichtbare Begleiter, der einen Meter entfernt links neben dem Menschen herschreitet. Es ist dann ganz gut, wenn man ab und zu seinen kahlen Schädel streichelt, das nimmt ihm vielleicht den Stachel. Genausowenig ist die Problematik des labilen Kreuzes auf das Alter beschränkt.

Die Hauptaufgabe der labilen Zeichen ist es, Synthese zu schaffen zwischen den kardinalen und den fixen Zeichen, das, was diese erreicht haben, jetzt anzuwenden. Dazu stehen dem labilen Kreuz die planetarischen Kräfte des Merkur: Verstand, Taktik und Zweck und des Jupiter: Vernunft, Strategie und Sinn zur Verfügung. Eine Synthese wird nur dann möglich sein, wenn sowohl die Jupiter- als auch die Merkurkräfte gleichgewichtig berücksichtigt werden. Das ist heutzutage leider gar nicht der Fall. Unsere heutige Welt leidet unter den Machenschaften eines tollwütigen Merkur, zum Beispiel unter dem Deckmantel der Wissenschaft. Das kann etwa so aussehen: Nach einer eingehenden wissenschaftlichen Prüfung wird festgestellt, daß die vergiftete Muttermilch wissenschaftlich nachweisbar weniger Giftstoffe enthält als die ebenfalls vergiftete Dosenmilch, das Resultat der wissenschaftlichen Untersuchung erscheint in den Zeitungen, und die Leute sind wieder einmal beruhigt.

Regierungen und Fortschrittsgläubige atmen beruhigt auf, weil eine wissenschaftliche Kommission nachgewiesen hat, daß von den tausend Ratten, die in der Nähe eines Atomkraftwerkes monatelang wissenschaftlich beobachtet wurden, nur drei Prozent über die statistische Erwartung Gleichgewichtsstörungen bekamen, also noch keine signifikante Veränderung gegenüber dem Erwartungswert für Gleichgewichtsstörungen bei Ratten dieser Kategorie zu vermelden sei. Na wenn das so ist, dann kann es ja weitergehen, Hauptsache, es wächst das Bruttosozialprodukt. Dies und ähnliches ist merkurisches Verblendungswerk, und wer diesem Trickser glaubt, sollte schleunigst seinen Jupiter im Horoskop nach dem Sinn der Sache befragen.

Die Aufgabe des labilen Kreuzes ist freilich nicht einfach. Der tragende Rahmen des kardinalen Kreuzes wurde durch das fixe Kreuz mit rhythmischer Lebenssubstanz gefüllt. Die daraus resultierende Spannung muß durch das labile Kreuz ausgeglichen und in harmonische Bewegung übergeleitet werden. Die anatomischen Entsprechungen zu den labilen Zeichen deuten das Problem an:

Zwillinge	—	Hände
Jungfrau	—	Bauch
Schütze	—	Basis (-Chakra)
Fische	—	Füße

Wenn der Mensch sich mit gespreizten Beinen und schräg nach oben gestreckten Armen hinstellt, kann er versuchen, das Dilemma des labilen Kreuzes am eigenen Leib zu erspüren.

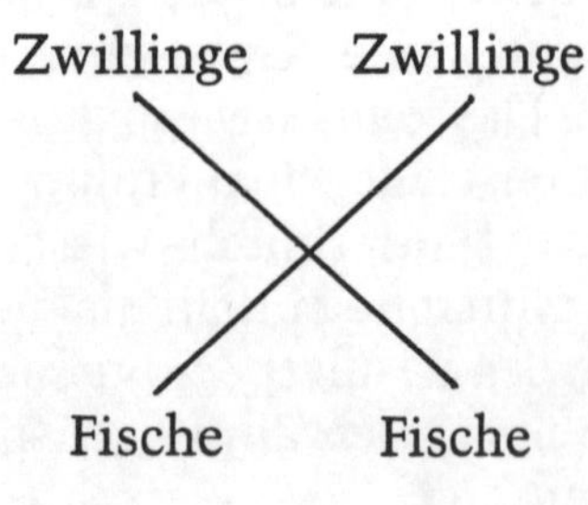

Fassen wir noch einmal den dialektischen Mechanismus der drei Kreuze zusammen:

1. These: Das Eine Kreuz – das, was offen in Erscheinung tritt.

2. Antithese: Das Verborgene Kreuz – das, was hinter den Erscheinungen verborgen liegt.

3. Synthese: Das Andere Kreuz – das, was die beiden vorangegangenen Kreuze vereinigt. Das Andere Kreuz ist die andere Seite des Einen Kreuzes, jedoch so, daß es das Verborgene Kreuz mit enthält. Mit anderen Worten die Möglichkeit, auch das Verborgene in Erscheinung treten zu lassen.

In der heutigen Astrologie entsprechen diese drei Kreuze den drei Stadien.

1. Das Eine Kreuz – Das kardinale Kreuz

2. Das Verborgene Kreuz – Das fixe Kreuz

3. Das Andere Kreuz – Das labile Kreuz

Das war aber nicht immer so. Es ist bekannt, daß die Tierkreiszeichen nicht mit den Sternbildern des Fixsternhimmels übereinstimmen. Der Tierkreis ist ein Ordnungssystem der Sonnenbahn. Dort, wo bei Frühlingsbeginn die Sonne den Himmelsäquator schneidet, beginnt stets das Tierkreiszeichen Widder, völlig unabhängig davon, wo, in welchem Sternbild dieser Frühlingspunkt am Sternenhimmel steht. In unserer Zeit liegt der Frühlingspunkt zwischen den Sternbildern Fische und Wassermann und bewegt sich dem Wasssermann zu. Deshalb sprechen wir vom beginnenden Wassermannzeitalter. Die Bewegung des Frühlingspunktes ist sehr langsam. Eine vollständige Umkreisung dauert etwa 26000 Jahre, also etwas über 2000 Jahre für jedes Sternbild, und sie verläuft im Uhrzeigersinn, der Laufrichtung der Planeten entgegengesetzt.

Es besteht eine alte Überlieferung, die die klassischen sieben Planeten (Mond bis Saturn) als Herrscher den Tierkreiszeichen zuordnet.

——	Mond	Krebs
Löwe	Sonne	——
Jungfrau	Merkur	Zwillinge
Waage	Venus	Stier
Skorpion	Mars	Widder
Schütze	Jupiter	Fische
Steinbock	Saturn	Wassermann

Jedermann, der diese Zuordnung unvoreingenommen betrachtet, muß unweigerlich feststellen, daß sie mit der heutigen Ordnung des Tierkreises und der Kreuze nicht übereinstimmen kann. Diese Betrachtung stürzt uns in ein Problem, das die Grundlagen der Astrologie erschüttert, das uns aber auch ermöglicht, dem wahren Geist der Astrologie etwas näherzukommen.

Die Zeichnung der Entsprechungen zeigt den Widerspruch. Das durchgezogene Kreuz ist das Hauptkreuz des Tierkreises, der Beginn des kardinalen Kreuzes. Das gestrichelte Kreuz hingegen ist das Symmetriekreuz der planetarischen Zuordnungen, und diese zwei Kreuze stimmen nicht überein.

Wenn wir nun die Bewegung des Frühlingspunktes berücksichtigen, können wir aus diesem Widerspruch zunächst schließen, daß die Zuordnung der Planeten zu den Tierkreiszeichen früher entstanden ist als die Ausrichtung des Tierkreises. Versetzen wir uns also 4000 Jahre in der Zeit zurück, und die Welt ist vorerst wieder in Ordnung.

Es ist die Übergangszeit zwischen dem Stier- und dem Widderzeitalter. Moses hat gerade seine Mühe mit dem goldenen Kalb (Stier), das sein ungehorsames Volk in die Widderzeit hinüberretten will. Er zertrümmert eisern das Götzentier der Vergangenheit und setzt sich zukunftsweisend Widderhörner auf. In dieser Zeit steht der Frühlingspunkt zwischen den Sternbildern Stier und Widder, und der Sommer beginnt, wenn die Sonne von Krebs zu Löwe wechselt. In jener Zeit haben Astrologen die Entsprechungen zwischen Planeten und Tierkreis festgesetzt, die Zuordnung muß also mindestens 4000 Jahre alt sein. Vielleicht war das ein »goldenes Zeitalter«.

Die Anordnung der Planeten ist bestechend schön. Sonne und Mond, die zwei Lichter, thronen in Würde und voller Übereinstimmung ganz oben, neben ihnen Merkur der Götterbote in steter Bereitschaft. Ganz unten sehen wir Saturn, den gefallenen Engel Satan, der sich zutraut, ohne himmlische Hilfe seine eigene Welt zu gestalten. Die ersten Menschen, Adam und Eva, werden gerade von der Schlange verführt. Mars und Venus bedeuten die sexuelle Begegnung zwischen Mann und Frau; zwischen Mars und Venus verläuft in der alten Ordnung die horizontale Linie der Tag- und Nachtgleichen. Diese Linie zwischen Widder und Stier einerseits und Waage und Skorpion andererseits bedeutet die Erde: Im Sonnensystem liegt (oder fliegt) der Planet Erde zwischen Venus und Mars. Symbolisch bedeutet das die Zeit kurz vor dem Sündenfall, bald sind unsere Urahnen jenseits vom Garten Eden.

Halten wir noch kurz an dieser vergangenen goldenen Zeit im Paradies fest, und versuchen wir die Lage mit Hilfe der drei Kreuze zu rekonstruieren.

1. Das Eine Kreuz war damals das fixe Kreuz.
2. Das Verborgene Kreuz war damals das labile Kreuz.
3. Das Andere Kreuz war damals das kardinale Kreuz.

Das bedeutet aber, daß in jener Zeit die Sonne (Löwe) offen in Erscheinung treten konnte, es muß eine Zeit gewesen sein, in der die geistige Wesenskraft in einer unmittelbaren Lebenseinstellung Ausdruck finden konnte. Verborgen war dagegen das labile Kreuz, also das Kreuz von Merkur und Jupiter. Daraus können wir schließen, daß die verstandesmäßige Bewältigung der Welt nicht offen zugänglich war, indem etwa die logischen Wissenschaften als Geheimlehren galten, oder aber auch, daß die Lebensformen und Lebensgewohnheiten jener Zeit nicht besonders beweglich waren. Auf jeden Fall scheint dies ein Zeitalter gewesen zu sein, in dem das spontane Leben mehr im Vordergrund stand als das Nachdenken über das Leben, und insofern war dieses Zeitalter vielleicht wirklich ein goldenes. Lassen wir jetzt 2000 Jahre vergehen, wir kommen dann in die Zeit, die etwa 2000 Jahre vor unserer heutigen Zeit liegt. Dies ist die Übergangszeit vom Widder- in das Fischezeitalter, die Zeit von Jesus Christus. Der Frühlingspunkt liegt zwischen Widder und Fische, der Sommer beginnt, wenn die Sonne in den Krebs eintritt.

1. Das Eine Kreuz ist das kardinale Kreuz.
2. Das Verborgene Kreuz ist das fixe Kreuz.
3. Das Andere Kreuz ist das labile Kreuz.

Das ist genau die Ordnung, wie wir sie heute noch kennen und verwenden. Der Frühlingspunkt liegt zwischen Mars (Widder) und Jupiter (Fische), diese Lage verweist auf den Ort im Sonnensystem, wo die Planetoiden an die planetarische Leiche eines zerstörten Gestirns erinnern. Ausgerechnet hier hat man vor 2000 Jahren den Frühlingspunkt für immer festgesetzt und damit den Tierkreis als Sonnenbahn verankert und vom Fixsternhimmel abgekoppelt. Das Ergebnis ist ein schiefes System, in dem die Ordnung der Planeten nicht mehr mit der Tierkreisordnung übereinstimmt, und was nun fatal ist, wenn dieses System nicht geändert wird, auch nie wieder übereinstimmen kann.

Hier eröffnet sich ein breites Feld für die Spekulation.

Erstens: Die Verankerung des Tierkreises als Sonnenbahn geschah 2000 Jahre zu spät. Hätte man sie vor 4000 Jahren vorgenommen, so hätten wir ein absolut harmonisches System von Ewigkeitswert. Wenn diese Annahme jedoch wahr ist, dann verwenden wir seit 2000 Jahren eine falsche Astrologie. Daß sie trotzdem funktioniert, liegt nicht an ihrem Wahrheitsgehalt, sondern an der Funktionsweise, die richtige Folgerungen aus falschen Voraussetzungen erlaubt.

Zweitens: Die Festlegung mußte vor 2000 Jahren geschehen. Dann muß man fragen, ob nicht eine Festlegung des Frühlingspunktes zwischen Stier und Widder besser gewesen wäre, wenn sie schon für alle Zeiten geschehen sollte.

Drittens: Die Festlegung ist richtig so wie sie ist, denn eine schiefe Welt verdient nur eine schiefe Astrologie. Oder soll man lieber sagen, eine falsche Welt eine falsche Astrologie? In diesem Fall – und das ist ja wohl auch so – kann in unserer Zeit nur der Schein (Mond) offen in Erscheinung treten, das Sein (Sonne) aber bleibt im Verborgenen, der Geist wird vom Stoff verdeckt.

Viertens: Wenn die Festlegung richtig ist, so war sie für die vergangenen 2000 Jahre der Fischezeit richtig, sie kann aber nicht für immer richtig bleiben. Für das kommende Wassermannzeitalter muß man den Frühlingspunkt zwischen Fische und Wassermann neu verankern. Daraus entwickelt sich eine neue Dynamik der Kreuze.

1. Das Eine Kreuz wird das labile Kreuz.

2. Das Verborgene Kreuz wird das kardinale Kreuz.

3. Das Andere Kreuz wird das fixe Kreuz.

Daraus können wir für die Zukunft einige Folgerungen ziehen. Die heute noch gültige Lebensauffassung des Werdens (kardinal) wird durch die offen in Erscheinung tretende neue Auffassung des Vergehens (labil) abgelöst, aus der Zukunftsgläubigkeit wird Vergangenheitsbewältigung. Merkur-Jupiter-Probleme werden offensichtlich, der Verstand wird wohl Vernunft annehmen müssen. Die materialistische Scheinwelt (Mond) geht in den Untergrund, und wenn wir Glück haben, kann ein Leben im geistig ausgerichteten Sein (Sonne) als Synthese von Denken und Realität entstehen.

Zum Schluß des Kapitels wollen wir noch die drei Kreuze in ihrem heutigen Zustand mit Hilfe aller Planetenherrscher kurz betrachten.

1. *Die These:* Das kardinale Kreuz mit Mars-Venus und Mond-Saturn. Der in Erscheinung tretende Grundton unserer Zeit ist die jugendliche Hoffnung auf die Zukunft, der Glaube an das Werden, die Zukunftsgläubigkeit, bedingt durch das kardinale Kreuz. Die Achse Mars-Venus zeigt die Polarität der Geschlechter, wobei die Männer nach außen mehr zu sagen haben, denn der Mars ist im Frühlingszeichen Widder im Steigen, die Venus aber im Herbstzeichen Waage im Sinken begriffen – das entspricht der patriarchalen Macht in unserer Welt. Die Achse Mond-Saturn bedeutet, daß das gesamte Leben (bis zur letzten Grenze = Saturn) als stoffliche Realität (Mond) erscheint, das ist die materialistische Weltanschauung. Die Lebensformen werden nach kollektiven Kriterien organisiert (Mond), die Menschheit lebt ein jugendliches Stadium, sie ist noch nicht erwachsen.

2. *Die Antithese:* Das fixe Kreuz mit Venus-Mars und Sonne-Saturn. Das Leben im gegenwartsbezogenen Hier und Jetzt, eine unmittelbare Lebenseinstellung im Sein ist nur im Verborgenen, unbewußt oder im Untergrund möglich, denn das fixe Kreuz wirkt verhüllt. Sonne-Saturn, das Begreifen des Lebens in seiner Totalität als geistige Wirklichkeit, eine individuelle Lebenseinstellung und das eigentliche Erwachsensein werden dadurch erschwert.

Venus-Mars zeigt, daß die Frauen ihre Macht geheim ausüben, sei es als Ehefrau, die zu Hause in der Familie die wirkliche Autorität innehat, sei es eine Frauenbewegung im Untergrund, oder aber die weibliche Seele im Manne (Anima), die ihn in seinen Handlungen unbewußt lenkt.

3. *Die Synthese:* Das labile Kreuz mit Merkur-Jupiter. Eine Synthese wird dann möglich sein, wenn wir vom ewigen Vorwärts-Streben-Wollen ablassen und nach Art des labilen Kreuzes Rückschau halten. Der Zukunftsglaube wurde durch die Gegenwart in Frage gestellt, eine Vereinigung dieses Gegensatzes kann nur die Vergangenheitsbewältigung schaffen. Das Studium der Geschichte erweist sich als wirksame Hilfe für die Zukunftsgestaltung. Merkur-Jupiter besagt, daß die Synthese auf dem Wege der Erkenntnis erreicht werden kann, solange jedoch die Erkenntnis nur merkurisches Kopfwissen bleibt, nützt sie nicht wirklich. Wir müssen lernen, mit unserem Wissen vernünftig (Jupiter) umzugehen, sonst verfehlen wir den Sinn, und wir laufen Gefahr, die Welt geistig, seelisch wie körperlich zu entmenschlichen.

II. Astrologie der Dreiecke

Ein Kreuz erfaßt den Tierkreis in seiner räumlichen Ganzheit, so wie die vier Windrichtungen den Raum grob aber vollständig erfassen. Die Dimension der Höhe bzw. Tiefe wird dabei nicht berücksichtigt, denn genauso wie wir auf der Oberfläche der Erde leben, und wie auch das Sonnensystem oder die Galaxis scheibenförmige Gebilde sind, ist auch das Horoskop ein zweidimensionales System. Wenn die Menschheit das Fliegen gelernt hat und damit auch die dritte Dimension in ihr Leben einbezieht, wird mit Sicherheit das dreidimensionale Horoskop erfunden, vorausgesetzt, daß diese fliegende Menschheit der Zukunft die Astrologie überhaupt noch benötigt.

Die vier Tierkreiszeichen eines jeden Kreuzes umfassen alle vier Elemente, und stellen damit die vollständige Ganzheit des Raumes in einem bestimmten zeitlichen Stadium dar. Die drei Kreuze zusammen beschreiben alle drei Zeitphasen und erzeugen dadurch den Tierkreis in seiner raum-zeitlichen Ganzheit.

Dasselbe vermögen die vier Dreiecke in umgekehrter Reihenfolge. Ein Dreieck umfaßt die drei Tierkreiszeichen desselben Elementes, erfaßt also einen Aspekt des Raumes, diesen aber in allen drei Zeitphasen. Somit liefern die vier Dreiecke zusammen den Tierkreis als Ganzes in Zeit und Raum. Das Kreuz steht unter Spannung und drängt zum harmonischen Ablauf, das Dreieck verharrt in harmonischer Ruhe und bedarf der Spannung, um in Bewegung gesetzt zu werden.

Die vier Elemente – Wasser, Luft, Erde und Feuer – bilden keine eindeutige Hierarchie, sie erlauben mehrere sinnvolle Anordnungen. Es gibt denn auch verschiedene Wege, um zu ihrem Verständnis vorzustoßen. Von unserem Standpunkt auf der Oberfläche der Erde aus betrachtet, finden wir sowohl unten in der Mitte der Erde als auch oben am Himmel als Sonne das Feuer. Nach oben vom

Mittelpunkt der Erde kühlt sich das Feuer immer mehr ab und geht in feste Erde über, die dann in ihren Höhlen und Tälern das Wasser trägt. Über Erde und Wasser schließlich erstreckt sich das Luftmeer. In dieser Reihenfolge also finden wir in der äußeren Natur die vier Elemente vor.

Oben	=	Feuer
		Luft
		Wasser
		Erde
Unten	=	Feuer

Das Feuer unterscheidet sich in mancher Hinsicht von den anderen drei Elementen. Erde, Wasser und Luft kann man als die Aggregatzustände fest, flüssig und gasförmig begreifen, das Feuer oder besser die Wärme ist hingegen diejenige Energie, die durch Erhitzung oder Abkühlung diese Aggregatzustände ineinander überführt. Wärme an sich ist unsichtbar. Damit sie zum sichtbaren Feuer oder zur offenen Flamme wird, bedarf es der Hinzufügung von Luft in Form von Sauerstoff. Geheimlehre und Wissenschaft sind sich darüber einig, daß die Welt aus Feuer durch Abkühlung entstanden ist, und ebenso wird sie auch in ewiger Wandlung vergehen.

Bei der Festlegung des Tierkreises sind wir von der Anschauung der jährlichen Sonnenbahn ausgegangen. Im Vergleich der gefundenen Tierkreisordnung mit der traditionellen Zuordnung der Planeten zu den Zeichen fanden wir eine Unstimmigkeit, die zwei Ordnungen sind gegeneinander verschoben, unsere Astrologie ist genauso schief wie unsere heutige Welt. Unsere Welt ist tatsächlich schief: Die Nord-Süd-Achse der Erde (Rotationsachse) steht nicht senkrecht zur Ebene der Erdumkreisung um die Sonne (Revolutionsebene), sondern ist um 23 Grad verschoben. Diese Verschiebung ist die Ursache für die Jahreszeiten und überhaupt für jede »Reibung«. Ohne sie hätten wir keine Schwierigkeiten, jedoch auch keine Möglichkeit zu einer Entwicklung. Wir lebten – wenn auch nicht wie die Tiere – doch in einem paradiesischen, völlig unbewußten Zustand, in einem goldenen Zeitalter. Solche

Zeiten kommen periodisch immer wieder. Möglicherweise war dies das letzte Mal vor etwa 4000 Jahren der Fall, und vielleicht kommt die goldene Zeit in 2000 Jahren wieder, zur Zeit haben wir auf alle Fälle eine schiefe Epoche.

Doch unsere heutige Welt ist nicht nur schief, sondern auch noch auf den Kopf gestellt. Das astrologische Häusersystem orientiert sich an der Tagesbewegung des Himmels, und die verläuft im Uhrzeigersinn, der Bewegungsrichtung der Planeten entgegengesetzt. So kommt es, daß in der gewöhnlichen Horoskopie der Tierkreis verkehrt ausgerichtet wird, nämlich Widder links, Steinbock oben, Waage rechts und Krebs unten. Diese Ausrichtung widerspricht vollkommen der natürlichen Symbolik, denn durch sie wird der lichtschwache Winter mit der Mittagszeit und der heiße Sommer mit Mitternacht gleichgesetzt. Es ist aber nicht so, daß diese Ordnung auf Unkenntnis beruht und falsch festgesetzt worden ist, es geht vielmehr nicht anders. Wir leben in einer Zeit, in der die Welt kosmisch verkehrt liegt. Kosmisch richtig und symbolisch befriedigend wäre eine astrologische Tierkreisordnung, bei der die aufgehenden Frühlingszeichen mit kulminierenden Sommerzeichen zusammenfallen würden.

Solche Ordnung wäre nur möglich, wenn die Erde ihre Drehrichtung ändern würde, wenn also die Sonne täglich im Westen auf- und im Osten unterginge. Alte Überlieferungen besagen, daß dies in der Vergangenheit schon öfter der Fall war, heute ist es jedenfalls nicht so, so daß diese »goldene Ordnung« für uns nicht möglich ist.

Spekulationen über eine ideale Ordnung haben nur den Sinn, herauszufinden, was die heutige, verkehrte Lage des Tierkreises zu bedeuten hat. Verkehrt sind vor allem die Tierkreiszeichen Krebs und Steinbock, so daß wir den Schlüssel bei der Bedeutung der Wasser- und Erdzeichen suchen müssen.

Ein Ansatz von Manfred Graf Keyserling zur Betrachtung der vier Elemente im Tierkreis hilft uns weiter. Wir erhalten hierdurch einen ausgezeichneten Schlüssel, dem Zusammenspiel von Wasser- und Erdzeichen, und damit

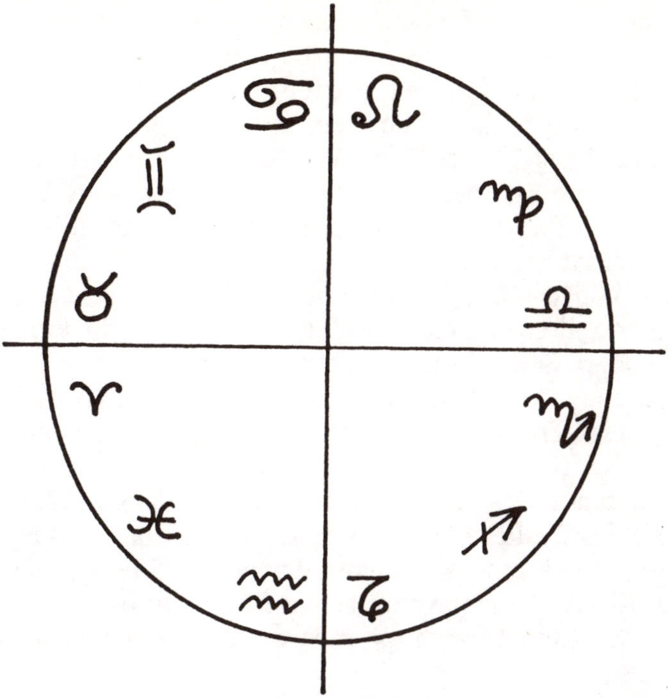

dem Verständnis des verkehrten Tierkreises näherzukommen. Keyserling ordnet die Elemente wie folgt:

Wasser	Natur	Leitbilder der Triebe
Luft	Geist	Urbilder des Geistes
Erde	Schicksal	Warnbilder des Schicksals
Feuer	Seele	Sinnbilder der Seele

Wasser symbolisiert die Triebe, Erde das Erdenschicksal. Nach Freud können wir sagen, daß wir hier die Gegenüberstellung von Lustprinzip und Realitätsprinzip haben. Es kommt darauf an, dieses Gegensatzpaar ins Gleichgewicht zu bringen, denn jedes Ungleichgewicht führt zu folgeschweren Verwirrungen.

Der Umgang mit Gegensatzpaaren ist ein astrologisches Grundproblem, das sich z.B. bei der Behandlung von zwei einander gegenüber liegenden Zeichen, Häusern oder Planeten (Opposition) stellt. Wir können die Zweiheit als

Dualität von zwei verschiedenen Kräften verstehen, die sich dann mehr oder weniger bekämpfen. Wir können sie aber auch als Polarität begreifen, als zwei Pole einer Einheit, die sich nicht bekämpfen, sondern ergänzen. Dualität ist Trennung, Polarität ist Vereinigung. Die polare Sicht schafft eine Synthese, indem wir uns gleichsam über die Ebene der Zweiheit erheben, und diese als die wiedervereinigte Einheit erkennen.

Wird dieses Ziel des polaren Gleichgewichtes zwischen Wasser und Erde nicht erreicht, so rächt sich die eine oder die andere Seite durch Korrektur. Man kann das die ausgleichende Gerechtigkeit nennen. Wenn den Trieben ein zu großer Freiraum gelassen wird, ein Leben nach dem Lustprinzip also, so wird das Schicksal (Erde) korrigierend eingreifen und Schicksalsverwirrungen schaffen. Wird hingegen das Realitätsprinzip überbetont, so führt das unweigerlich zu einem verdrängten Triebleben (Wasser), also zu neurotischen und psychotischen Entwicklungen. Das Beispiel der Kindererziehung mag die Zusammenhänge illustrieren.

Die antiautoritäre Erziehung führt zur Haltlosigkeit der kindlichen Seele, das Kind wird zwar getrieben, doch es weiß nicht wohin. Der Schicksalsweg wird zum Irrweg.

Die übertriebene autoritäre Erziehung schreibt dagegen feste Wege vor, die das Kind auch dann zu gehen hat, wenn es ganz woandershin treibt. Die unterdrückten Triebe machen das Leben zur Krankheit. Dem Kind muß in der richtigen Erziehung das Gleichgewicht zwischen Triebfreiheit und den Grenzen der Realität vermittelt werden, doch das ist nicht einfach, haben wir doch als Menschheit dieses Dilemma selbst noch nicht gelöst.

Versuchen wir die Triebsphäre mit Hilfe der Wasserzeichen näher zu fassen. Wir finden hier nach Keyserling die Grundtriebe der Ernährung, der Bewegung und des Geschlechtes. In der frühkindlichen Entwicklung aktualisieren sich diese Triebe mit etwa einem, drei und fünf Jahren in den von Freud beschriebenen Oral-, Anal- und Genitalphasen.

Krebs	Nahrungstrieb	Oralstadium
Fische	Bewegungstrieb	Analstadium
Skorpion	Geschlechtstrieb	Genitalstadium

Erinnern wir uns an die anatomischen Entsprechungen der Tierkreiszeichen:

Krebs	— Magen (Brust)	Steinbock	— Knie
Fische	— Füße	Jungfrau	— Bauch
Skorpion	— Geschlecht	Stier	— Hals

Der Magen, aber auch die Mutterbrust sind ausgezeichnete Symbole für den Nahrungstrieb. Das elementare Bedürfnis nach Nahrungsaufnahme steht am Anfang der Entwicklung, ohne Nahrung wäre kein Leben denkbar. Das Bewußtsein ist auf die nach innen gerichtete Aufnahme gerichtet, die Welt wird einverleibt. Dem Nahrungstrieb (Krebs) steht das Erdzeichen Steinbock gegenüber. Das Gleichgewicht zwischen beiden besagt, daß die Befriedigung der Bedürfnisse nach Nahrung mit Arbeit und

Leistung verbunden ist. Der Volksmund sagt: Wer nicht arbeitet, soll auch nicht essen. Und daß Steinbock Arbeit und Anstrengung bedeutet, besagt die Redewendung: Sich in eine Sache hineinknien. Wenn das Kind diese oder jene Leistung vollbringt, wenn es z.B. brav auf den Topf geht, bekommt es für seine Leistung Lob oder Schokolade, bei unterlassener Leistung kann es dagegen durch Essensentzug bestraft werden. All diese und ähnliche Mechanismen sind – wenn auch verzweifelte – Versuche, zwischen Nahrungstrieb und Leistungszwang auszusteuern, das Gleichgewicht entlang der Krebs-Steinbock-Achse herzustellen.

Das Tierkreiszeichen Fische mit seiner Entsprechung zu den Füßen symbolisiert vortrefflich den Bewegungstrieb. Nachdem durch Nahrungsaufnahme das unmittelbare Überleben gesichert worden ist, muß die Bewegung, das Gehen und Laufen gelernt werden, sei es zur Nahrungssuche, zur Ermöglichung von Flucht oder Angriff bei Gefahr oder überhaupt zu jeder körperlichen Entfaltung in der Umwelt. Durch das Erdzeichen Jungfrau wird die hemmungslose Bewegung reguliert und den Bedingungen der Realität gemäß in Ordnung gebracht. Das Kind muß in der Analphase lernen, daß es nicht alles hemmungslos laufen und fließen lassen kann, die Ausscheidung, die hier stellvertretend für jede nach auswärts gerichtete Bewegung steht, muß kanalisiert werden. Wenn die Jungfrau zu kurz kommt, rächt sich das Schicksal durch ein chaotisch dahinfließendes Leben, wenn sie übertrieben wird, durch Bewegungsstörungen und Verstopfung. Die Polarität der Achse Fische-Jungfrau bedeutet das Finden eines Ausgleiches zwischen Bewegungsfreiheit und Ordnungszwang, zwischen Bewegungstrieb und Anpassung, das Lernen der Bewegung in geregelten Bahnen.

Der Geschlechtstrieb dient der Erhaltung der Gattung. Damit diese gewährleistet wird, wird er – wie jeder andere Trieb – lustvoll gestaltet. Die Aussteuerung durch das Schicksal erfolgt im Tierkreiszeichen Stier. Die Sexualität hat darüber hinaus noch wesentlich weitergehende Bedeutungen und Funktionen, sie ist die Energie, die von verschiedenen Warten als Kundalini, Libido oder Bioenergie beschrieben wird. In ihrer tiefsten Bedeutung hängt sie mit Erkenntnis und mit jeglichem schöpferischen Vermögen zusammen.

Stier und Skorpion gehören zum fixen Kreuz, sie wirken also verborgen in unserer Zeit. Dies mag erklären, warum wir seit 2000 Jahren ein so seltsam verhülltes, um nicht zu sagen verklemmtes Verhältnis zur Sexualität an den Tag legen, oder weshalb es uns schwerfällt, das Wesen der Geschlechtskraft auch nur zu verstehen. Während der Nahrungstrieb nach innen, der Bewegungstrieb dagegen nach außen gerichtet ist, haben wir hier beides: die an sich rhythmisch gestaltete Zeugung führt über die Schwangerschaft zur Geburt.

Der Gegenpol des Geschlechtstriebes im Tierkreis ist der Stier. Im Hals wird die Stimme gebildet, so daß wir im Bereich der Stimme und der Sprache nach symbolischen Ausdrucksformen der sexuellen Regulation suchen müssen. Der Stimmbruch in der Pubertät, der gleichzeitig mit dem bewußten Erwachen der Sexualität stattfindet, ist ein unübersehbarer Hinweis. In einem wunderbaren Bild wird der Zusammenhang zwischen der sexuellen Vereinigung und der Fähigkeit des Sprechens im Gilgamesch Epos dargestellt. Gilgamesch schickt zu Enkidu, dem sprachlosen Halbmenschen eine Tempeldienerin, damit er sie erkenne. Nach der sexuellen Vereinigung kann Enkidu plötzlich sprechen. Oder ein banales Beispiel: Wenn der Geschlechtstrieb nicht genügend befriedigt ist, neigt man dazu, über die Sexualität zu sprechen, indem man zum Beispiel deftige Witze erzählt.

Die Polarität Skorpion-Stier kann also genausogut den Ausgleich zwischen Geschlechtstrieb und schöpferischer Sprache, wie auch einen mißglückten Ausgleich mit unterdrückter Sexualität und sinnloser Geschwätzigkeit bedeuten. Stier ist jedoch nicht nur das Sprachvermögen, sondern überhaupt jegliches Vermögen. Eine Störung des Geschlechtstriebes kann bei materieller Einstellung zu krankhafter Anhäufung von Besitztümern führen (Geiz hingegen ist das Bild einer Analstörung (Fische-Jungfrau), indem man etwas nicht hergeben kann), oder aber zum Verlust von schöpferischen Fähigkeiten.

Jedem Wasserzeichen steht ein Erdzeichen gegenüber, jeder natürliche Grundtrieb will durch die Realität menschenwürdige Form bekommen. Die Warnbilder des Schicksals mahnen zur harmonischen Synthese, denn wenn sie nicht gelingt, erzwingt die Erde ihr Recht. Andererseits dürfen die Triebe auch nicht durch zu viel Erde verschüttet werden, in diesem Fall würde sich das Wasser durch Überschwemmung Ausgleich schaffen. Weder Wasser noch Erde können für sich bestehen. Wasser ohne Erde ist form- und haltlos, nur Fische können sich darin treiben lassen. Der Mensch braucht einen festen Standort, und das ist die Erde, die jedoch ohne Wasser unfruchtbar bleibt und den Menschen verdursten läßt. Nur die feuchte Erde liefert den Nährboden für menschliches Leben, sie ist der sichtbare Leib, in dem der Geist als individuelle Seele seine Wohnstätte findet.

Der Mensch erlebt die Konfrontation mit den drei Elementartrieben in konzentrierter Form während der entsprechenden Phasen seiner frühkindlichen Entwicklung. Dies geschieht weitgehend unbewußt, wie auch die durch die Traumata des Erdenschicksals erhaltenen Eindrücke größtenteils unter der Schwelle des Bewußtseins verbleiben. Während der ersten sieben Lebensjahre entwickelt sich das Kind langsam aus dem unbewußten Zustand heraus und erreicht gegen Ende dieser Periode das erste Stadium des kollektiven oder vorindividuellen Bewußtseins. Während dieser Zeit geht das Kind wie im Schnellverfahren durch die Vorgeschichte seiner Vorfahren und der Menschheit, sein Erbe als Mensch wird ihm aufgeprägt und aktualisiert. Dies ist der Grund, weswegen wir die frühkindliche Entwicklung im Tierkreis im Uhrzeigersinn orten können, in derselben Richtung, in der auch die Menschheitsgeschichte verläuft. Man könnte sagen, daß die Richtung des Zeitablaufes der Kindheitsjahre durch den Zeitgeist bestimmt wird. Das ist ein Geschenk, das in den Erwachsenenjahren in Vergessenheit gerät. Es bleibt aber im Gedächtnis erhalten, und wenn die Erinnerung den verlorenen Schatz entdeckt und bergen kann, kann sich der Mensch – jetzt bewußt – erneut an die Richtung der Weltgeschichte anschließen.

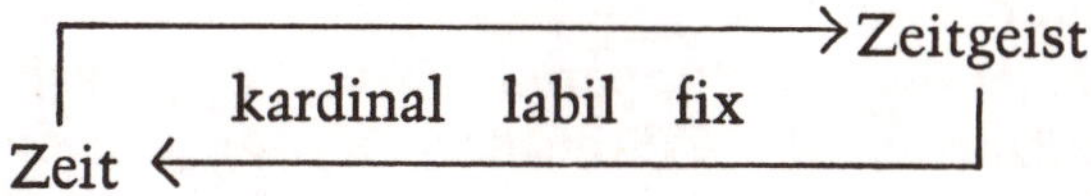

Kehren wir nun zu der Frage des verkehrten Tierkreises zurück. Der ideale oder »reibungslose« Tierkreis müßte so ausgerichtet sein, daß dabei die Symbolik sowohl der Tages- als auch der Jahresbewegung der Sonne harmonisch zusammenfallen.

Widder	Frühling	Morgen
Krebs	Sommer	Mittag
Waage	Herbst	Abend
Steinbock	Winter	Nacht

Das ist jedoch beim heutigen Tierkreis nicht der Fall. Widder und Waage stehen im Osten bzw. Westen richtig, das Winterzeichen Steinbock finden wir aber oben am Platz der Mittagssonne und Krebs ganz unten, wo die Mitternachtssonne zu Hause ist. Wir haben also gegenüber der idealen Ordnung eine Vertauschung der Wasser- und Erdzeichen. Was bedeutet dieser Platzwechsel?

Die alte Ordnung stellt das Paradies dar. Das ist das Wasserdreieck, das vollkommen freie Ausleben der Naturtriebe in sorgloser Unbewußtheit. Krebs steht im alten Tierkreis ganz oben, und mit dem Naschen vom Baum der Erkenntnis gerät der Nahrungstrieb ins Zentrum des nun folgenden Sündenfalles. Alle Triebe werden mit einem Schlag bewußt, aber auch die Realität des Erdenschicksals, das die ungehemmte Entfaltung der Triebe in die Schranken weist. Alle Wasserzeichen werden jetzt mit den Erdzeichen, jeder Trieb mit dem Schicksal verknüpft. Zuerst die Schlange (Skorpion = Geschlechtstrieb): »Auf deinem Bauche sollst du gehen und Erde essen dein Leben lang«. Der Nahrungstrieb (Krebs): »Im Schweiße deines Angesichts sollst du dein Brot essen, bis du wieder zu Erde werdest, davon du genommen bist.« Schließlich wird

Adam mit Eva in Bewegung gesetzt (Fische) und aus dem Garten Eden vertrieben: »daß er das Feld baute, davon er genommen ist«. Im neuen Tierkreis aber thront seither ganz oben der Saturn.

Wahrscheinlich gibt es periodenweise paradiesische Zeiten und dann wieder Zeiten der Mühsal, wie die unsere eine solche ist. Vielleicht kommen wir in 2000 Jahren wieder einmal in den »Garten der Lüste«, doch bis dahin bleibt uns nichts anderes übrig, als die Kunst der Reibung zwischen Trieb und Schicksal so weit zu beherrschen, daß sich die Flamme der Seele entzünden kann.

Die Vertreibung aus dem Paradies ist also das biblische Gleichnis für denselben Tatbestand, der in der astrologischen Symbolik durch die Verkehrung des Tierkreises zum Ausdruck kommt. Himmelsmechanisch kann einer solchen Veränderung etwa ein Polsprung zugrunde liegen, ein Phänomen, worüber die Wissenschaft nicht so gerne spricht. Plötzliche Veränderungen in kosmischen Ausmaßen sind uns nicht geheuer, lieber möchten wir ohne Erschütterungen um die Sonne kreisen in aller Ruhe und in Ewigkeit. Psychologisch ist dieser Wunsch durchaus verständlich. Doch wenn wir alten Überlieferungen Glauben schenken oder auch nur etliche, sonst unerklärliche Erscheinungen verstehen wollen, bleibt uns gar nichts anderes übrig als revolutionäre Veränderungen auch im kosmischen Naturgeschehen anzunehmen.

Durch die Verkehrung des Tierkreises hat das kardinale Erdzeichen Steinbock die Herrschaft des Wasserzeichens Krebs abgelöst, die Macht der Erde ist als Schicksal in Erscheinung getreten. Obzwar das Schicksal niemals böse ist, ist es doch ein harter Lehrmeister, zumal wir am liebsten weiterhin sorglos im Paradies leben möchten. So wird die Notwendigkeit leicht als Zwang erlebt, der die Freiheit der ungehemmten Triebentfaltung einschränkt. Zwischen seinen Lusttrieben und deren realen Verwirklichungsmöglichkeiten steht nun der Mensch mit seinem Bewußtsein eingespannt.

Erde	Schicksal	Über-Ich	Realitätszwang
Luft	Geist }		
———————	}	— Ich ——	Mensch ————
Feuer	Seele }		
Wasser	Natur	Es	Naturtrieb

So wie das Kind in den ersten Lebensjahren die Menschheitsgeschichte im Schnellverfahren absolviert, durchläuft es bereits vorher während der Zeit der Schwangerschaft die gesamte Naturgeschichte. Die Schwangerschaft ist für das Kind das Leben im Wasser, die neun Monate lange Entwicklung im Mutterleib ist im Tierkreis durch das Wasserdreieck symbolisch dargestellt. Das Mondzeichen Krebs entspricht der Empfängnis. Der Embryo entwickelt sich in den nächsten drei Monaten zum Fötus und erreicht danach das zweite Wasserzeichen Skorpion. Hier geschieht etwas Geheimnisvolles, das Esoteriker so ausdrücken, daß jetzt der feurige Mars-Geist des Skorpion in das bis jetzt nur wäßrige Dasein des werdenden Wesens eindringt. Dieses Feuer kann jedoch im Wasser nicht brennen, weshalb es als potentielle Möglichkeit verharren muß. Nach weiteren fünf Monaten ist das letzte Wasserzeichen Fische erreicht und durchschritten, und das nun folgende Feuerzeichen Widder leitet die Geburt ein. Durch die Geburt verläßt das Kind das Wasserreich und taucht ins Luftmeer ein. Der Sauerstoff der Luft entzündet das schlummernde Feuer, und die Flamme der Seele lodert auf.

Wie das Kind das Wasserreich des Mutterleibes verläßt, verließ einst das Leben die Meere, um es auf dem Trockenen zu versuchen. Zweifellos sind wir damit auf der Leiter der Evolution eine Treppe höher gestiegen, doch oben sind wir noch lange nicht. Wir sind Krabbelwesen, die auf dem Grund eines über uns liegenden unermeßlichen Luftmeeres leben und gerade versuchen, unseren mechanischen Vögeln das Schwimmen in diesem Meer beizubringen. Der gegenwärtige Wechsel von der Fische- in die Wassermannzeit bedeutet den Wechsel von einem Wasser- in ein Luftzeichen. Symbolisch können wir daraus den Hinweis entnehmen, daß wir jetzt die freie Bewegung in der Luft lernen müssen, indem wir gleichsam zu fliegenden Fischen werden. Ob es nun mit Hilfe von mechanischen Geräten möglich ist, bleibt äußerst fraglich. Vielmehr sollten wir tiefer in das Wesen des Elementes Luft einzudringen versuchen, wir betreten damit das Gefilde des Geistes.

Die Feuer- und Luftzeichen stehen symbolisch für Seele und Geist. Sie sind nicht so leicht zu fassen wie die Wasser- und Erdzeichen, denn sie stehen für die geistige Wirklichkeit, die an sich unsichtbar und nur durch ihre Wirkung in der stofflichen Realität erkennbar ist. Seele kann man weder messen noch essen. Trotzdem versuchen uns das eine die Psychologen und das andere die schwäbischen Bäcker glauben zu machen.

Die meisten Astrologen beschreiben die Seele mit Hilfe der Wasserzeichen. Das ist nicht falsch, aber auch nicht richtig. Die Schwierigkeiten entstehen dadurch, daß kein Mensch genau sagen kann, was eigentlich Seele ist. Die erste denkbare Trennung des Seins ist die zwischen Geist und Stoff. Daß der Stoff real vorhanden ist, bezweifelt kein ernsthafter Mensch, dem schon einmal ein Ziegelstein auf den Kopf gefallen ist.

Genausowenig kann die Wirklichkeit des Geistes bezweifelt werden, erleben wir doch täglich, daß Ideen, die wir fassen, in der Folge zur materiellen Wirklichkeit werden. Das Medium, wodurch der Geist im Stoff wirkt, ist eben die Seele. Wenn wir also zunächst das Sein gedanklich in eine offensichtliche, stoffliche Realität und in eine dahinter wirkende, unsichtbare geistige Wirklichkeit trennen, so erleben wir durch die Seele, daß das Getrennte für uns persönlich wirksam vereinigt werden kann. Geist und Stoff sind unpersönlich. Seele ist genau das, wodurch sich der Geist im Stoff persönlich erfahren, das heißt, bewußt werden kann. Unter den vier Elementen symbolisiert Erde den Stoff, Luft den Geist, so daß wir die Seele dazwischen finden.

Luft	Geist
Feuer ——— Wasser	} Seele ———
Erde	Stoff

Diese Hierarchie der vier Elemente entspricht der asiatischen Tradition, und wir können sie im menschlichen Körper mit Hilfe der sieben Chakras orten. Erde und Wasser stellen den Unterkörper dar, Feuer und Luft den Oberkörper, die Mittellinie zwischen Wasser und Feuer verläuft in der Höhe des Nabels. Nun kann jeder für sich prüfen, ob er seine Seele im Bauch (Wasser) oder im Herzen (Feuer) bewußt lokalisieren kann. Wasser wird vom Mond regiert (Krebs), Feuer von der Sonne (Löwe). Im Wasser finden wir die kollektive Seele, all das, was wir als Menschen seelisch gemeinsam haben und gefühlsmäßig erfassen können. Diese Seele ist sehr wohl eine Persönlichkeit, ausgestattet mit einem kollektiven Bewußtsein (Persona = Maske), sie ist jedoch keine Individualität. Das Wasser fließt nach unten und befruchtet die Erde. Nach dem Tod des Menschen kehrt die Wasserseele heim zum Mond und wartet dort auf eine Wiedergeburt, die dann zu gegebener Zeit irgendwo auf der Erde zum Wohle der Gattung erfolgen wird.

Die Feuerseele ist der Held, den Gott lieb hat, weil er ihn braucht. Das Schicksal des Helden ist mitunter sehr schwer, weil er nicht immer im bergenden Schoß der Mutter Erde untertauchen kann, und sein Vater im Himmel ist weit weg. Auch ist es fraglich, wie weit der stoffliche Körper der stärkeren Beanspruchung der geistigen Energien standhält, oftmals muß der Preis mit Krankheit bezahlt werden. Ein extremes Beispiel ist Jesus Christus: nach drei Jahren öffentlicher Wirkung wurde er nach menschlichem Ermessen hingemordet, der Körper konnte den Geist nicht länger tragen. Wie dem auch sei, mit dem Feuer erwacht die Seele zum individuellen Bewußtsein. Das Feuer steigt nach oben und erhellt den Himmel. Nach dem Tod steigt die Feuerseele weit über den Mond hinauf, und wenn sie wiedergeboren wird, so hat sie die Möglichkeit zur Erinnerung an die Vergangenheit und damit zu einer individuellen Geschichte, die über den Tod hinausgeht.

Bei der Geburt wird das Feuer aus dem Wasser geboren. Die Luft ermöglicht die offene Seelenflamme und das Erdenschicksal liefert den tragenden Grund. Doch es ist eine Kerze im Wind. Zuviel Geist kann die Flamme ausblasen, der Mensch wird verrückt. Ebenso schädlich ist zu wenig Geist: Sauerstoffmangel tötet das Feuer, der Mensch wird zum nützlichen Idioten. Auch Erde und Wasser warten mit Gefahren auf. Wenn der Realitätssinn schwindet und der tragende Boden wackelt, kann die Kerze leicht in die Tiefe fallen und erlöschen, genauso, wenn die wilden Wasser der Triebe aus ihren Ufern treten. Gelingt es aber trotzdem, das Feuer zu hüten und langsam zu nähren, so gelangt der Mensch zur zweiten Geburt.

Mit Hilfe der Tierkreissymbolik können wir im Laufe des individuellen Lebens drei »Geburten« ausmachen. Alle drei werden durch die Feuerzeichen eingeleitet und bedeuten einen Übergang von Wasser zu Feuer. Sie sind in etwa altersmäßig bedingt, was aber lange nicht heißt, daß das Schema für alle gültig ist, denn einige erreichen sie früher und manche erreichen sie nie.

1.	Die leibliche Geburt ins Werden	Widder	
2.	Die seelische Geburt ins Sein	Löwe	um 28
3.	Die geistige Geburt ins Vergehen	Schütze	um 56

(Den Jahresangaben liegt ein symbolischer Mond-Saturn-Zyklus zugrunde.)

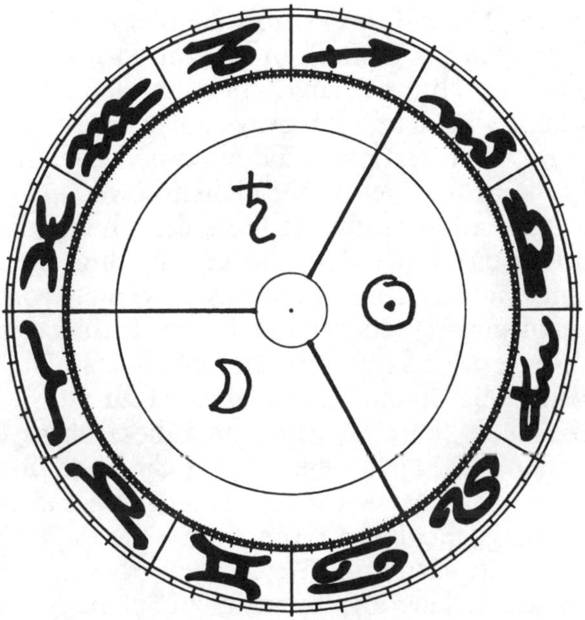

Am Ende der vorgeburtlichen Zeit der Schwangerschaft, die durch das Wasserdreieck veranschaulicht werden kann, erfolgt die Geburt. Ein Wesen ist aus dem Meer getreten. In den vergangenen neun Monaten hat es in geraffter Zeit die gesamte Naturgeschichte durchlaufen, jetzt ist es auf dem Trockenen und schnappt nach Luft. Sein Zeitablauf verlangsamt sich, doch nur allmählich. In den nächsten sieben Jahren bekommt das neue Wesen von unsichtbaren

Lehrern noch einmal Unterricht über die Menschheitsgeschichte von den allerersten Anfängen bis heute. Dann endlich läuft seine Zeit ganz normal, und auch der Raum hat inzwischen feste Formen angenommen. Seine Schutzengel ziehen sich zurück, das Kind kommt in die Schule, wo es von Lehrern über allerlei Praktisches belehrt wird. Das Wesen ist ein kleiner Erdenbürger geworden.

Das erste Drittel des Lebens (die ersten 28 Lebensjahre) wird durch die kardinale Qualität bestimmt. Hier herrscht das jugendliche Werden des kollektiven Bewußtseins, die Hoffnungen auf die Zukunft bauen an den Grundmauern des Daseins. Diese Phase »stirbt« im Wasserzeichen Krebs, denn hier wird der Mensch in seinem Vorwärtsdrang wie die Sonne am Himmel angehalten. Er bleibt stehen und sieht, daß er bis jetzt nur mitgelaufen ist, er sieht sich selbst und kann jetzt als Individuum neugeboren werden. Das geschieht im fixen Feuerzeichen Löwe, und du hörst seinen stolzen Löwenruf: »Ich bin, der ich bin.«

Während das Feuer des Widder ein Blitz ist, der aus heiterem Himmel kam, kann das Löwenfeuer zu einem Waldbrand ausarten. Im zweiten Lebensdrittel herrscht das Erwachsensein im individuellen Bewußtsein. Die Gegenwart zählt, die Sonne strahlt, denn dazu ist sie da. Im Wasserzeichen Skorpion stirbt auch diese Phase, hier erscheint der Tod. Noch meint er es nicht ernst, doch fuchtelt er bereits unübersehbar mit seiner Sense und mahnt so alles Vergängliche. Der Sensenmann – verkörpert von Saturn – spricht: »Stirb und Werde.«

Die dritte Geburt im Feuerzeichen Schütze ist schwer, denn hier muß das stolze Selbstbewußtsein aufgegeben werden. Bekanntlich kommt man nur ins Paradies, wenn man nichts mitnehmen will, und dort ist man frei, weil man nichts zu verlieren hat. Im letzten Drittel des Lebens sollte das Hin- und Weitergeben gelernt werden, in einem Bewußtsein, das nicht mehr persönlich ist, im Gruppenbewußtsein. Das Feuer des Löwen ist hier schon längst gebändigt, das Schützenfeuer ist eine Fackel, womit man dunkle Orte gezielt ausleuchten und erhellen kann, und dann kann man sehen.

Im letzten Wasserzeichen, in Fische, endet das Leben dort, wo es hergekommen ist: im Meer. Doch wenn die Seelenflamme, die bei der Geburt entzündet wurde, auf dem ganzen Weg erhalten geblieben und vielleicht noch etwas gewachsen ist, so steigt jetzt ein Feuerfunke gen Himmel, und ein neuer Stern wird geboren.

Der Geist weht wo und wie er will, darum sind die Luftzeichen schwer zu fassen. Kein Mensch hat Geist, denn man kann ihn nicht besitzen, er gehört niemand. Man kann ihm begegnen (das ist dann Waage), in ihm und mit ihm sein (das ist Wassermann) und man kann ihn weitergeben (Zwillinge). Mehr kann man nicht.

Luft ist das einzige Element, dessen Tierkreissymbole kein Tier enthalten. Daraus können wir schließen, daß der Geist für das Tier im Menschen völlig unbegreiflich bleiben muß. Unser einfachster Zugang zum Geist ist das Denken, dieses liefert uns ein grobes Abbild dessen, was wir nicht direkt erkennen können.

Ein edler Weg ist das Studium von Strukturen. Dies führt durch das Denken weg vom Denken und näher an die Urbilder des Geistes. Aus Denken kann Intuition werden, aus Wissenschaft Kunst, und schließlich entdeckt man, daß man nicht mehr entdeckt, sondern schafft und gestaltet. Die Astrologie ist ein solcher Weg, und nur, wenn wir das verstanden haben, haben wir den Geist der Astrologie gespürt.

»*Wer dies nicht versteht, schweige oder lerne!*« (John Dee)

III. Das Weltenjahr

Die esoterische Überlieferung berichtet von unermeßlich großen Perioden der Erden- und Menschheitsentwicklung. Demnach entstand die Erde aus Feuer. Das Feuer kühlte sich nach und nach ab und brachte durch die Abkühlung die anderen Elemente aus sich hervor. Die drei Stadien des Feuers, der Luft und des Wassers haben wir bereits hinter uns gelassen und befinden uns gegenwärtig in der vierten Periode oder Erdperiode.

Feuer	Hyperboreische Epoche
Luft	Lemurische Epoche
Wasser	Atlantische Epoche
Erde	Arische Epoche

Das Leben, das von Anfang an auf der Erde vorhanden war, paßte sich in seinen Erscheinungsformen den jeweiligen Verhältnissen des Planeten an. Der Übergang von der einen zur anderen Periode bedeutete jedesmal eine radikale Umgestaltung der Erde und sämtlicher Lebensformen. Seit etwa 11000 Jahren befinden wir uns in der arischen Periode, die durch den Untergang von Atlantis eingeleitet wurde. Dies geschah, als der Frühlingspunkt von Löwe nach Krebs wechselte, hier beginnt die Geschichte der Menschheit in ihrer heutigen Gestalt.

Der Untergang von Atlantis ist das Ereignis, das mythologisch als die Große Flut und biblisch als die Sintflut oder Sündflut beschrieben wird. Die Wissenschaft spricht von der letzten Eiszeit oder vom Übergang von der Altsteinzeit (Paläolithikum) in die Neusteinzeit (Neolithikum). Der

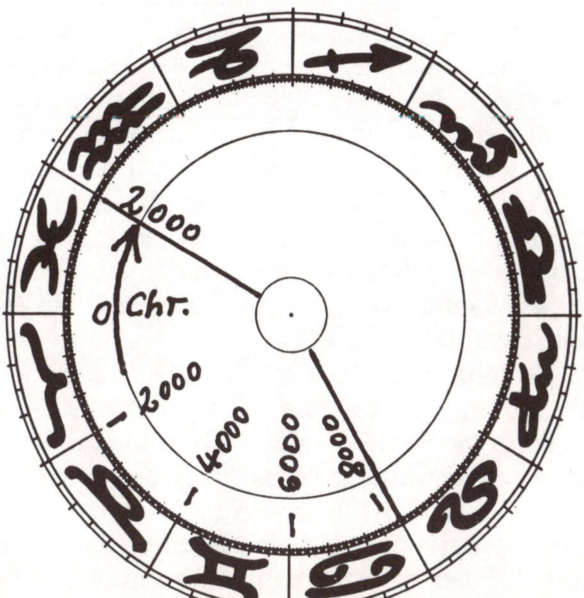

Cromagnon-Mensch löste den Neandertaler ab, der Homo faber (Werkzeugmacher) wurde zum Homo sapiens (vernunftbegabter Mensch). Der Weltenmonat des Krebses begann.

Aus der Perspektive des 26000 Jahre dauernden Weltenjahres ist der Mensch eine Eintagsfliege: Die statistische Lebenserwartung des heutigen Menschen von 72 Jahren ist genau der Zeitraum, den der Frühlingspunkt für einen Grad des Tierkreises benötigt.

Man kann die menschliche Entwicklung im Rahmen eines 72jährigen Lebenskreises astrologisch ebenfalls betrachten, dies entspräche einem symbolischen Merkur-Jupiter-Rhythmus. Wir bevorzugen jedoch den bereits vorhin erwähnten siebenjährigen Mond-Saturn-Rhythmus, denn dieser erlaubt tiefere Einsichten in die wesentlichen Lebenszusammenhänge. Demnach durchläuft eine ideale Lebensentwicklung den Tierkreis in 84 Jahren, wobei sie 7 Jahre für ein Tierkreiszeichen benötigt.

Genauso wie der einzelne Mensch in seinem individuellen Leben altersgemäß Bewußtseinsstufen durchwandert, entwickelt sich die gesamte Menschheit. In der Zeit seit dem Untergang von Atlantis ist der Frühlingspunkt durch fünf Tierkreiszeichen gegangen, die Menschheit hat somit ein Alter von 35 Jahren erreicht. Mit anderen Worten, wir sollten heute mindestens die Reife von 35jährigen an den Tag legen. Wir haben die Entwicklung des einzelnen am Tierkreis verfolgt und dabei drei wesentliche Punkte, die drei Geburten, gefunden. Für die Entwicklung der Menschheit gelten die gleichen Gesetze, nur daß wir hier die erste Geburt zwischen Löwe und Krebs haben und die Richtung umgekehrt verläuft.

Vor 2000 Jahren, zur Zeit von Jesus Christus, stand die Menschheit vor ihrer zweiten Geburt, sie war 28 Jahre alt und wurde in die Sonnenperiode des individuellen Lebens hineingeboren. Darum hat Jesus Christus die Wahrheit der Sonne verkündet. Mit 28 Jahren steht jede Entwicklung vor einem wichtigen Scheideweg: Entweder findet man den individuellen Weg zur Sonne oder man verbleibt auf dem kollektiven Pfad des Mondes. Der alte Bund mit

Jehova (Mond) wurde durch den neuen Bund mit Jesus Christus (Sonne) abgelöst.

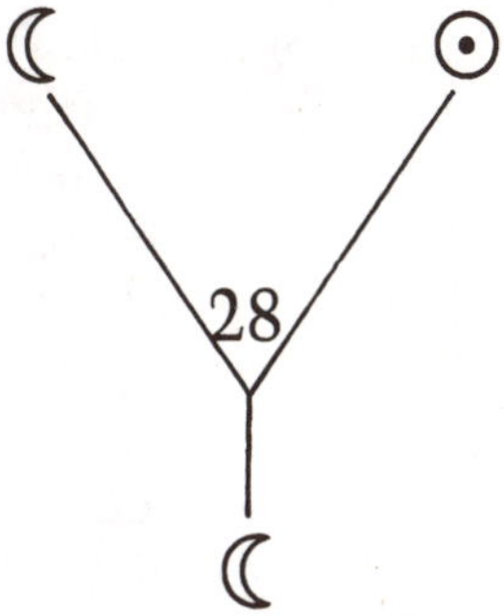

In den nächsten 2000 Jahren des Wassermannzeitalters werden wir den gefundenen Sonnenweg verteidigen und durchsetzen müssen, oder wir zerstören ihn und fallen in kollektive Zustände zurück.

Der Untergang von Atlantis war also die Geburt der arischen Menschheit. Während die Vergangenheit (Löwe) das Paradies und das goldene Zeitalter (Löwe = Sonne = Gold) symbolisiert, betritt jetzt die Menschheit das silberne Zeitalter (Krebs = Mond = Silber). Jedes Zeitalter verwirklicht sich auf der ganzen Erde, doch gibt es jeweils Kulturen, die das jeweilige Zeitalter am deutlichsten vertreten. Für die Krebs-Zeit war es die Kultur des alten Indien. Die Menschheit des Krebszeitalters ist noch ein Kind und lebt in halbbewußter Symbiose mit der Großen Mutter (Krebs = Mond), die sie ernährt.

Beim Eintritt in das Zeitalter der Zwillinge ist die Menschheit sieben Jahre alt, sie fängt an, das Denken zu lernen. Die typische Kultur ist die persische in der Zeit des ersten Zarathustra. Die Unterscheidung zwischen Hell und Dunkel, Gut und Böse, Ormuzd und Ahriman bedeutet die für das Denken notwendige Bildung von dualen Gegensatzpaaren. Auch für das Kind ist alles entweder gut oder böse, dazwischen gibt es nichts. Das Doppelzeichen Zwillinge sowie der hier herrschende Merkur symbolisieren dieses Anliegen. Die Tradition der amerikanischen Indianer geht ebenfalls auf die Zwillingszeit zurück. Hier finden wir die bewußte Unterscheidung zwischen dem Großen Geist (Manitu) und der Mutter Erde.

Mit dem Stierzeitalter beginnt die Pubertät der Menschheit. Dem Stimmbruch des pubertierenden Kindes entspricht auf der Ebene der Menschheit die babylonische Sprachverwirrung: Sprache und Sexualität (die Achse Stier-Skorpion im Tierkreis) werden bewußt und verlieren ihre »unschuldige« Verwurzelung in den unbewußten Urgründen. Der Tod (Skorpion) ist die andere Seite der Sexualität, Stier- und Totenkult der ägyptischen und chaldäischen Kulturen zeigen den Vorrang dieses Problemkreises. Wir haben gesehen, daß das fixe Kreuz die Möglichkeit bietet, verborgene Seiten der Wirklichkeit klarer zu erkennen. Das gegenwartsbezogene Leben solcher Zeiten läßt das Wesen der vier Elemente deutlicher aufleuchten als das kardinale oder labile Kreuz. Aus diesem Grund sind Zeitalter des fixen Kreuzes immer »goldene« Zeiten, zumindest bieten sie die Möglichkeit dazu. Die Löwezeit liegt vor dem Untergang von Atlantis, hier summiert sich die Vergangenheit schlechthin als goldenes Zeitalter. Die Stierzeit ist die eigentliche Kupferzeit (Stier = Venus = Kupfer), doch als Zeitalter des fixen Kreuzes kommt es auch hier zu einer goldenen Periode. Alchemistisch gesprochen erhielt die Menschheit der Stierzeit die Möglichkeit, aus Kupfer Gold zu machen, eine Energieumwandlung also, die damals durch die Anwendung der neuen Metallwerkzeuge auch gelang. Die Alchemie der Stierzeit blieb jedoch im wesentlichen im Einklang mit dem Erdelement auf den Stoff beschränkt.

Im kommenden Wassermannzeitalter haben wir erneut die Chance, eine goldene Zeit herbeizuführen. Die Alchemie der nächsten Zukunft ist im Gegensatz zur Stierzeit eine Alchemie des Geistes, die Goldherstellung aus Blei ist das große Werk und bedeutet, den leblosen Stoff durch lebendige Geisteskraft zu bewegen. Die heutige Technik ist bereits eine solche »Magie«, allerdings steckt sie heute noch in den Kinderschuhen. Sie wird sich dann in einem heute

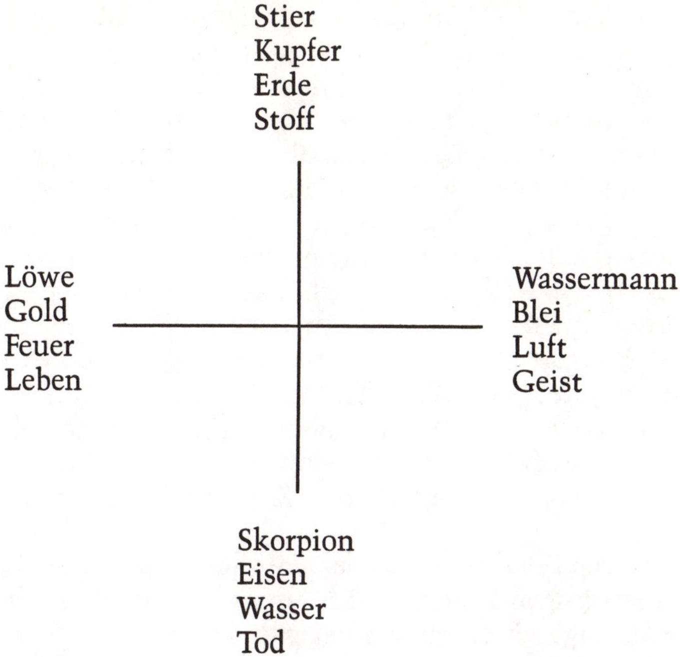

unvorstellbaren Maße entwickeln, wenn wir uns von der heutigen materialistischen Weltauffassung befreit haben und die Technik als das erkennen, was sie ist, nämlich als Ausdrucksform geistiger Gesetze in der Stoffwelt. Die Möglichkeiten der und die Gefahr durch die heutige Technik haben uns heute überholt, die Entwicklung des Weltbildes konnte mit der technischen Entwicklung nicht Schritt halten. Das Ergebnis ist, daß nicht die Technik uns, sondern wir der Technik dienen, ein schier idiotischer Zustand. Die Anwendung der Kernkraft ist ein warnendes Beispiel am Rande einer möglichen Katastrophe. Wir werden an der Nutzung der Kernkraft nicht vorbeigehen können, zur Zeit jedoch sollte man sie für die nächsten 1000 Jahre schleunigst aus dem Verkehr ziehen. Was wir heute machen, nämlich die Kernspaltung, ist schwarze Magie, wir werden so niemals Gold herstellen, sondern verwandeln alles in Blei. Für die richtige Anwendung der Kernkraft liefert die Sonne das Beispiel, das ist die Kernfusion, die, wie gesagt heute noch um die 1000 Jahre verfrüht ist.

Vor etwa 4000 Jahren wechselte der Frühlingspunkt von Stier zu Widder, die Kupferzeit in die Eisenzeit (Widder = Mars = Eisen), die Menschheit wurde 21 Jahre alt. Die jugendliche Aktivität und Bewegungslust äußerten sich in großen Völkerwanderungen. Blonde und blauäugige Horden aus Europa zogen nach Süden zum Mittelmeergebiet und besiegten die dort ansässigen, weniger kriegerischen matriarchalen Kulturen. Ihre männlichen Kriegsgötter vertrieben die weiblichen Gottheiten oder machten sie zu braven Ehefrauen. Daraus entstand später die männliche und kriegerische Kultur der Griechen und der Römer. Zeus-Jupiter trägt Widderhörner, die Zeit des Stieres war vorbei. Den gleichen Übergang kann man weiter südlich bei den Juden verfolgen. Sie sind ebenfalls ein Widdervolk, das sich aus dem ägyptischen Kulturkreis des Stieres befreit.

Während das Sternbild des Frühlingspunktes die Natur des jeweiligen Zeitalters bestimmt und symbolisch darstellt, zeigt das gegenüber liegende Sternbild ein Leit- und Vorbild, das die Kultur der Epoche maßgeblich beeinflußt. Für die Widder-Zeit ist das die Waage, sie erscheint für die Griechen als Maß und als Gesetz für die Juden. Für das auf die Widder-Zeit folgende Fischezeitalter stellt die Jungfrau dieses kulturbildende Leitbild dar. In seiner positiven Verwirklichung finden wir es in der Verehrung der Jungfrau Maria oder auch als Minne zur unerreichbaren Frau in der Ritterzeit. Wie wir später sehen werden, hat jedoch dieses gegenüberliegende Zeichen auch eine ganz andere Bedeutung. Es wird zum »Schatten« des jeweiligen Zeitalters und stört so den harmonischen Ablauf der Geschichte. Genauer gesagt wird vor allem in der zweiten Hälfte des Zeitalters das gesamte Kreuz zum Problem, das zu lösen zur Vorbedingung des Wechsels ins nächste Zeitalter wird.

Sehen wir jetzt einmal näher an, welche Schwierigkeiten uns die aus dem Gleichgewicht geratene Fische-Jungfrau-Achse in den vergangenen 2000 Jahren gebracht hat, welche sie uns noch heute bringt und so lange bringen wird, bis wir die zwei Zeichen nicht mehr als duale Gegensätze, sondern als zwei Pole einer Einheit werden begreifen können.

DER FISCH UND DIE JUNGFRAU

Vor 2000 Jahren, als der Frühlingspunkt in das Sternbild der Fische trat, begann das Zeitalter der Fische, das nun zu Ende geht. Der zweitausendjährige »Weltenmonat« der Fische war das Zeitalter des Christentums, einige Beispiele der christlichen Symbolik bestätigen uns leicht die kosmischen Zusammenhänge.

Jesus Christus leitete den Übergang zwischen den Zeitaltern des Widders und der Fische ein. Er opferte sich als Lamm (Widder) und wurde in der frühchristlichen Zeit als Fisch (griechisch ichthys) bezeichnet. Seine ersten Apostel waren Fischer und Jesus erklärte ihnen, daß er »Menschenfischer« aus ihnen machen wird, womit die Missionstätigkeit des Petrus und seiner Nachfolger gemeint ist. Daß Päpste und Bischöfe »Fischer« sind, erkennt man an ihrer Kopfbedeckung: der spitze Hut stellt einen Fischkopf dar. Auch sonst verwendete Jesus bei seinen Belehrungen gerne Gleichnisse mit Fischen und Fischern.

Jedes Tierkreiszeichen hat seine Schattenseite, es ist das Zeichen, das im Tierkreis gegenüber liegt. Für den Fisch ist es das Tierkreiszeichen Jungfrau. Wenn es nicht gelingt, die Qualitäten dieser zwei Zeichen unter einen Hut zu bringen, kommt es sowohl bei der Einzelpersönlichkeit als auch in der Kollektivpsyche zu bedenklichen seelischen Störungen. Genau das scheint heute in der Welt der Fall zu sein.

Der Fisch ist ein mystisches Zeichen, das sich gerne mit religiösen Geheimnissen, mit der Transzendenz und dem Leben nach dem Tod beschäftigt. Als Wasserzeichen kultiviert es die Seele und die Gefühlswelt, interessiert sich jedoch kaum für die Sinne und die Sinnlichkeit. Die Verteufelung der Sinne und das Märchen vom »sündigen Fleisch« war denn auch die erste Übertreibung der römischen Kirche.

Die ganze christliche Ära ist geradezu gekennzeichnet von der unbewältigten Gegensatzspannung zwischen Fisch und Jungfrau. Die Geburt Jesu (Fisch) durch Maria (Jungfrau) zeigt bereits das Problem der Trennung im Ansatz, das dann von den Kirchenvätern gefestigt und verabsolutiert wurde. Der Dreieinige Gott (Vater, Sohn und Heiliger Geist) wurde rein männlich-geistig gedacht und die Herrschaft über die Materie dem Teufel (»Fürst der Welt«) überlassen. Dadurch wurde die Frau automatisch zum Komplizen des Bösen und in dunklen Zeiten entsprechend behandelt (Hexenverfolgungen).

Das Tierkreiszeichen Jungfrau ist erdhaft und realistisch, sie symbolisiert das tägliche Leben und eine wirklichkeitsnahe Lebensbewältigung. Zwischen den hochgestochenen Glaubensidealen des Zeichens Fische (allumfassende Menschenliebe, Erlösung vom Stoff) und dem Realismus der Jungfrau klafft ein ungeheurer Abgrund, der in dieser krassen Form kaum überwunden werden kann. Praktisch sieht es dann so aus, daß man am Sonntag in die Kirche geht, um etwas Unerreichbares anzubeten, und in den anderen sechs Tagen der Woche ein Leben führt, das in jeder Hinsicht alles andere als »christlich« ist.

Fisch ist das Zeichen des Glaubens, Jungfrau das Zeichen der konkreten Wissenschaft. Bis heute sind wir kaum in der Lage zu begreifen, daß Glaube und Wissen keine Gegensätze sein müssen. Solange die Kirche weltliche Macht hatte, bekämpfte sie die Naturwissenschaften als Teufelswerk; Leute, die zu viel dachten und auch noch darüber sprachen, wurden mit Vorliebe verbrannt. Psychologisch nennt man das Verdrängung, astrologisch gesehen, war das die Mißhandlung der Jungfrau. Die Mißhandelte rächte sich denn auch in der Entfaltung einer übertriebenen materialistischen Wissenschaft, die dann ihrerseits nichts mehr von den Wahrheiten der »Pfaffen« wissen wollte.

Marx, Darwin und Freud mit ihren Lehren sind alle Produkte einer verärgerten und jahrhundertelang gedemütigten Jungfrau. Es kann nicht auf die Dauer gutgehen, wenn man die Sexualität verteufelt, aus dem öffentlichen

Bewußtsein verdrängt und in privaten Kammern bei gelöschtem Licht um so eifriger, jedoch mit schlechtem Gewissen, praktiziert. Es ist ganz logisch, daß dann eines Tages ein Oswald Kolle erscheint und die Nation über die Geheimnisse der Schlafzimmer aufklärt.

Die Jungfrau war ursprünglich ein Symbol für die Große Mutter (etwa Kore und Demeter in der griechischen Mythologie), die alle Aspekte des Weiblichen, einschließlich der Sinnlichkeit, umfaßt hat. Die Spaltung des Weiblichen in die Jungfrau Maria und das sinnlich-sündhafte Weib (etwa Maria Magdalena, die Hure) ist eine speziell christliche Erfindung. Jesus Christus kannte diese Unterscheidung nicht. Es waren vor allem der »Manager der Kirche« Paulus und andere Herren, die hier massiv übertrieben haben.

Das Zeitalter der Fische geht nun unaufhaltsam dem Ende zu. Es scheint, daß kein anderes Zeitalter zuvor so voll von inneren Spannungen verlaufen ist. Andererseits sieht es so aus, daß die Menschheit in keinem früheren Zeitalter soviel Macht in die Hände bekam wie in diesem. Die Aufgabe für die Zukunft müßte heißen, diese Macht sinnvoll zu nützen, und der Weg dorthin führt über die Vereinigung der heute noch getrennten Gegensätze. Das Symbol der Fische besteht aus zwei auseinanderstrebenden Fischen, das Symbol des Wassermanns aus zwei gleichlaufenden Wellen. Wir können also hoffen, daß die Zukunft wieder verbinden wird, was die Vergangenheit voneinander getrennt hat.

*

Wir begreifen die Weltgeschichte als Tanz der zwölf Tierkreiszeichen. Die Choreographie ist einfach, es ist die Kreisbewegung des vollkommenen Dreiecks, die durch das vollständige Kreuz vorangetrieben wird. Jedes Zeitalter hebt eins der vier Elemente hervor. Auf der Grundlage dieses Elementedreiecks wird eine ideale Ordnung des Zeitalters erbaut, die dann am Kreuz der Wirklichkeit geprüft, gestärkt und letztlich zerbrochen wird, um einer neuen Ordnung eines anderen Elementes Platz zu machen. Im Laufe eines Weltenjahres wird ein Kreislauf vollendet, die Wirklichkeit aus zwölf verschiedenen Perspektiven erprobt, und die mystische Rose verblüht. Das Ganze ist keineswegs sinnlos, denn inzwischen haben die Tänzer den Tanz, die Baumeister das Bauen gelernt, und beide sind wir.

Das Weltenjahr beginnt in der Krebs-Zeit mit dem Wasserdreieck. Aus diesem geht das kardinale Kreuz hervor, das wiederum ins Luftdreieck und damit in die Zwillingszeit hinüberführt. Nach der Weltsicht von Graf Keyserling erhalten wir seit Beginn des Weltenjahres bis heute folgenden Ablauf der im Tierkreis georteten Weltgeschichte.

Krebs-Zeit	Wasserdreieck
	Kardinales Kreuz
Zwillinge-Zeit	Luftdreieck
	Labiles Kreuz
Stier-Zeit	Erddreieck
	Fixes Kreuz
Widder-Zeit	Feuerdreieck
	Kardinales Kreuz
Fische-Zeit	Wasserdreieck
	Labiles Kreuz
Heute	———————————
Wassermann-Zeit	Luftdreieck

Jeder Übergang zwischen zwei Zeitaltern bedeutet zunächst die Wandlung eines Elementes in ein anderes. Das ist nur mit Hilfe der Kreuze möglich: Jedes Kreuz enthält alle vier Elemente und kann so zwischen zwei Elementen vermitteln. Unser heutiges Problem zur beginnenden Wassermann-Zeit ist die Wandlung des Wassers in Luft. Chemisch gesprochen ist das eine Art Destillation, die Alchemisten nannten diesen Teil des Werkes sublimatio. Freud sprach von der Sublimierung der Triebkräfte (Wasser) und ihrer Zuführung zu geistigen Zielen (Luft), wodurch nach seiner Ansicht die Kultur entsteht. Die Überführung der Triebwelt in die Welt des Geistes darf allerdings nicht durch die Verneinung der Triebe geschehen, denn das ist

Verdrängung und keine Lösung. Wenn das ganze Wasser verdampft wird, verdursten vor lauter Geist selbst die Vögel.

Das Dreieck ist vollkommen und ewig, egal durch welches Element wir es betrachten. Es wird durch das Kreuz der Realität immer wieder zerschlagen, doch nur, damit wir seine Unzerstörbarkeit begreifen. Die Gesetze sind immer dieselben, ob wir sie durch die Brille der Triebe oder des Geistes betrachten. Genau das müssen wir für die Zukunft lernen, und das ist sehr schwer. Freud wurde verlacht und mißverstanden, weil er so viel über die Sexualität sprach, asketische Weltverneiner übertreiben in die entgegengesetzte Richtung.

Die Entsprechung der Wasserzeichen zu den drei Triebstadien haben wir bereits gesehen. Wenn wir nun das Wasserdreieck in das Luftdreieck verwandeln, so erhöhen wir die Triebsphäre zur Sphäre des Geistes, ohne jedoch das Grundprinzip der Dreiheit zu zerstören. Der Nahrung, die wir körperlich zu uns nehmen (Oralstadium = Krebs) entspricht auf der geistigen Ebene das, was wir »gefressen« oder verstanden haben (Zwillinge). Was wir körperlich von uns geben (Analstadium = Fische) wird zum geistigen Produkt (Wassermann) und der Geschlechtstrieb zur körperlichen Erkenntnis (Genitalstadium = Skorpion) wandelt sich zur Erkenntnis von und Begegnung mit Ideen (Waage). Vor allem die Sexualität wurde in der Vergangenheit und wird heute noch peinlichst verdrängt. Was aber verdrängt wird, kann schlecht vergeistigt werden. Erkenntnis bedeutet immer beides: Die Geschichte mit dem Apfel besagt, daß Adam und Eva zum ersten Mal bewußt miteinander geschlafen haben, wobei die Schlange (Skorpion) die Aufklärungsarbeit geleistet hat, und zugleich auch, daß ihnen die Augen aufgingen, daß sie also denken gelernt haben (Waage). Wir müssen endlich ohne falsche Scham die Universalität der Vereinigungssymbolik begreifen, sonst kommen wir nie in die hochgelobte geistige Zukunft des Wassermannzeitalters.

Am Anfang war der unoffenbarte leere weibliche Kreis und die männliche Linie als Offenbarer. Unter den Zahlen finden wir sie als 0 und 1, unter den Buchstaben als O und I. Ihre Vereinigung ist die Offenbarung, und zwar sowohl auf der geistigen wie auch auf der stofflichen Ebene. Für die Offenbarung der geistigen Wirklichkeit steht das Symbol der Sonne, hier erkennen wir die Vereinigung aus der himmlischen Sicht, von oben gesehen. Von der Seite gesehen, aus der horizontalen Sicht also, erscheint die Offenbarung als stoffliche Realität, hierfür steht das Kreuz als Symbol der Erde.

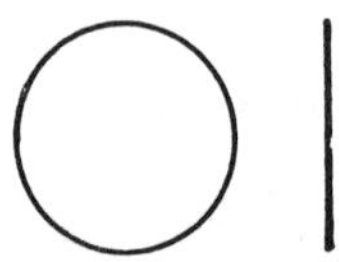

Die Zweiheit

Die Offenbarung

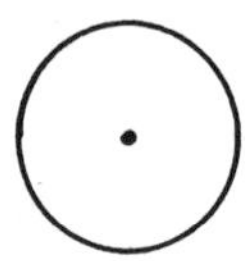

von oben

seitlich

Sonne und Erde, Geist und Stoff sind also in der Erscheinung verschieden, im Wesen jedoch identisch. Durch die Erkenntnis der Zweiheit entsteht das Dritte, der gemeinsame Berührungspunkt, die Selbsterkenntnis. Diese Dreiheit ist vollkommen und kann genausogut durch das Dreieck dargestellt werden. Aus der irdischen Sicht erscheint jedoch die Dreiheit als Kreuz oder Vierheit, als vollständige Selbstverwirklichung, die aber nicht mehr vollkommen ist. Das Kreuz ist die unumgängliche Bewährungsprobe durch den Stoff, und nur die Kreuzigung der alten Ordnung macht den Weg in die Zukunft frei. Das Wasserdreieck stellt die alte Ordnung des Fischezeitalters dar. Diese Ordnung finden wir auf allen Ebenen des Lebens, zum Beispiel als Standes- oder Gesellschaftsordnung. Die drei Wasserzeichen versinnbildlichen die drei Stände.

Krebs	Mond	Nährstand
Fische	Jupiter	Lehrstand
Skorpion	Mars	Wehrstand

Das Mondzeichen Krebs sorgt für die Ernährung und für die Bereitstellung der für das Leben notwendigen Produkte, das ist die Aufgabe der Bauern und Handwerker. Priester und Lehrer bilden den Lehrstand, im Jupiterzeichen Fische lehren sie im Sinne des Zeitgeistes. Im kriegerischen Marszeichen Skorpion fällt schließlich dem Adel und den Soldaten die Aufgabe zu, das Land und das Leben nach außen zu verteidigen.

Solange diese ideale Dreierordnung intakt ist, gibt es weder eine industrielle Warenproduktion, noch einen selbständigen Handel, noch eine Wissenschaft im heutigen Sinne. Die Gesellschaftsordnung ist eine himmlische, denn von oben gegeben und selbstverständlich hingenommen, die Menschen sind zufrieden, obwohl es ihnen keineswegs besser geht als heutzutage. Der Untergang der alten Ordnung beginnt dort, wo man anfängt, für sich Rechte zu fordern und in Anspruch zu nehmen, und zwar deshalb, weil über die gesellschaftlichen Pflichten des einzelnen keine Klarheit mehr besteht. Vormals unbedeutende Nebenfunktionen des Gesellschaftssystems, wie etwa der Handel, machen sich selbständig, neue »Stände« entstehen, z.B. die Kaufleute, die jedoch keine Stände, sondern nur noch Gesellschaftsschichten sind. Die Macht der neuen Schichten basiert nicht mehr auf traditionellen Aufgaben, sondern auf Geld, Wissen trennt sich vom Gewissen und wird ebenfalls zu Macht, kurz, die alte Ordnung funktioniert nicht mehr.

Diesen Zerfall, den man in der zweiten Hälfte der Fische-Zeit geschichtlich verfolgen kann und der sich in unserer Zeit seinem Höhepunkt in einer geradezu perversen Form nähert, finden wir in der Symbolik des Weltenjahres als den Übergang des Wasserdreiecks (Fische, Skorpion, Krebs) in die Problematik des labilen Kreuzes (Fische, Jungfrau, Schütze, Zwillinge). Es ist keineswegs eine Erscheinung, die nur für unser Zeitalter charakteristisch ist. Jedes Zeitalter hat sein Kreuz, das eben die Aufgabe hat, die ausgediente alte Ordnung in die kommende neue Ordnung überzuführen. Das labile Kreuz war auch das Kreuz der Zwillingszeit, damals, vor etwa 6000 Jahren, ging es jedoch um die Wandlung einer luftbezogenen Lebensordnung in eine erdbezogene neue Ordnung (Stierzeit). Die Wandlung einer Wasser- in eine Luftordnung hatte die Menschheit vor etwa 8000 Jahren, von der Krebs-Zeit in die Zwillinge-Zeit zu vollbringen, dort aber mit Hilfe des kardinalen Kreuzes.

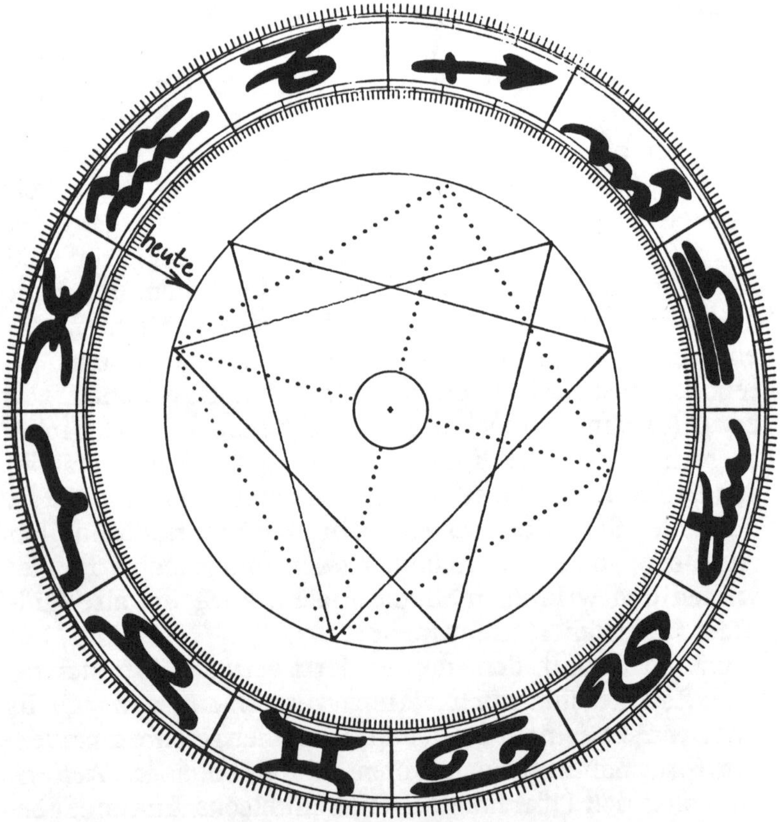

Das labile Kreuz verwandelt das Wasser in Luft – Der Weg von den Fischen zum Wassermann führt über die Zwillinge.

So sehen wir also, daß jedes Zeitalter seine ganz besondere Problematik der Wandlung meistern muß. Wir können keine fertigen Rezepte der Vergangenheit für die Lösung der heutigen Probleme heranziehen, wir müssen jedoch versuchen, mit Hilfe von Analogien aus der Vergangenheit unsere heutige Aufgabenstellung besser zu verstehen. Das Widderzeitalter ist bereits vollendete Vergangenheit, die Gegenwart ist das jetzt auslaufende Fischezeitalter und das noch ganz fremde Wassermannzeitalter wird unsere Zukunft sein – immer vorausgesetzt, daß wir sie wohlbehalten erreichen.

Vergangenheit: Widder-Zeit	Feuer kardinal	
		Krebs
Gegenwart: Fische-Zeit	Wasser labil	
		Zwillinge
Zukunft: Wassermann-Zeit	Luft	

Der Schlüssel zur Wandlung ist der Vorzeitschatten, das zum jeweiligen Zeitalter in Quadrat stehende Tierkreiszeichen aus der Vergangenheit. Nur dieses Zeichen ist in der Lage, das jeweilige Kreuz mit dem kommenden Element zu verbinden. Für den Übergang von der Widder- in die Fische-Zeit war Krebs der Vorzeitschatten, Krebs ist ein kardinales Wasserzeichen und verbindet so das kardinale Kreuz mit dem Wasserdreieck. Der Weltlehrer, der damals erschien und die Problematik des Überganges durch sein Leben als Gleichnis vorgelebt hat, war Jesus Christus. Er wurde am kardinalen Kreuz gekreuzigt, im Ritual der Kommunion erkennen wir heute noch ziemlich vollständig das kardinale Kreuz: Die Kommunion bedeutet Nahrungsesoterik, sie verbindet den Kopf (Mund-Widder) mit dem Magen (Krebs), und die Speisung erfolgt kniend (Steinbock). Demnach beschließt die Kommunion symbolisch das kardinale Kreuz der Vergangenheit, und es ist eine berechtigte Frage, weshalb die Kirche gerade dieses Ritual so stark herausstellt. Die damalige Zukunft der neuen wasserbezogenen Ordnung wurde nämlich von Jesus Christus durch das Gleichnis der Fußwaschung (Fische) gezeigt, dieses Ritual bleibt jedoch im kirchlichen Gebrauch ziemlich im Hintergrund.

Es wäre schön, wenn wir heute wieder einen Weltlehrer bekämen, doch wehe, wehe, wir würden ihm genausowenig wie damals glauben. Der Vorzeitschatten der Fische-Zeit ist das Zeichen der Zwillinge, als labiles Luftzeichen verbindet es das labile Kreuz mit der neuen Luftordnung. Wenn wir nun unbeholfene Versuche anstellen, für die Versiegelung des labilen Kreuzes Gleichnisse auf der Ebene des körperlichen Ausdruckes zu finden, so können diese Versuche nur erste torkelnde Schritte sein, denn solche Geheimnisse werden nicht erdacht, sondern offenbart. Trotzdem kann es nicht schaden, denn zumindest könnten wir begreifen, worum es geht.

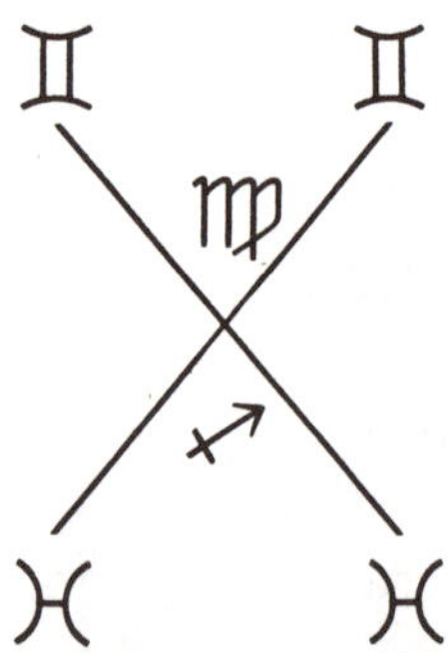

Von der körperlichen Einstellung des labilen Kreuzes war schon die Rede, wir finden sie, wenn wir uns mit gespreizten Beinen und schräg nach oben erhobenen Armen hinstellen. Hände (Zwillinge) und Füße (Fische) befinden sich dadurch an den Kreuzenden, das Kreuz selbst verläuft durch die Basis (Schütze) und den Bauch (Jungfrau). In dieser Stellung wurde Andreas, Bruder des Petrus, ans Kreuz geschlagen, sein wie unser Kreuz ist das labile

Kreuz. Bei der Behandlung der Kreuze haben wir gesehen, daß das labile Kreuz für unsere Zeit das Andere Kreuz ist, das Andere Kreuz ist eben das Andreaskreuz, während das Kreuz von Jesus Christus das Eine Kreuz oder das kardinale Kreuz ist. Andreas blieb zwei Tage an seinem Kreuz hängen und predigte während dieser Marter vor dem Volk. Die Legende berichtet von 20000 Personen, die ihm zuhörten. Er lehnte es ab, vom Kreuz herabgenommen zu werden und starb am dritten Tage, umhüllt von einem himmlischen Licht.

Das Andreaskreuz finden wir als Kreuz Schottlands neben dem geraden Georgskreuz der Engländer auf der Flagge von Großbritannien, und man sagt den Schotten nach, sie seien im Besitz eines alten, anderen Wissens.

In Analogie zum kardinalen Ritual der Kommunion können wir auf jeden Fall feststellen, daß die körperliche Einstellung des labilen Kreuzes im Stehen (Fische) oder auch im Gehen erfolgen muß, und statt der Nahrungsesoterik steht hier die Atmung (Zwillinge) im Vordergrund. Die zukunftweisende Verbindung zu Wassermann wäre durch die Einbeziehung der Waden (Wassermann) gegeben, weshalb Witzbolde behaupten, daß der Radfahrer das treffende Symbol des neuen Zeitalters sei.

Die wasserbezogene Gesellschaftsordnung des Fischezeitalters zerbrach also am labilen Kreuz. Spätestens mit dem Beginn der Neuzeit hat das Bürgertum der Städte die Macht endgültig an sich gerissen und erkaufte nunmehr mit dem Geld aus dem Handel immer weiteren Einfluß. Auch die bis dahin stets unterdrückte weltliche Wissenschaft befreite sich beständig von der inzwischen völlig degenerierten Kirche, die eine nicht verstandene Religiosität zum Maßstab der Erkenntnis erhob. In der Symbolik des Weltenjahres steht das nur durch zwei Planeten, Jupiter und Merkur, beherrschte labile Kreuz für all diese Veränderungen. Später werden wir noch ausführlich auf die Planeten zu sprechen kommen, jetzt nur so viel, daß wir hinter all diesen Vorgängen das Auftreten des Merkur erkennen können. Merkur ist der Kaufmann, und wenn er sich der Moral des Jupiter entledigt, ist er auch der Dieb.

Angeblich kann man durch ehrliche Arbeit nicht reich werden, um so mehr aber durch Geschäfte, bei denen man wirklich nicht mehr so recht weiß, welcher Aspekt des Merkur sie getätigt hat. Dem Merkur ist das alles auch völlig egal, Hauptsache, er kann sich in Aktivitäten stürzen. Genauso in der Wissenschaft, wo ebenfalls Merkur – diesmal als Wissenschaftler – völlig losgelöst von irgendwelchen ethischen oder sonstigen Bedenken waltet und schaltet, und wenn die Erde dabei in die Luft fliegt. Das chaotische und unkontrollierte Wirken des labilen Kreuzes kann man in unserer Zeit nicht mehr übersehen. Was Not tut, ist, dieses Kreuz in seiner Einheit zu sehen und zu leben, die Synthese zwischen den Kräften des Merkur und des Jupiter zu schaffen, denn sonst landen wir nicht in der Wassermann-Zukunft, sondern eher in der Hölle, die wir eigens zu diesem Zweck auf unserem Planeten bereits einzurichten begonnen haben.

Überlegungen zu einer möglichen Gesellschaftsordnung in der kommenden Wassermann-Zeit müssen Spekulationen bleiben. Fest steht, daß eine neue ideale Dreierordnung entstehen wird, denn jede vollkommene Ordnung ist dreigegliedert, und jede anfängliche Ordnung ist vollkommen – die Schwierigkeiten kommen dann in weiteren tausend Jahren mit der Problematik des fixen Kreuzes. Die neue Ordnung wird auf das Luftdreieck aufgebaut sein. Es ist möglich, daß der inzwischen gebändigte Merkur die Wissenschaft in den Dienst der Menschheit stellt. Dann wäre es denkbar, daß menschen- und umweltfreundliche Wundermaschinen die Herstellung von Nahrung und allerlei Produkten übernehmen, so daß die Wissenschaftler (Zwillinge-Merkur) den Nährstand übernehmen. Allerdings muß man dabei wirklich sehr aufpassen, damit sie nicht anfangen, aus Müll hergestellte grüne Pillen der arglosen Bevölkerung anzudrehen, denn es ist schon schwer, dem listigen Merkur zu trauen. Wassermann wird von Saturn beherrscht, doch in der Zukunft auch vom neuen Planeten Uranus. Uranus ist die Intuition, das neue Denken, das den Menschen den Maschinen überlegen machen könnte. Den Lehrstand werden diejenigen verkörpern, die mit der Fähigkeit der Intuition ausgestattet, den neuen Wassermann-Zeitgeist zu lehren in der Lage sind. Es bleibt noch der Wehrstand, dessen Entsprechung wir im friedlichen Zeichen der Begegnung, in der Waage suchen müssen. Das Venuszeichen Waage schätzt die Schönheit und den Frieden bedeutend höher als den Krieg. So wäre zu hoffen, daß das Militär der Zukunft nach dem heute schon gängigen Motto eingerichtet wird: »Es ist Krieg, und keiner geht hin.« Doch das ist fast zu schön, um noch wahr zu sein.

Etwas Neues zu sehen, fällt uns deshalb schwer, weil wir uns vom Alten nicht freimachen können. Die Wandlung in die Zukunft verändert erst in zweiter Linie die Welt, zuerst müssen wir unsere Sicht von der Welt verändern. Wassermann ist ein Luftgeist, ein Sturmvogel, ein Flieger und Raumfahrer. Der Fisch muß wirklich das Fliegen lernen, und wir müssen begreifen, daß wir am Boden eines Luftmeeres leben. Nur dann kann eine globale Sicht des Planeten Erde entstehen, und wenn der Mensch seinen Planeten als Kugel sieht, ist das gleichbedeutend damit, für die Erde persönliche Verantwortung zu übernehmen. Statt Raketen aufeinander abzufeuern, sollten wir dazu übergehen, alle Politiker und sonstigen Machthaber kurzfristig auf den Mond oder zumindest auf eine Umlaufbahn um die Erde zu schießen. Mit großer Wahrscheinlichkeit kämen sie von solcher Reise mit mehr Verantwortung für das Raumschiff Erde zurück.

Das Nachdenken über Kugelgestalt und Kreisform ist für die Zukunft grundsätzlich von wichtiger Bedeutung. Wassermann ist ein fixes Zeichen und hat somit den Kreis als Symbol. Das letzte Zeitalter des fixen Kreuzes war die Stier-Zeit, wir finden den Kreis zum Beispiel in der Darstellung der geflügelten ägyptischen Sonne. Während die benachbarten labilen und kardinalen Zeichen linear ausgerichtet sind und durch Pfeile symbolisiert werden können, verharrt der Kreis eines jeden fixen Zeichens in zyklischer Ruhe.

Entsprechend muß das lineare Denken der Fische-Zeit, die Philosophie des Immer-Weiter-Geradeaus in das zyklische und periodische Kreisdenken der Wassermann-Zukunft gewandelt werden. Dadurch werden aus zukunftsgerichteten oder vergangenheitsnachahmenden Vorstellungen gegenwartsbezogene Einstellungen, wird aus der Lebensvorstellung zum Werden die Lebenseinstellung im Sein. Dazu wird es auch höchste Zeit, denn wie wir sahen, steht die Menschheit kurz vor ihrem 35. Geburtstag, eine jugendliche Haltung ist also nicht mehr angebracht. Der Wechsel von Fisch zu Wassermann erscheint aus dieser Hinsicht in der strukturellen Darstellung als der Übergang der Linie in den Kreis.

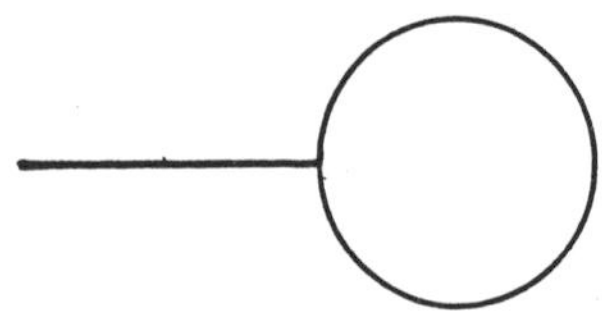

Wir stehen jetzt am Ende der Linie und am Beginn des Kreises. Jeder Fortschritt wird ab jetzt zunächst eine Entscheidung, nämlich ob wir links- oder rechtsherum gehen wollen. Dann aber wird Fortschritt das Umkreisen der Mitte bedeuten, und eines Tages wird selbst der letzte Held der Vergangenheit begreifen, daß es nicht schlimm ist, wenn »ein Mann nicht vorwärtskommt«, und daß es ganz angenehm sein kann, »sich im Kreise zu drehen«. Eins steht fest: Die Zukunft wird ruhiger, gründlicher und vielleicht beschaulicher, und wenn wir unsere Möglichkeiten nicht in den Wind schlagen, kann sie eine goldene Zeit werden.

Der Punkt zwischen Widder und Fische ist ein besonderer Punkt des Weltenjahres. Er wurde vor 2000 Jahren durch das Leben von Jesus Christus erfüllt. Die Menschheit wurde 28 Jahre alt, beendete gerade das erste Lebensdrittel und damit die Jugend, und sie stand vor ihrer zweiten Geburt ins erwachsene Sonnenalter. Am Scheideweg erschien Jesus Christus als Weltlehrer und brachte der Menschheit individuelles Sonnenbewußtsein. Haben wir seine Botschaft verstanden?

Die ersten vier Zeichen von Anbeginn (Krebs bis Widder) durchlaufen alle vier Elemente in der Reihenfolge Wasser, Luft, Erde und Feuer. Das Körperbewußtsein wanderte während dieser 8000 Jahre vom Magen (Krebs) über die Lungen (Zwillinge) und den Hals (Stier) nach oben, bis es als Wahrnehmung den Kopf (Widder) erreicht hat. Der Unterleib jedoch blieb während der ganzen Zeit unbewußt und funktionierte auch so. Das heißt zum Beispiel, daß die Menschheit jener Tage nicht dorthin ging, wohin sie wollte, sondern dorthin, wohin sie von ihren Füßen für sie völlig unbewußt getragen wurde. Das sollte seit Jesus Christus anders sein, denn die Fische verlagern das Bewußtsein in die Füße, das heißt, diese haben die Menschheit dorthin zu tragen, wohin sie bewußt gehen will.

Hier, zwischen Widder und Fische, geschieht eine Umkehr des Bewußtseins. Dieser Schritt vom Kopf zu den Füßen könnte durch den seltsamen Tod des Petrus (mit dem Kopf nach unten gekreuzigt) einen symbolischen Ausdruck gefunden haben. Wie Graf Keyserling sagt, wird jetzt der kopfbewußte Mensch auf die Füße gestellt, um von hier aus nun das Bewußtsein schrittweise bis zum Herzen höher zu tragen. Erst seit der Fische-Zeit gelangt das Bewußtsein in den Unterleib und wird hier zuerst mit dem Wasserzeichen Fische, das heißt mit der Triebwelt konfrontiert. Wasser ist das erste Element, das im Laufe der Entwicklung zum zweiten Mal ein Zeitalter bestimmt, die Menschheit muß also zuerst mit ihren Trieben fertig werden. Das kann vollständig erst in 8000 Jahren geschehen, dann werden wir Skorpion durchschritten und damit vielleicht die Sexualität bewußt gemacht haben. Es ist natürlich genauso möglich, daß wir dazu mehrere Weltenjahre brauchen, denn wie mir scheint, haben wir bis heute nicht einmal das Problem der Ernährung (Krebs) gelöst.

In den Fischen geht es also um die Meisterung des Bewegungstriebes. Wir haben als inzwischen erwachsene Menschheit zu lernen, bewußt zu unserer inneren Wahrheit zu stehen und mit ihr den Sonnenweg zu gehen. Schaffen wir dies nicht, werden wir als Kinder von seltsamen Geistern dorthin getrieben, wo es uns mit Sicherheit nicht gefallen wird.

Mit Wassermann kommt zum zweiten Mal ein Zeitalter der Luft. Das ist die zweite Lektion des Geistes. Das Denken, das wir in der Zwillingszeit gelernt haben, soll auf eine höhere Stufe gehoben werden, und nicht zuletzt müssen wir lernen, nun auch mit Hilfe der Unterschenkel (Wassermann) uns kraftvoll und nach der Wahrheit des Geistes weiter zu bewegen. Im Zeitalter des Wassermann ist der Geist mit uns. Wir sollten es nutzen, denn in der darauffolgenden Steinbock-Zeit gehen wir auf jeden Fall in die Knie (Steinbock): entweder aus Dankbarkeit oder durch den Zwang des Schicksals.

IV. Der Sündenfall

Die astrologische Überlieferung berichtet von einer alten Tierkreisordnung von nur zehn Tierkreiszeichen. Das sechste, siebte und achte Zeichen, Jungfrau, Waage und Skorpion, bildeten in dieser Ordnung eine Einheit, ein einziges Zeichen, sie waren noch nicht getrennt.

Solch ein Tierkreis sprengt natürlich das heutige astrologische System, und es hat für uns heute überhaupt keinen Sinn, diese alte Ordnung systematisch ergründen zu wollen. Allein die Tatsache, daß sie überliefert wurde, ist von Interesse, haben wir doch dadurch einen symbolischen Ausdruck der Zeit vor dem Sündenfall.

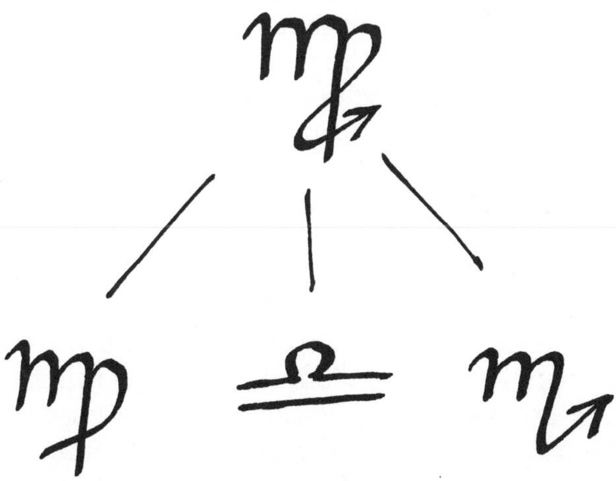

Auch der Versuch, diese alte Zeit im Weltenjahr zu orten, muß scheitern, denn dieses beginnt zwischen Löwe und Krebs, und liegt in dem zwölfteiligen Tierkreis begründet. Daraus folgt, daß der zehnteilige Tierkreis vor der arischen Zeit, also in der atlantischen Periode seinen Ursprung haben muß.

Das ursprüngliche Einheitszeichen ist die »Schlangenjungfrau«. Sie vereinigt die heutigen Zeichen Jungfrau und Skorpion in sich und enthält latent die Möglichkeit der Waage, die sie aber noch nicht nötig hat. Waage ist das durch die spätere Trennung bedingte Zeichen, das jüngste aller Tierkreiszeichen, das gerade die Aufgabe hat, zwischen Jungfrau und Skorpion das Gleichgewicht herzustellen. Die Schlangenjungfrau vereinigt das Element Wasser (Skorpion) und das Element Erde (Jungfrau), Triebleben (Wasser) und Erdenschicksal (Erde) stehen noch nicht im Gegensatz zueinander. Genau das ist der paradiesische Zustand. Die Schlange des Geschlechtstriebes (Skorpion) liegt in der Erde (Jungfrau) fest verwurzelt, sie schläft noch, wie dies das Bild der schlafenden Kundalini im Tantra-Yoga ausdrückt. Anders ausgedrückt bedeutet das, daß die Sexualität, wie heute noch bei den Tieren, völlig unbewußt vor sich geht. Die Erkenntnis ist noch nicht da, weder als Wissen um die geschlechtliche Vereinigung, noch als Unterscheidungsvermögen in sexueller wie auch in jeglich anderer Hinsicht. Die Voraussetzungen zur Erkenntnis, zur Unterscheidung und zum Denken sind noch nicht gegeben, die Menschen wissen nicht, was sie tun.

Jetzt erscheint die Schlangenjungfrau, die »listiger denn alle Tiere« ist, am Baum der Erkenntnis, um die Menschen zur Erkenntnis zu verführen. Auf der körperlichen Ebene betreibt sie damit sexuelle Aufklärung, geistig gesehen, weckt sie das Unterscheidungsvermögen.

Die verführerische Schlangenjungfrau ist weder weiblich, noch männlich, sondern zweigeschlechtlich. In der Symbolik des Tierkreises erscheint sie zunächst weiblich (als Vereinigung der weiblichen Zeichen Jungfrau und Skorpion), sie trägt jedoch die später sichtbar werdende männliche Potenz (das Zeichen Waage) ebenso in sich. Die biblische Schöpfungsgeschichte ist als jüdische Schöpfung patriarchal abgefaßt, andere Auffassungen stellen das weibliche Element in den Vordergrund. Die biblische Variante des Sündenfalles berichtet, daß zuerst Eva verführt wurde, der erste bewußte Mensch war also eine Frau. Hier wird die Priorität des Mannes bei der Schöpfung durch die

Bewußtwerdung der Frau beim Sündenfall durch die Bibel selbst (wohl unbewußt) ausgeglichen. Auch die Tierkreissymbolik spricht für eine Reihenfolge, die man so ausdrücken kann: Am Anfang war das (zweigeschlechtliche) Ei, dann die Frau und zuletzt der Mann. Der Streit um die Reihenfolge der Geschlechter ist indes völlig müßig, erklärt jedoch die Unterschiede bei den verschiedenen Darstellungen des Sündenfalles.

Die biblische Geschichte ist sehr knapp gehalten, und sie sagt insbesondere über das Wesen der Schlange nicht viel aus. Die Verführung von Eva besagt immerhin, daß die (zweigeschlechtliche) Schlange als männliches Wesen vor Eva erschien. Nach esoterischer Auffassung (Max Heindel) ist die Schlange der Feuerengel Samael, der als Vertreter der Mars-Kräfte des Luzifer, Eva eingeweiht hat, und mit ihr deren ersten Sohn Kain zeugte. Erst anschließend wurde Adam von Eva belehrt, er erkannte sie, und sie gebar Abel.

Die Legende von Lilith erzählt eine andere Geschichte. Demnach wurde die Schlangenjungfrau als Lilith Adams erste Frau, die Schlange kam also als Frau und erweckte zuerst das männliche Bewußtsein. In der Folge verband sich Adam mit Eva, zumal diese im Gegensatz zu Lilith bereit war, sich als Frau dem Manne unterzuordnen. Seitdem führt die stolze und selbständige Lilith als »schwarzer Mond« ein Schattendasein und verführt nach wie vor Männer, die ihr gefallen. Neuerdings hat die Frauenbewegung unserer Zeit Lilith für sich entdeckt, und stellt sie als Vorbild für die Verweigerung männlich-sexistischer Ansprüche hin.

Der Mythos vom Sündenfall beschreibt also die Trennung der Geschlechter und die Bewußtwerdung, die die Vertreibung aus dem Paradies als Folge hatten. Die Trennung der Schlangenjungfrau in Jungfrau und Skorpion erzeugt den Gegensatz zwischen einer idealen Ordnung (Jungfrau) und einer freien Triebbefriedigung (Skorpion). Jungfrau ist die Erinnerung an das verlorene Paradies, dieses ist nunmehr überirdisch und im Himmel, Skorpion ist das Bewußtsein um das Vorhandensein von unterirdischen und höllischen Gewalten im Menschen und auf der Erde jenseits vom Garten Eden. Dies sind die zwei Waagschalen des neuen Tierkreiszeichens Waage, hier muß ein Mittel- und Mittlerweg gefunden werden, um den Gegensatz zwischen Himmel und Hölle, zwischen Zwang und Freiheit auszugleichen. Der Schauplatz für diesen Kampf ist der Planet Erde in seinem heutigen kosmischen Zustand.

Im Sonnensystem finden wir unseren Planeten zwischen Venus und Mars. Daß dies nicht immer der Fall war, werden wir sogleich sehen. Erinnern wir uns jetzt an die Zuordnung der Planetenherrscher zu den Tierkreiszeichen. Die Achse zwischen Waage und Skorpion einerseits und Widder und Stier andererseits verläuft horizontal zwischen den Planeten Venus und Mars. Somit entspricht diese Achse im Tierkreis dem genauen Standort der Erde im Sonnensystem. Diese »Achse der Erde« trennt das weibliche (Venus) und männliche (Mars) Geschlecht und gibt uns weitere Aufschlüsse über das Wesen des Sündenfalles.

Die vier Mars und Venus zugeordneten Tierkreiszeichen ergeben eine Figur, die als Dag-Rune bekannt ist. Das ist der Doppelhammer Thors, der Doppeldorn, sowohl das Leben als auch den Tod symbolisierend. Der Dorn ist ein phallisches Symbol, seine lebensspendende Seite ermöglicht die Zeugung, seine todbringende Seite (etwa als Schwert) verursacht das Ende des Lebens. In der Geschichte des Dornröschens sind beide Aspekte dargestellt. Durch den Sündenfall geschah nun nichts anderes als das Sichtbarwerden dieser beiden Seiten des Doppeldorns: Die Erkenntnis als Sexualakt erzeugt neues Leben, zugleich gekoppelt mit der Erkenntnis der Sterblichkeit (»welches Tages du davon issest, wirst du des Todes sterben«). Sexualität und Tod sind untrennbar miteinander verbunden, im Tierkreis wird sowohl die Sexualität wie auch der Tod durch Skorpion symbolisiert.

Der Genuß der verbotenen Frucht vom Baum der Erkenntnis ist die Verführung zur bewußten Vereinigung der Geschlechter, wodurch sie ihre Trennung voneinander und der Welt erkennen. Die »Verführung« bestand darin, daß durch die Erkenntnis wohl die Trennung, nicht aber die Vereinigung bewußt wurde. Zwar wissen nun die Menschen, was sie tun, wenn sie sich vereinigen, doch sie tun es unter Verlust ihres Bewußtseins. Insofern bedeutet der Sexualakt den Tod, nämlich den Tod des Ich-Bewußtseins. Die bewußte Vereinigung, die mit dem ewigen Leben identisch ist, war von Gott nicht gewollt. Jehova vertrieb die Menschen aus dem Paradies: »Siehe, Adam ist geworden wie unsereiner und weiß, was gut und böse ist. Nun aber, daß er nicht ausstrecke seine Hand und breche auch von dem Baum des Lebens und esse und lebe ewiglich!«

Die Frucht vom Baum der Erkenntnis ist der Todesdorn, im Tierkreis durch die Zeichen Waage und Skorpion dargestellt. Hier sind die Geschlechter (Venus und Mars) voneinander getrennt, doch auch wieder miteinander vereinigt, denn der männliche Mars ist dem weiblichen Zeichen Skorpion und die weibliche Venus dem männlichen Zeichen Waage zugeordnet – eine treffende Symbolik für den Sündenfall und seine Folgen. Den Baum des Lebens, dessen Frucht wir nicht mehr kosten konnten, finden wir auf der anderen Seite des Tierkreises als Lebensdorn, verkörpert durch die Zeichen Widder und Stier. Mars und Venus jeweils im Zeichen des eigenen Geschlechts bedeuten eine natürliche und vordergründige Männlichkeit bzw. Weiblichkeit. Dieser »gottgegebene« Zustand herrschte unbewußt im Garten Eden vor dem Sündenfall, und er wird bewußt erst wieder herrschen, wenn wir den schweren und langsamen Erdenweg außerhalb des Paradieses, also auf unserem Planeten Erde, gemeistert haben.

*

Die Erde ist ein Lebewesen. Sie ist in einem ständigen Entwicklungsprozeß begriffen, verändert langsam aber unaufhaltsam ihre äußere Erscheinung, ihre Atmosphäre, ihr Klima usw. Diese Entwicklung geht so langsam vor sich, daß wir sie mit unserem menschlichen Zeitbegriff kaum fassen können, und selbst wenn wir darum wissen, wollen wir sie nicht wahrhaben. Verständlicherweise haben wir Angst davor, daß allzu radikale Veränderungen der Erde unser Leben bedrohen oder gar vernichten könnten. Nichtsdestoweniger ist es eine Tatsache, daß die Erde sich in steter organischer Wandlung befindet, und nicht nur die Erde, sondern auch das gesamte Sonnensystem.

Das Sonnensystem bildet in seiner Gesamtheit eine organische Einheit, es ist ebenfalls ein Lebewesen, ein Organismus, wobei jeder Planet seine spezielle Aufgabe zu erfüllen hat. Die Vorstellung, daß die Planeten seit ihrer Entstehung in zuverlässiger und ewiger Regelmäßigkeit das Zentralgestirn Sonne umkreisen, und daß dies auch immer und ewig so bleiben wird, ist ein Wunschtraum, ein Wunschdenken, das ebenfalls in der Angst und im Streben nach Sicherheit wurzelt. In Wirklichkeit ist das Sonnensystem alles andere als ruhig. Man könnte es mit einem Atom vergleichen. Wie die Elektronen sich auf ihren eigenen Sphären um den Atomkern bewegen, umkreisen die Planeten auf ihren Bahnen die Sonne. Und genauso wie die Elektronen ihre Sphären wechseln können, wechseln oder verändern hin und wieder die Planeten ihre Bahnen um die Sonne. Für das Sonnensystem sind solche Veränderungen Wachstumskrisen, für die betreffenden Planeten können sie zu Katastrophen werden, doch stets dienen sie – wie auch die Elektronenveränderungen im Atom – der Entwicklung des Gesamtorganismus.

Solche Thesen sind für die offizielle Wissenschaft tabu. Wenn ein Außenseiter sie äußert, wird er gar nicht erst gehört, und wenn er unüberhörbar ist, wird er sofort für einen Spinner erklärt und totgeschwiegen. Ein gutes Beispiel dafür ist Immanuel Velikovsky. Man hat ihn nur deshalb nicht verbrannt, weil der Scheiterhaufen für Ketzer als Relikt des dunklen Mittelalters in Verruf geraten ist.

Kehren wir zurück zum Sündenfall. Wir sahen, daß seine Ortung im Tierkreis auf Bereiche verweist, die von Mars und Venus beherrscht werden. Verständlicherweise, denn Mars und Venus symbolisieren Mann und Frau, und um die Verquickung der Geschlechter geht es ja beim Sündenfall. Versuchen wir nun den kühnen Schritt, der Symbolik im realen Raum nachzugehen und die Spuren des Sündenfalles in der physischen Erscheinungsform des Sonnensystems zu finden. Wir lehnen uns zurück, machen uns frei von der Erdgravitation und begeben uns auf die Reise Richtung Saturn und in eine alte Zeit.

Saturn ist eine uralte Sonne. Er hat seine zentrale Aufgabe bereits vor langer Zeit erfüllt, jetzt glüht er nur noch im fahlbleichen Lichtschein und hütet die äußere Grenze der Planetenwelt. Er ist das Gerippe, das dem ganzen System die Struktur gibt, seine letzten Geheimnisse offenbart er nur den Seelen, die ihn nach dem Tod auf dem Weg zu den Sternen passieren.

Ganz anders ist Jupiter. Er ist der größte Planet und eine werdende Sonne, die sich auf ihre kommende zentrale Aufgabe erst vorbereitet. Jupiter ist in jeder Hinsicht höchst aktiv, er ist sehr heiß und wird immer heißer. Das ist eine Tatsache, die die Naturwissenschaft nicht verstehen kann, denn nach ihrer Ansicht werden alle Planeten bis zu ihrem Ende stets kälter. Jupiter aber ist ein kosmischer Ofen, der sich ständig immer mehr aufheizt. Wie die Sonne, setzt sich der Körper des Jupiter aus Wasserstoff und Helium zusammen, und wenn der Planet sich genügend erhitzt hat, wird die Kernfusion einsetzen – Jupiter wird als Stern erstrahlen. Auf dem Jupiter ist Leben vorhanden. Es ist eine primitive Form des Lebens, man könnte es mit gewissen Bakterien vergleichen. Für diese Lebewesen ist Sauerstoff Gift, sie würden in der Atmosphäre der Erde sofort sterben. Um so besser können sie auf Jupiter gedeihen, sie lieben den Wasserstoff, Kohlendioxid und Schwefelgeruch. Jede Lebensform, auch unsere, basiert ursprünglich auf Bedingungen, die Sauerstoff ausschließen. Erst im Laufe der weiteren Entwicklung stellt sich das Leben auf Sauerstoff ein, auf einer mittleren »Wasser-Stufe«, wo sich unsere Erde in ihrem heutigen Zustand befindet.

Wir verlassen den Jupiter und reisen weiter in Richtung Sonne, zum Zentrum des Sonnensystems. In dieser Zeit, in der wir uns jetzt befinden, finden wir zwischen Jupiter und Mars einen Planeten, den es in unserer heutigen Zeit nicht mehr gibt. Nur der Trümmerhaufen der Planetoiden zeigt heute noch an, daß damals ein Planet seine Kreise um die Sonne zog. Da er nun tot ist, hat er auch keinen Namen mehr, wir wollen ihn aber, mit Illuminatus Leopold Engel, Mallona nennen. In welchem Zustand sich Mallona in jener Zeit befand, können wir heute nicht mehr sagen. Wahrscheinlich beherbergte er Lebensformen, die unserem irdischen Leben weit überlegen waren.

Der nächste Planet nach Mallona ist Mars. Hier blüht das Leben, wie wir es kennen. Mars befindet sich auf der Wasser-Stufe, der Planet wird zum großen Teil durch Wasser bedeckt und hat eine sauerstoffreiche Atmosphäre. Zwischen dem Volk der Grünohren und dem der Gelbfüße herrscht gerade der Kriegszustand – wir könnten meinen, wir befinden uns zu Hause. Doch die lila Kühe auf der roten Wiese beweisen uns doch, daß wir nicht auf der Erde sind, und so machen wir uns auf die Weiterfahrt dorthin.

Der Planet Erde ist ziemlich heiß, und er ist von solch dichter und schwerer Atmosphäre umhüllt, daß wir nichts von seiner Oberfläche erkennen können. Wir reisen weiter Richtung Sonne, und es wird immer heißer. Venus können wir nirgends finden, sie ist noch nicht vorhanden, der nächste Planet Merkur blendet uns dermaßen die Augen, daß wir doch lieber zur Erde zurückkehren. Wir durchstoßen mit unserem Raumschiff die dicke, schwüle Luft und landen weich in einem Garten.

Auf einer lieblichen Wiese mit üppiggrünem Gras und bunten Blumen entdecken wir eine schöne junge Frau. Sie ist nackt, steht in herrlicher Unschuld vor einem Baum mit satten Früchten und unterhält sich gerade mit einer Schlange. Diese gibt ihr eine Frucht des Baumes, Eva betrachtet das Obst, riecht daran, beißt zu und schmatzt genüßlich, denn die Frucht schmeckt gut.

Im selben Moment ertönt auf dem Jupiter ein infernalischer Knall. Ein großes Stück glühender Jupitermasse wird in den Weltraum geschleudert, formt sich sofort zur Kugelgestalt und bewegt sich mit großer Geschwindigkeit in die Richtung der Erde. Auf dem Jupiter bleibt der Große Rote Fleck zurück, das Sonnensystem ist aber um einen neuen Planeten bereichert – Venus, die Schaumgeborene aus dem Weltenmeer ist soeben geboren.

Luzifer (Lichtbringer) ist ein anderer Name der Venus. Der Sündenfall ist das Werk luziferischer Kräfte, durch sie wurden die Mars-Venus-Energien in Aktion gesetzt. Der erste Planet, dem der künftige Morgen- und Abendstern Venus auf seinem Weg zur Erde begegnet, ist Mallona. Dieser Planet wird von Venus voll getroffen und in tausend Stücke zerrissen. Ein alter Planet ist tot, der neue Planet Venus geht aus der Begegnung härter und fester hervor, er wurde durch den Zusammenstoß gewaltig zusammengedrückt. Venus war damals alles andere als lieblich, anmutig und zahm. Wie eine wilde junge Furie rast sie durch den

Weltenraum, sie hat Blut geleckt und kann nun den bevorstehenden Kampf mit Mars kaum abwarten. Mars ist in dieser Hinsicht allerdings auch nicht von gestern, nicht umsonst wird er als Kriegsgott verehrt. Er bereitet sich würdevoll auf die tödliche Begegnung, auf seinen letzten Kampf vor. Zwischen Mars und Venus kommt es jedoch zu keinem Frontalzusammenstoß. Sie lieben sich zu sehr, um sich gegenseitig umzubringen, sie sind etwa gleich stark, und Venus hat durch die Vernichtung Mallonas viel Kraft verloren. Die Begegnung zwischen Mars und Venus kann man als Anrempeln bezeichnen. Sie fliegen sehr dicht aneinander vorbei, gewaltige Stoff- und Energiemengen werden zwischen ihnen ausgetauscht, bis sie sich endlich aus ihrer tödlichen Umarmung lösen können. Tödlich war der Kampf zumindest für das ehemalige blühende Leben auf dem Mars. Venus hat die gesamte Sauerstoffmenge aus der Atmosphäre des Mars abgesaugt und im Weltraum verpufft, die riesigen Wassermengen verdampft und nur die leeren ausgetrockneten Marskanäle zurückgelassen. Mit dem Leben auf dem Mars war es vorbei, und die Völker der Grünohren und der Gelbfüße haben nie erfahren, wer nun eigentlich am Ausbruch ihres gemeinsamen Krieges die Schuld trug.

Die Rolle des Mars in diesem Kampf der Welten ist höchst interessant. Der grimmige Kriegsgott stellte sich beschützend vor die Erde, bremste die rasende Venus gehörig ab und – verlor dabei sein eigenes Leben. Ist er nun ein Opfer für die Erde bzw. für den Gesamtorganismus des Sonnensystems? Möglicherweise war das Leben auf dem Mars bereits so weit fortgeschritten, daß es der physischen Erscheinungsform nicht mehr bedurfte, oder, was viel wahrscheinlicher ist, war dieses Leben in eine Sackgasse geraten, das zu opfern keinen besonderen Verlust für das Gesamtsystem bedeutet hat. Gerade die letzte Möglichkeit sollte uns zu denken geben, denn wenn wir uns in die Fußstapfen des Mars begeben, erwartet uns das gleiche oder ein ähnliches Schicksal.

Venus, die zornerfüllte Amazone, war inzwischen an Erfahrungen gereift und bedeutend ruhiger geworden. Sie war schwer angeschlagen und hatte an ihren eigenen Wunden zu lecken, so daß sie nun wesentlich vorsichtiger auf die Erde zukam. Hier werden gerade Adam und Eva von Jehova über ihr Vergehen belehrt, und sie erfahren, daß ihnen sehr bald harte Zeiten bevorstehen. In der Tat. Ein entsetzlicher Sturm setzt ein, die Meere gehen über, die Erde wackelt und der Himmel verfinstert sich. Venus ist angekommen.

Die Kräfte der Venus reichten gerade noch für einen Polsprung. Die Begegnung fand aus respektvoller Entfernung statt, der Erdenmond übernahm eine ähnliche Rolle wie der Mars zuvor und setzte sich mit Venus physisch auseinander. Nur, daß der Mond nicht mehr viel zu verlieren hatte, auf ihm war kein Leben mehr vorhanden. Auf seiner Oberfläche sind seither noch mehr Krater und Furchen vorhanden, und wir sollten ihm in jeder Vollmondnacht angesichts der damals geleisteten Hilfe unseren Dank aussprechen. Zwischen Venus und Erde erfolgte vor allem ein Austausch elektromagnetischer Energie. Da die zwei Planeten etwa gleich groß und schwer sind, und weil die gegenseitige Annäherung gerade günstig war, fand zwischen ihnen eine magnetische Umpolung statt. Venus wie Erde drehten sich im Raum kopfüber um, wobei die Umdrehung um die Nord-Süd-Achse keinen Moment lang gestört wurde. Es ist wie ein Kreisel, der sich durch einen Peitschenschlag auf den Kopf stellt und in aller Ruhe weiterdreht. Die Venus, die vom Jupiter einen im Sonnensystem üblichen Impuls erhalten hat, dreht sich seitdem verkehrt. Auf ihr geht die Sonne täglich im Westen auf und im Osten unter, Venus wurde durch die Begegnung mit der Erde in einen paradiesischen Zustand versetzt. Die Erde aber wurde zugleich aus dem Garten Eden vertrieben. Die Sonne, die zuvor täglich im Westen aufging, blieb zunächst drei Tage am Himmel stehen, um dann, und bis heute, Tag für Tag im Osten auf- und im Westen unterzugehen – das ernste (dunkle) Zeitalter ist für den Planeten Erde endgültig angebrochen.

Venus, die aus der Ferne kam, fand ihren vorerst endgültigen Platz zwischen Merkur und Erde. Dort umkreist auf ihrer Bahn die jetzt gezähmte, ehemals wilde Kämpferin die Sonne und erfreut uns täglich mit ihrem Glanz. Auch die Venus beherbergt Leben. Mit ihr sind die primitiven Lebensformen des Jupiter in Sonnennähe gekommen und erhalten hier die Möglichkeit zur schnelleren Entwicklung. Vereinfacht könnte man sagen, daß die Erde sich in der Entwicklung zwischen Mars und Venus befindet. Der junge Planet Venus entwickelt Lebensformen, die die Erde schon hinter sich hat, Mars hingegen hat das heutige Entwicklungsstadium der Erde bereits überholt. Während sich Venus auf der »Schwefel-Stufe« befindet, ist unsere Erde der jetzige »Wasser-Planet«. Entwicklungsgeschichtlich gesehen bedeutet also der Sündenfall einen Fortschritt, der dadurch möglich wurde, daß die Venus die Erde weiter von der Sonne weggedrängt hat. Seit der Begegnung mit Venus hat die Erde eine längere Bahn um die Sonne, die Erdenjahre sind länger und Tage wie Nächte kühler als zuvor. Doch gerade diese Bedingungen beschleunigen die Evolution der irdischen Lebensformen.

Das Eindringen der Venus in den inneren Bereich des Sonnensystems, ihre »Landnahme« zwischen Merkur und Erde, findet in der eingangs besprochenen Umstellung des Tierkreises symbolischen Ausdruck. Der alte zehngeteilte Tierkreis wurde dadurch in seine heutige Form gewandelt, daß das Venus-Zeichen Waage zwischen das Merkur-Zeichen Jungfrau und das Mars-Zeichen Skorpion (bzw. Erde, die ja nicht als Zeichen, nur als Achse im Tierkreis erscheint) eingeschoben wurde – Tierkreissymbolik und kosmische Entwicklung stimmen überein.

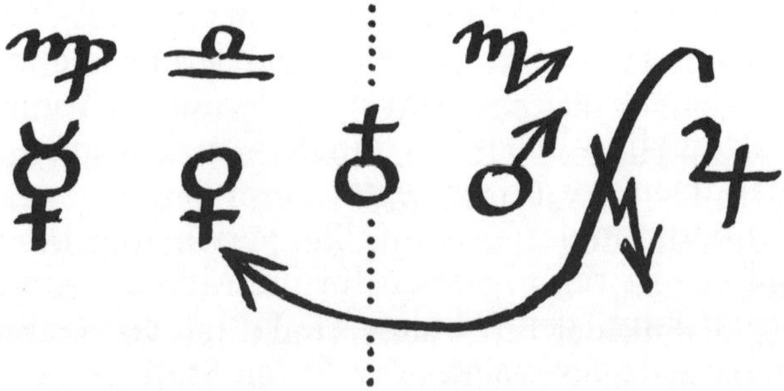

Seit jener Zeit befindet sich also die Erde im unmittelbaren Spannungsfeld zwischen Mars und Venus. Das gilt sowohl für ihre räumliche Position im Sonnensystem als auch für ihr Entwicklungsstadium in der Zeit. Durch den Sündenfall haben Mann und Frau ihre Verschiedenheit erkannt und ihre unschuldige Naturverbundenheit verloren. Als Mars und Venus umkreisen sie nun das verlorene Paradies in der Hoffnung, daß sie eines Tages vielleicht doch noch die Frucht vom Baum des Lebens kosten können.

*

Der zerstörte Planet Mallona befand sich einst zwischen Mars und Jupiter. Anhand der Zuordnung der Planeten zu den Tierkreiszeichen können wir seinen Standort im Tierkreis orten, wir erhalten so die Stellen zwischen den Zeichen Skorpion und Schütze bzw. Widder und Fische. Zusammen mit der Hauptachse der Planetenordnung ergeben diese zwei Punkte die Figur der Yr-Rune. Da das Schicksal von Mallona mit dem Sündenfall im Zusammenhang steht, können wir somit aus dem Wesen der Yr-Rune in bezug auf den Sündenfall und seine Folgen weitere Schlüsse ziehen.

Die Yr-Rune symbolisiert die Wurzel des Lebensbaumes, den stofflichen Bereich, wo das Leben in der Erde verankert ist. Der Geist steigt vom Himmel herab und verwurzelt sich im Stoff der Erde, um von hier wieder nach oben emporwachsen zu können. So leben und wachsen die Bäume, und das ist auch der Weg der Menschen. Mit der Yr-Rune wird die Phase des Abstiegs dargestellt, die Verstofflichung des Geistes, die Materialisation, die Involution – all diese Begriffe beschreiben denselben Vorgang.

Irren ist menschlich – sagt man – man könnte auch sagen, daß irren irdisch ist, denn »Ir-re«, »Ir-de«, »Er-de«, sie alle wurzeln in der Yr-Rune. Die Verwirrung, die Verirrung und der Irrweg begannen für die Menschen mit der Erkenntnis durch den Sündenfall. Es ist der lange und notwendige Weg des Geistes durch den Stoff, der so lange

andauert, bis der Mensch durch Selbsterkenntnis sich selbst als geistiges Wesen erkennt und dadurch vom Stoff erlöst wird. Doch wie gesagt, die Yr-Rune zeigt noch nicht den Weg der Erlösung, sie ist der unvermeidliche Irrweg. Die »Erbsünde« ist keine persönliche Schuld des einzelnen, sondern die für die Menschheitsentwicklung notwendige Verwurzelung im Stoff. Adam ist gefallen, damit er später aufstehen kann.

Mutige Menschen behaupten, Adam kann sich aus eigener Kraft erheben, diese Menschen sind die Söhne und Töchter Luzifers, sie glauben an die Möglichkeit der Selbsterlösung. Die christliche Auffassung bestreitet diese Möglichkeit, sie glaubt an die Erlösung durch Jesus Christus. In diesen zwei gegensätzlichen Auffassungen kämpfen die Geister von Luzifer und Jehova oder die des Feuers und des Wassers miteinander. Wo sie aufeinandertreffen, zischt und brodelt es, und viel Dampf entsteht. Doch Dampf ist Luft, und Luft ist das Element des kommenden Wassermannzeitalters.

Die Yr-Rune bedeutet weiterhin das weibliche Prinzip und auch den Tod. Die Frau steht dem Stoff näher als der Mann, denn sie ist wie die Erde Mutter. Ob nun deshalb Eva zuerst verführt worden, oder aber die biblische Erzählung eine Erfindung der Männer ist, vermag ich nicht zu sagen. Der Tod ist eine Folge des Sündenfalles, die Menschen erkannten, daß sie sterblich sind. Auf der Symbolebene der Planetenentwicklung mußte der Planet Mallona sterben.

In diesem Zusammenhang ist es interessant, daß die Atomwaffengegner die Yr-Rune zu ihrem Symbol gewählt haben. Nach Schwarz-Winklhofer und Biedermann (»Das Buch der Zeichen und Symbole«) ist das Zeichen aus den Buchstaben N(uclear) und D(isarmament), den Winkelzeichen des internationalen Signalalphabetes, zusammengesetzt. Der Bezug zur Todesrune muß also nicht gewollt sein. Nun liegt aber nach Auffassung vieler Esoteriker der Untergang von Mallona im Mißbrauch der Kernkraft durch die hochentwickelte Mallona-Zivilisation begründet, wodurch wir einen äußerst sinnvollen Zusammenhang zu den Atomwaffengegnern unseres Planeten herstellen können.

Die Ergänzung der YR-Rune ist die Man-Rune. Sie ist die Krone des Lebensbaumes. Verwurzelt ist der Baum im mineralischen Bereich des Saturn (Steinbock und Wassermann), seine Krone strebt nach oben zu den Lichtern Sonne und Mond (Löwe und Krebs). Im Winter (untere Hälfte des Tierkreises) lebt das Wurzelwerk, die Krone liegt in ohnmächtigem Schlaf, im Sommer (obere Hälfte) erblüht sie in voller Pracht.

Die Man-Rune steht in Ergänzung zur Yr-Rune für das Leben und das männliche Prinzip. Als Lebensrune besagt sie, daß alles, was lebt, Geist in sich trägt, aber auch umgekehrt, daß wir Geist nur durch die lebendige Materie erfahren können. Die Man-Rune ist der an den Stoff gefesselte Geist. Sie bedeutet gleichzeitig Mann und Ma oder Mutter, den Mann im Mond. Als Rune des männlichen Prinzips zeigt sie, daß der Mann nie ganz frei vom Weiblichen sein kann, denn die Erde ist eine Frau. Im Sinne der

Man-Rune bleibt der Mann immer ein wenig Sohn, Sohn seiner Mutter, Sohn der Erde, Menschensohn. Nur der Gottessohn ist ausschließlich Sohn des Himmels.

Die Man-Rune zeigt den Weg der Evolution, die Vergeistigung des Stoffes. Jesus Christus hat als Weltenlehrer diese Entwicklung durch sein Leben für die Menschheit gezeigt. Der gefallene Adam (Yr-Rune) wird durch den »zweiten Adam« Jesus Christus (Man-Rune) aus der Gefangenschaft des Stoffes erlöst, der einst in den Stoff herabgestiegene Geist steigt auf in den Himmel, kehrt in seine geistige Heimat zurück.

Die Man-Rune stellt den Gekreuzigten dar. Jesus der Nazarener ist ein auserwählter Mensch, er ist der Menschensohn. Geboren von der Jungfrau lebt er in einem menschlichen Körper aus Fleisch und Blut. Rudolf Steiner spricht von zwei Jesusknaben – vom Zwillingspaar Jesus also – und wir finden die Man-Rune bei den Tierkreiszeichen Jungfrau und Zwillinge verankert. Mit 30 Jahren wird Jesus durch die Taufe im Jordan zu Christus, aus dem

Menschensohn wird Gottessohn: »Und siehe, eine Stimme vom Himmel herab sprach: Dies ist mein lieber Sohn, an welchem ich Wohlgefallen habe.« Nun muß aber der irdische Körper von Jesus das Geistwesen des Christus tragen, und das kann er nicht länger als drei Jahre lang. Mit 33 Jahren wird Jesus Christus gekreuzigt, der Geist ist durch das Kreuz vom Stoff erlöst, der Menschensohn ist tot. Der auferstandene Christus ist nur noch Gottessohn, er bleibt nicht lange auf der Erde, denn er wohnt im Himmel.

Der auferstandene Gottessohn wird aber nicht mehr durch die Man-Rune symbolisiert. Christus ist nicht mehr an die Erde gebunden, er ist aufgefahren in den Himmel, er ist überall im Weltall, er ist der Christ im All, der Kristall der Welt, dargestellt durch die Rune Hagal:

V. Der Engelsturz und der Gral

Im vorangegangenen Kapitel haben wir versucht, den Sündenfall mit Hilfe der astrologischen Symbolik zu beschreiben. Dabei traten vor allem die Planeten Venus, Erde und Mars, also der mittlere Teil des Sonnensystems hervor. Das ist verständlich, denn der Sündenfall ist eine irdische Angelegenheit, bei der es in erster Linie um das Erscheinen der Geschlechtspolarität (Mars und Venus) geht. Die Ortung im Tierkreis ergab entsprechend die horizontale Richtung, bestimmt durch die Lage der Erde im Sonnensystem und die von Mars (Widder und Skorpion) und Venus (Waage und Stier) beherrschten Tierkreiszeichen. Der Sündenfall ist eine horizontale Angelegenheit, die die Menschen auf die Erde verweist.

Der Sündenfall ist durch die Verführung der luziferischen Schlange zustande gekommen. Adam und Eva wären wohl in ihrer Unschuld nie auf die Idee gekommen, vom Baum der Erkenntnis zu essen, hätte sie nicht die Schlange dazu überredet. Die Schlange ist kein menschliches Wesen und auch kein gewöhnliches Tier. Sie ist in ihrem Ursprung eindeutig übermenschlich, erscheint jedoch in einer untermenschlichen tierischen Form. Die Schlange ist Luzifer, der als Engel von höheren Regionen kommend tiefer als der Mensch gefallen ist.

Diese Erkenntnis ist äußerst wichtig. Sie bedeutet nichts anderes als die Tatsache, daß der Sündenfall der Menschen den Fall von göttlichen Wesen voraussetzt. Wir können also vom Sündenfall der Götter sprechen, der erst später den Fall von Adam und Eva nach sich zog.

Während zum Beispiel die nordisch-germanische Mythologie offen vom Sündenfall der Asen (Götter) berichtet, gibt es in der jüdisch-christlichen Tradition nur rätselhafte Äußerungen über dieses Thema. Durch die These der Erbsünde wird letztlich die gesamte Schuld am Fall den Menschen aufgebürdet. Wir müssen uns grundsätzlich fragen, wie der christliche Teufel entstanden ist. Der jüdische Gott zeigt noch zweifellos dunkle Züge, in ihm sind das helle und das dunkle, das gute und das böse Prinzip noch nicht voneinander getrennt. Die Trennung wird allmählich vollzogen, bis sie schließlich in der Gestalt Christi und seines Widersachers (Satan, Antichrist) vollendet wird.

Der wesentliche Punkt in dieser Entwicklung ist das Ereignis, das als »Engelsturz« bekannt ist.

Am Anfang gab es nur gute Engel. Doch dann lehnte sich ein Teil der Engel unter Anführung von Luzifer gegen Gott auf. Der Aufstand wurde niedergeschlagen, und Gott stürzte die aufrührerischen Engel in den Abgrund der Hölle. Der gestürzte Luzifer wurde als Satan zum Höllenfürsten, gut und böse waren nunmehr sauber getrennt. In dieser ersten Sünde der Engel liegt der spätere Sündenfall begründet. Adam und Eva wurden von der »alten Schlange« Satan verführt, der dadurch der »Fürst der Welt (Erde)« wurde und so lange bleiben wird, bis die Welt durch Christus vom Bösen erlöst werden kann.

Die Notwendigkeit des dunklen Prinzips liegt auf der Hand, denn ohne Schatten gibt es auch kein Licht. Mephistopheles ist »ein Teil von jener Kraft, die stets das Böse will und stets das Gute schafft« (Goethe). Augustinus sagt: »Als Künstler, und zwar als großer Künstler, bedient sich Gott auch des Teufels. Wüßte er sich seiner nicht zu bedienen, so ließe er ihn überhaupt nicht existieren.« Der Fall Luzifers, der Sündenfall des Menschen oder etwa der Verrat durch Judas sind notwendig, sie erst ermöglichen das Erlösungswerk. Christus und Satan, Gottes Sohn und sein Widersacher sind Brüder, sie beide dienen letztlich demselben Ziel.

Strukturell gesehen geht es stets um die drei Phasen jeglicher Entwicklung. Am Anfang war eine Einheit vorhanden (Himmel, Paradies), die dann in der Zweiheit verloren geht (Vertreibung) oder getrennt wird (Engelsturz). In der Dreiheit muß schließlich die verlorene Ursprungseinheit als Neuer Himmel, Neue Erde und Neues Jerusalem (Offenbarung) wiederhergestellt werden.

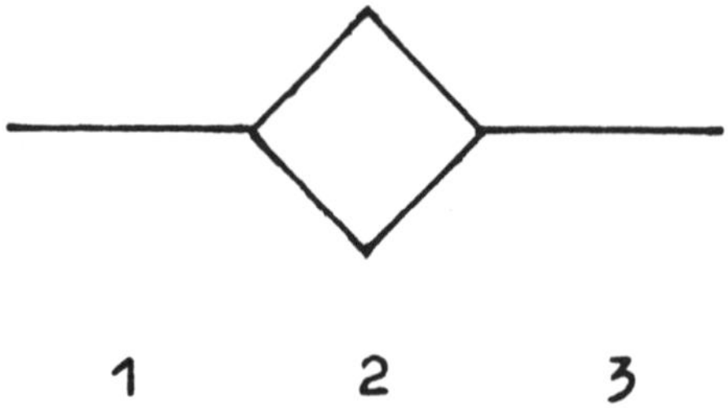

Im alchemistischen Prozeß soll das Blei in Gold umgewandelt werden. Das geht in den drei Phasen der Schwärzung, der Weißung und der Rötung vor sich, welche in der astrologischen Terminologie den drei Planeten Saturn, Mond und Sonne entsprechen.

1.	Nigredo	Saturn	Blei
2.	Albedo	Mond	Silber
3.	Rubedo	Sonne	Gold

Nigredo oder Saturn ist die »prima materia«, der vorgefundene Anfangszustand. Die Schwärzung muß so lange fortgesetzt werden, bis der Tod (Saturn) eintritt und die prima materia in ihre Bestandteile zerfällt. Prima materia bedeutet andererseits auch den Stein der Weisen, das Endprodukt des alchemistischen Werkes. Das ist der Hinweis, daß Saturn von vorne herein Sonne ist, er erscheint lediglich als Blei und nicht als Gold. Anders kann es gar nicht sein, denn sonst wäre das Werk unmöglich. Die Sonnennatur des Saturn kommt auch durch den Mythos vom Goldenen Zeitalter zum Vorschein, das ja unter der Herrschaft des Saturn steht. Saturn ist die alte Sonne, ein in den Stoff verbanntes Geistwesen himmlischer Herkunft. Saturn ist eben Satan, der gefallene Engel.

Albedo ist die Phase der Reinigung. Hier wird Saturn soweit gereinigt, daß seine Silbernatur (Mond) sichtbar werden kann. Es ist das kleine Werk der Alchemie, die Wandlung des Bleis in Silber. Dies ist bereits ein hochgepriesenes Meisterwerk, das nur von wenigen Alchemisten erreicht wird. In dieser zweiten Phase haben wir die Hölle

(Saturn) schon überwunden und befinden uns mit Mond auf der Ebene der Erde. Es ist der mittlere oder horizontale Bereich, die Stufe des menschlichen Sündenfalles.

Rubedo oder die Sonne ist das Endziel, die Goldherstellung oder die Bereitung des Steines der Weisen. Albedo gilt als weiblich, der Mond ist die Königin, Rubedo ist männlich mit der Sonne als König. Die höchste Stufe oder der himmlische Zustand wird durch die Vereinigung von Königin und König erreicht. Das Endprodukt ist der in den Himmel gehobene Höllenstein (Saturn), der dort wieder als Sonne golden erstrahlt. Wir sehen, daß der alchemistische Prozeß die Wiederherstellung der verlorenen göttlichen Ordnung zum Ziel hat. Er beschreibt die Entwicklung des Alchemisten, die die mögliche Evolution der Menschheit vorwegnimmt: Die einst vorhandene vollkommene, aber unbewußte Ordnung soll nach dem Zerfall bewußt erneuert werden. Psychologisch gesehen handelt es sich um die Entwicklung des Bewußtseins, das aus einem kollektiv-unbewußten Stadium über das individuelle Ich-Bewußtsein bis hin zum transpersonalen Gruppenbewußtsein entwickelt werden muß. Die Welt, die der Mensch vorfindet, ist bereits von Gott abgefallen, der Geist ist bereits vollständig im Stoff gefangen und verstrickt, das ist der Zustand der Nigredo. Der wiederherstellende Charakter des Werkes wird durch das alchemistische König-Motiv besonders deutlich hervorgehoben: Der alte König ist krank, verwundet oder tot (Saturn). Es ist die Aufgabe des Helden (Sonne), den kranken König zu heilen oder seine Wiedergeburt zu bewerkstelligen. Dazu muß der Held verschiedene Abenteuer bestehen, wobei die schwierigsten Proben stets im Zusammenhang mit einer Frau (Mond) stehen, die manchen Anwärter scheitern läßt. Widersteht der Held der Verführung der Frau oder gelingt es ihm, sie zu überlisten, so bekommt er sie als Frau, und der kranke König wird geheilt. Eine zentrale Bedeutung in der alchemistischen Symbolik hat der Baum, der als Baum der Sonne und des Mondes, als Baum der Philosophen, als Lebens- und Weltenbaum erscheint. Diesen alchemistischen Baum finden wir ebenfalls im astrologischen Tierkreis.

Der Same fällt hinunter auf den Boden und verwurzelt sich im mineralischen Bereich des Stoffes (Saturn). Das ist das Wunder der Schöpfung oder der Involution. Von unten wächst der Baum nach oben und entwickelt sich (Evolution) zum Licht hin (Sonne und Mond). Wie der Same zu Boden fällt, fiel einst Luzifer vom Himmel.

Jede Schöpfung ist ein Fall. Am Anfang ist nur Geist da, und dieser gebärt den Stoff aus sich heraus ins Nichts. So entstehen Galaxien, Sterne und Planeten. Der ausgegossene lebendige Geist erfriert im leeren Nichts sogleich zum Kristall und gibt so dem leeren Raum Struktur – das ist Saturn. Satan ist das zum Stoff kristallisierte Geistwesen, der Stoff gewordene Geist, das zu Blei gewordene Gold. Er ist der tiefste Punkt, als tiefgefrorener Geist bildet er das Gerippe der stofflichen Welt und ist Grundlage und Grundordnung jeglicher lebendigen Entwicklung.

Saturn ist der letzte der sichtbaren Planeten im Sonnensystem. Er ist am weitesten weg vom Zentrum geschleudert worden und hütet dort die Grenze unserer Welt.

Hinter ihm ist für uns das Nichts, wenn wir einmal von den zwar sichtbaren, doch unendlich weit entfernten Fixsternen absehen. Dieser Hüter der Schwelle erscheint in vergleichsweise gleicher Gestalt wie das gesamte Sonnensystem. Während sämtliche Planeten zusammen mit ihren Bahnen einen Diskus um die riesige Kugel der Sonne bilden, gestaltet Saturn mit seinen Ringen allein dieselbe Form.

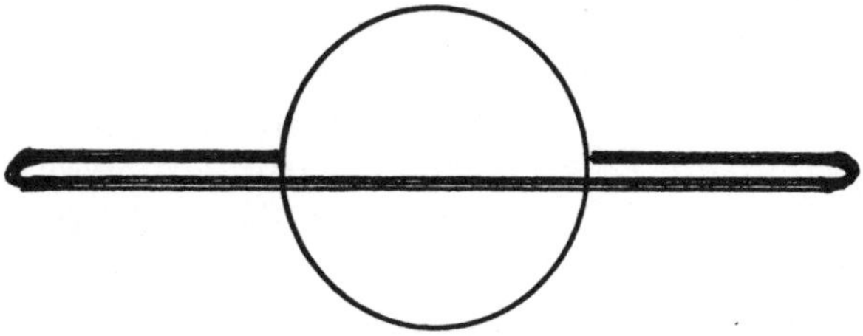

Am Sabbat, am Tag des Saturn, endet die Schöpfungsgeschichte der Bibel. Zwar hört die Involution nicht auf, doch ihre Grenzen sind abgesteckt. Die Evolution führt von Saturn aus erneut in die Richtung des Zentrums. Unser astrologischer Baum im Tierkreis belehrt uns, welche Stufen die Entwicklung durchschreiten muß, um wieder zum Ursprung zu gelangen. Wir bewegen uns von der Wurzel nach oben am Baumstamm entlang bis zur Krone und betrachten die Tierkreiszeichen mit ihren entsprechenden Planeten auf der jeweiligen Höhe.

Geistwesen	Sonne und Mond	(Löwe und Krebs)
Erzengel	Merkur	(Jungfrau und Zwillinge)
Engel	Venus	(Waage und Stier)
Mensch	»Achse der Erde«	(Kreis in der Mitte)
Tier	Mars	(Skorpion und Widder)
Pflanze	Jupiter	(Schütze und Fische)
Mineral	Saturn	(Steinbock und Wassermann)

Im mineralischen Bereich des Saturn gibt es kein Leben, hier herrscht der Tod. Nach dem Tod zerfällt der physische Körper des Menschen zur Asche und wird zum Mineral.

Nur das Knochengerüst, die saturnische Struktur des Leibes bleibt noch lange Zeit nach dem Tod erhalten. Die Pflanze (Jupiter) lebt, sie vegetiert. Sie lebt dahin wie im traumlosen bewußtlosen Schlaf. Im Pflanzenreich gibt es kein Bewußtsein, wenn die Pflanze trotzdem reagiert, so ist das kein Bewußtsein, sondern es sind reflexartige Reaktionen, die jedem Leben eigen sind. Wenn der Mensch im traumlosen Tiefschlaf liegt, befindet er sich auf dieser Stufe: Die Lebenskraft befindet sich im physischen Körper, nicht aber das Bewußtsein. Das Tier (Mars) verbringt sein waches Leben in einem traumähnlichen Zustand, sein Bewußtsein ist kollektiver Natur (Gruppenseele). Im Schlaf lebt das Tier wie die Pflanze, nach seinem Tod wird es zu Mineral. Wenn der Mensch träumt, sei es nachts oder tags, wenn er sich hemmungslos seinen Trieben, Begierden und Leidenschaften überläßt, befindet er sich auf der Stufe des Tieres. Was dem Tier fehlt, ist das Ich-Bewußtsein.

Mit der Stufe der Erde erreichen wir die Welt des Menschen. Hier besteht im Wachzustand die Möglichkeit zum Selbstbewußtsein (Ich-Bewußtsein), allerdings befinden wir uns nur selten in diesem Zustand. Die meiste Zeit verbringt der Mensch auf einer niedrigeren Stufe, er träumt oder vegetiert gar durchs Leben, oder er führt das Leben einer Maschine. Immerhin haben wir die Möglichkeit zum Ich, doch bis zum vollständigen Erwachen liegt noch ein langer Weg vor uns. Der leere Kreis in der Mitte des Tierkreises stellt die Erde dar: Die Menschenwelt ist eingespannt zwischen dem Tierreich und der Welt der Engel. Die Bibel spricht nur sehr diskret von der Tatsache, daß im Laufe der Entwicklung Verbindungen zwischen den Engeln und den Menschen stattgefunden haben: »Da sahen die Kinder Gottes nach den Töchtern der Menschen, wie sie schön waren, und nahmen zu Weibern, welche sie wollten.« (1. Mose 6,2). »Es waren auch zu den Zeiten Tyrannen auf Erden; denn da die Kinder Gottes zu den Töchtern der Menschen eingingen und sie ihnen Kinder gebaren, wurden daraus Gewaltige in der Welt und berühmte Männer.« (1. Mose 6,4). Diese Stufe des Lebensbaumes entspricht dem Sündenfall am Baum der Erkenntnis. Die Schlange, das gefallene Kind Gottes, öffnet durch ihre Verführung die Augen des Menschen, sie weckt sein Selbstbewußtsein und erhebt ihn so von der Stufe des Tieres in die Sorgen des menschlichen Daseins. Im alchemistischen Prozeß entspricht die Stufe der Erde der Albedo. Es ist die Phase der Reinigung, die Silberherstellung aus Blei, das kleine Werk der Alchemie. Die Aufgabe betrifft die Kräfte von Mars, Erde und Venus, und sie bedeutet die Meisterung des tierischen Erbes (Mars), die Beherrschung (aber nicht die Unterdrückung) der Triebe, damit der Mensch sich für die weitere Entwicklung (Venus) öffnen kann.

Wie wird der Mensch zum Engel (Venus)? Auf keinen Fall, bevor wir die Stufe der Erde vollständig erfüllt haben, und so weit sind wir noch lange nicht. Was wir tun können, kann beantwortet werden, wenn wir uns über die Richtung der Evolution bzw. Involution Klarheit verschaffen. Die Evolution ist die Richtung der Geschöpfe, sie verläuft von unten nach oben. Hier kann der Mensch gar nichts tun, denn er wird dann erhöht, wenn er so weit ist. Wer die Stufe des Menschen vollständig erfüllt hat, wird nicht mehr als Mensch wiedergeboren, es sei denn, er besteht darauf. Die Involution hingegen ist die Richtung der Schöpfer, sie verläuft von oben nach unten. Hier kann der Mensch als Schöpfer tätig werden, wenn er sich nach unten zur Stufe des Tieres hinwendet und für diese Stufe Verantwortung übernimmt. Es ist hier weniger die Haltung eines Haustieres gemeint, vielmehr der Umgang mit dem Tier in mir, die Erhellung und Bewußtmachung der eigenen tierischen Tiefen. Gelingt es dem Menschen, das Tier im Sinne der Evolution zu erhöhen, wird er selbst gleichzeitig zum Engel erhöht – um höher zu kommen, müssen wir hinabsteigen, jedoch ohne zu vergessen, daß wir Menschen sind.

Vielleicht sind diese Gedanken nicht ganz einfach zu verstehen. Vereinfacht ausgedrückt ist ein Engel ein überbewußtes Tier. Die Stufe des Menschen liegt zwischen den Stufen des Tieres und des Engels, und wir tragen beide, Tier und Engel, als Möglichkeiten in uns. Man kann nun das Tier leugnen und sich bewußt um das hohe Ideal eines engelgleichen Lebens bemühen. In diesem Fall ist jedoch die Wahrscheinlichkeit sehr groß, daß das verdrängte Tier in den (unbewußten) Schatten fällt. Von dort überfällt uns die Bestie, ohne daß wir es merken. Wir sind dann Menschen, die sich für moralisch besonders hochstehend halten und sich gleichzeitig wie Raubtiere benehmen. Beispiele für solches Verhalten gibt es leider mehr als genug. Ein überzeugter Christ, der die Todesstrafe fordert, ist zum Beispiel diesem Irrtum erlegen.

Der Weg der verantwortlichen Mitgestaltung führt zum Tier in uns. Wir werden dadurch keineswegs zu Tieren, denn wir behalten stets den Blick nach oben und vergessen nie, daß wir Menschen sind (und Engel werden wollen). Doch wir wissen jetzt, daß das Tier in uns existiert und mit uns leben will. Wir helfen ihm, nehmen ihm seine Angst, gewinnen sein Vertrauen, und das Tier wird unser Freund. Der Wolf greift dann an, wenn er ausgehungert ist, der Kettenhund beißt schneller als das freie Tier. Die Domestikation des »inneren Schweinehundes« ist eine Aufgabe, die uns in der menschlichen Entwicklung weiterführt.

Parallel zu diesem seelischen Prozeß ändert sich die Einstellung zur realen Tierwelt. Nur so können wir der Umwelt gegenüber Verantwortung zeigen, und damit helfen wir vor allem uns selbst.

Über die Stufe der Erzengel (Merkur) etwas aussagen zu wollen, ist ziemlich sinnlos. Allerdings steht die Merkurstufe mit der Jupiterstufe in symmetrischer Beziehung, woraus wir schließen können, daß Erzengel selbst im Tiefschlaf (Pflanze) ihr Bewußtsein behalten. Analog dazu folgt, daß Engel (Venus) bewußt träumen (Tier), und daß Geisteswesen (Sonne und Mond) ihr Bewußtsein selbst im Tod (Mineral) bewahren, also unsterblich sind. Mit Sonne und Mond erreichen wir den Gipfel des Lebensbaumes. Das ist das höchste Ziel der Alchemie, der Stein der Weisen, der Unsterblichkeit verleiht, das große Werk der Goldherstellung aus Blei. Hier ist selbst Satan erlöst und kann in den Himmel zurückkehren.

Die Einordnung des menschlichen Körpers in den Tierkreis haben wir schon öfter betrachtet. In dieser Ordnung markiert der astrologische Lebensbaum die sieben Chakras oder Kraftzentren des Leibes. Wir finden folgende Entsprechungen.

Fische
——— Scheitelchakra —— 7
Widder
——— Stirnchakra ——— 6
Stier
——— Halschakra ——— 5
Zwillinge
Krebs
——— Herzchakra ——— 4
Löwe
Jungfrau
——— Nabelchakra ——— 3
Waage
——— Geschlechtschakra – 2
Skorpion
——— Basischakra ——— 1
Schütze

Die horizontalen Verbindungen des Baumes zeigen die Beziehungen zwischen jeweils zwei Chakras, die in einem symmetrischen Zusammenhang miteinander stehen. Die »Achse der Erde« verbindet das 2. und das 6. Chakra, sie verweist ganz besonders auf die in der Folge des Sündenfalles entstandene menschliche Problematik. Anknüpfend an die Frage, wie aus dem Menschen ein Engel werden kann, läßt sich folgendes sagen. Solange das Geschlechtschakra auf der tierischen Ebene (Mars) wirkt, befinden wir uns im Tierkreiszeichen Skorpion. Hier wirkt die Schöpfung als körperliche Zeugung. Das gegenüber liegende Tierkreiszeichen Stier erhöht den Menschen auf die Ebene der Engel (Venus). Die Willenskräfte des Stirnchakras können hier als »Logos spermatikos« in Erscheinung treten, die Schöpfung wirkt durch das zeugende und wirkkräftige Wort.

Was den Teufel betrifft, wir finden ihn außerhalb der Kraftfelder der sieben Chakras. Saturn befindet sich mit Steinbock und Wassermann an der Wurzel des Lebensbaumes. Bezogen auf den Leib des Menschen können wir sagen, daß Satan seinen Sitz in den Knien errichtet hat.

Die Spitze des Baumes zeigt auf das Herz. Das Herzchakra ist gleichzeitig Symmetrieachse (zusammen mit seinem dunklen Bruder Saturn) für alle drei Chakrapaare. Es ist der Stein der Weisen, das große Ziel der Alchemisten, es ist das Ziel der Bewußtseinsentwicklung des Individuums und der gesamten Menschheitsentwicklung. Dieses Ziel liegt im goldenen Herzen und niemals etwa im Kopf, wie das heutzutage manche anzunehmen gewillt sind. Wenn man einseitig in Richtung Kopf marschiert und darüber hinauswachsen will (Widder), führt das zum Teufel (Saturn), und der zwingt uns in die Knie (Steinbock). Nur eine ausgewogene Entwicklung, die das Gleichgewicht zwischen Oben und Unten niemals aus den Augen verliert, kann uns zur goldenen Mitte führen, und diese liegt im Herzen.

Der Stamm des Lebensbaumes verbindet Oben und Unten, Himmel und Hölle miteinander. Diese vertikale Richtung symbolisiert den Engelsturz. Die mittlere Horizontale trennt das Oben vom Unten, den Himmel von der Hölle. Hier haben wir die Darstellung des Sündenfalles gefunden, das ist die Ebene des Menschen und der Erde. Zusammen ergeben die zwei Richtungen ein Kreuz, das Kreuz der Erde als Begegnungsstätte der hellen und der dunklen Mächte. Dieses Kreuz ist aber gleichzeitig ein Kreis.

An früherer Stelle zeigte eine strukturelle Betrachtung, daß Kreuz und Kreis zwei verschiedene Sichten eines einzigen Symbols, nämlich des Vereinigungssymbols darstellen.

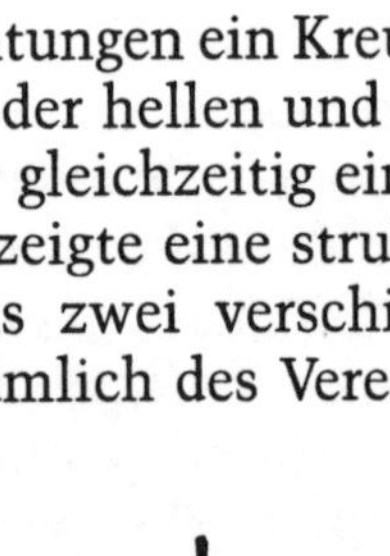

Je nachdem, ob man das Symbol seitlich oder von oben betrachtet, erscheint es als Kreuz oder aber als Kreis mit einem Punkt in seiner Mitte. Wenn wir uns den Lebensbaum in seiner dreidimensionalen Räumlichkeit vorstellen, wird aus der mittleren Horizontale ein Kreis, in dessen Mitte der vertikale Baumstamm hindurchführt. Damit stellt sich die Erde als weiblicher Kreis dar, der durch die männliche Vertikale des Geistes befruchtet wird. Mensch wie Erde sind Gefäße, sie sind Retorten, worin das alchemistische Werk der oberen und unteren Geisteskräfte vollzogen werden kann.

Die Grundsymbole der Vereinigung sind Stab und Ring. Sie sind wahrlich universal zu finden. Sie werden als Zeichen der Macht vom Papst getragen, genauso vom König, der sie als Zepter und Reichsapfel trägt. Das Volk feiert sie als Maibaum und träumt dabei von Honigtopf und Zauberflöte. Wir wollen versuchen, der mittelalterlichen Vereinigungssymbolik von Lanze und Kelch astrologisch etwas näherzukommen.

Der Sage nach verlor Luzifer bei seinem Sturz in die Hölle einen Edelstein aus seiner Krone oder von seiner Stirn. Der Stein (vielleicht ein Smaragd) wurde von getreuen Engeln Luzifers in die Form eines Kelches geschliffen, den Adam im Paradies erhielt. Dieser Kelch ist der Gral. Nach dem Sündenfall mußte Adam den Gral im Paradies zurücklassen, doch seinem Sohn Seth ist es später gelungen, ihn aus dem Paradies zu holen. Bei der Kreuzigung von Christus dient der Gral als Gefäß, in dem das Blut Christi von Joseph von Arimathia aufgefangen wird. Danach tragen christliche Ritter den Gral in den Westen, wo er zum Ausgangspunkt vieler Abenteuer wird, wobei Lanzen (und Schwerter) eine große Rolle spielen.

Die mystische Lanze hat eine doppelte Macht: sie kann verwunden, und sie kann heilen. Wir finden die Lanze als »Weltachse« am astrologischen Weltenbaum, als vertikalen Baumstamm. Sie verbindet Himmel und Hölle und vereint mit ihren zwei Enden den polaren Gegensatz der hellen und dunklen Gewalten. Insofern symbolisiert die Lanze den Engelsturz, die erste, himmlische Stufe der

Weltentrennung. Mit dem Engelsturz kam der Gralskelch auf die Erde, er ist sozusagen während des Falles von Luzifer zwischen Himmel und Hölle auf der Erde hängengeblieben.

Der Sündenfall im Paradies ist die zweite Phase der Weltentrennung. Nachdem Luzifer gefallen ist, verführt er jetzt als Satan die Menschen ebenfalls zum Fall. Die himmlische Kontroverse wird auf die Erde getragen. Durch den Südenfall geht der Gral vorerst verloren, dafür erscheint die Lanze. Wie wir im vorherigen Kapitel gesehen haben, taucht im Zusammenhang mit dem Sündenfall der Doppeldorn auf, er ist ebenfalls die Lanze, die sowohl Leben geben wie auch töten kann. Die Ritter und Könige, die nun mit der Lanze bewaffnet auf die Gralssuche gehen, zeigen durch ihre symbolischen Abenteuer die zweischneidige Gewalt der mystischen Lanze. Zum Beispiel Amfortas, der einer Frau unterliegt und währenddessen von Klingsor durch seine Lanze verletzt wird. Seine Wunde kann nicht heilen, bis ihm Parsifal, der reine Tor, die Lanze wiederbringt, die allein die Wunde heilen kann. Hier ist wieder das Motiv des kranken Königs dargestellt, der nur durch denjenigen Helden wiederhergestellt oder erneuert werden kann, der den Verführungskünsten der Frau Widerstand zu leisten vermag.

Lanze und Kelch sind also Werkzeuge des Himmels, die durch die zwei Phasen des Falles auf die Erde gelangt sind. Was sagt dazu die Symbolik des astrologischen Baumes? Vor dem Engelsturz gibt es nur den Himmel, die drei Planeten Sonne, Mond und Saturn sind einig und eins. Luzifer revoltiert und wird auf Gottes Befehl von Michael in den Abgrund gestürzt. Michael ist der Erzengel der Sonne, so daß wir hier astrologisch die Trennung von Sonne und Saturn sehen. Durch die Ablösung des Saturn von der Sonne hat der Geist aus sich heraus die Struktur der stofflichen Welt geschaffen. Die himmlische Lanze mit der Doppelgewalt der hellen und dunklen Mächte ist als Sonne-Saturn-Achse entstanden. Die Struktur der Welt hat jedoch als saturnisches Gerippe noch kein Fleisch, das physische Leben der Erde ist noch nicht vorhanden. Als

Michael (Sonne) Luzifer (Saturn) traf, fiel diesem der Edelstein aus der Krone und auf die Erde. Dieses zwischen Himmel und Hölle verlorengegangene Juwel ist aber astrologisch gesehen der Mond, der das stoffliche Leben auf der Erde symbolisiert und die Aufgabe hat, die erneute Annäherung zwischen Sonne und Saturn vorzubereiten.

Der Mond ist das Fleisch, das das Skelett des Saturn füllt und dadurch den Einzug des Lebensgeistes durch die Sonne ermöglicht. Der Mond ist die Schale des physischen Lebens, des »Leibens«, das den lebendigen Geist der Sonne aufnehmen kann. Mit dem Sündenfall war die Dreiteilung der ursprünglichen Einheit endgültig besiegelt, die astrologische Dreieinigkeit von Sonne, Mond und Saturn steht dafür als Symbol.

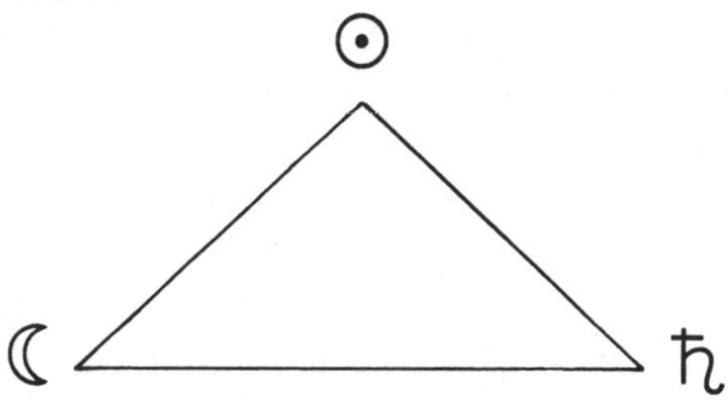

Während der christlichen Trinität sowohl der weibliche als auch der dunkle Aspekt fehlt, beinhaltet die astrologische Dreieinigkeit beide. Wie jedes lebendige Symbol, läßt sich die Dreiheit von Sonne, Mond und Saturn nicht eindeutig übersetzen. Sie als Vater, Mutter und Kind verstehen zu wollen, wie dies manche Astrologen tun, ist nur eine Möglichkeit, und nicht einmal eine besonders gute. Eine andere Möglichkeit ist, sie als Körper (Saturn), Seele (Mond) und Geist (Sonne) zu verstehen. Die Schwierigkeit hierbei ist, daß dadurch der Seele die Möglichkeit der Entwicklung zur Feuerseele genommen wird, denn der Mond bleibt immer Wasser. Es gibt eben unzählige Lösungen für die Auslegung der drei Planeten. Sie bedeuten genausogut die drei alchemistischen Metalle Gold, Silber und Blei, wie sie jeden zeitlichen Prozeß in seinem Ablauf als Werden (Mond), Sein (Sonne) und Vergehen (Saturn) beschreiben.

Bei unserem Thema bedeutet nach dem zweifachen Fall die Sonne die im Himmel verbliebenen Geistesmächte, Saturn das zur Struktur der Welt materialisierte dunkle Prinzip und Mond den blühenden Leib der erwachenden Erde. Noch einfacher kann man sagen, daß Sonne der Gott, Saturn der Teufel und Mond der Mensch ist. Und gerade diesen Menschen haben sich die oberen und unteren Mächte auserkoren, um sich durch ihn zu vereinigen. Wenn das nur gutgeht!

Der Monotheismus der Juden erkannte den einen Gott Jahwe oder Jehova. In ihm sind die drei Prinzipien am Anfang noch eins. Nach dem Engelsturz polarisiert sich der Gegensatz Jehova (Sonne) und Satan (Saturn) aus. Wie jemand, der irgend etwas dort liegenläßt, wohin er gerne zurückkehren möchte, verliert nun Luzifer seinen Stein auf der Erde. Dadurch aber sieht sich auch Jehova genötigt, sich mit der Erde abzugeben, und so nimmt der ursprünglich sonnenhafte Jehova immer mehr mondhafte Züge an. Der Jehova der späten jüdischen Tradition ist schließlich eine Mischung von Mond und Saturn und enthält kaum mehr sonnenhaften Charakter. Da der Einfluß Satans auf der Erde immer mehr zunimmt, entschließt sich Jehova zum Gegenangriff. Doch er befindet sich im Zustand des alten Königs, der nicht mehr aktionsfähig ist. Er kann nur noch den Mondweg gehen, das ist der weibliche Weg des Wassers. Jehova schickt Gabriel, den Erzengel des Mondes, zur Jungfrau Maria, um die bevorstehende Geburt seines Sohnes Jesus Christus zu verkündigen. Die Jungfrau Maria verkörpert ebenfalls das Mondprinzip, sie bereitet sich nun vor, die neue Sonne zu empfangen und zu gebären. Mit der Geburt Jesu empfängt die Erde den erneuernden Sonnenimpuls, Jesus Christus ist der Held, der als Sonne den alten Mond-König Jehova heilen soll.

Satan-Saturn liegt aber nach wie vor auf der Lauer. Sobald Jesus seine Einweihung als Christus im Jordan erhält, versucht Satan, ihn von seiner Sendung abzuhalten – die Kontroverse Sonne-Saturn ist wieder in voller Kraft da – und Christus bleibt Sieger. Doch die Schale des Leibes, die der Mond anbieten konnte, reicht für die sengenden Sonnenkräfte nicht länger als drei Jahre. Danach fordert Saturn seinen Tribut und läßt den Leib des Jesus von Nazareth an sein Kreuz schlagen. Der Geist des Christus hat jedoch die Erde befruchtet.

Das Leben von Jesus Christus ist der heroische Versuch, die Weltentrennung aufzuheben und die ursprüngliche Einheit wieder herzustellen. Es ist bis heute nicht gelungen. Doch der Same ist gesetzt worden, und die Nachfolge fiel sehr verschieden aus. Während die Kirche immer mehr in ein lunares Beamtentum verfiel, versuchten die Gralsritter den solaren Heldenweg zu gehen. Das Symbol des Gral ist ein wunderbares Beispiel für die heroische Wiederherstellung des verlorenen Goldenen Zeitalters, und wir können versuchen, den mystischen Kelch mit Hilfe der Symbole von Saturn, Mond und Sonne bildhaft darzustellen.

Der Sangreal

Lanze und Kelch sind zwei verschiedene Formen der Vereinigungssymbolik. Das wird klar, wenn wir die schon angeschnittene Problematik von Kreis und Kreuz weiter verfolgen. Strukturell gesehen geht es um die Frage, wie man die Gerade in den Kreis bzw. den Kreis in die Gerade überführt.

In Wirklichkeit gibt es keine Gerade. Da die Erde als Kugel genauso rund ist wie der gesamte Weltraum als in sich gekrümmter Raum, ist jede Gerade in Wirklichkeit eine Kurve. Nur relativ kurze Strecken erweisen sich für den irdischen Gebrauch als Geraden, ihre Krümmung ist zwar vorhanden, doch für unsere menschlichen Maßstäbe nicht von Bedeutung. Die Gerade ist als Strecke die endliche Erscheinungsform für den irdischen Gebrauch. Die himmlische Entsprechung dieser Erscheinungsform ist die Kurve, und der Kreis ist eine unendliche Kurve. Damit haben wir folgende Polaritäten gefunden.

Gerade	Kreis
Erde (Stoff)	Himmel (Geist)
endlich	unendlich
Stab	Ring

Die Betrachtungen über die Vereinigung von Stab und Ring haben gezeigt, daß diese je nach Perspektive entweder als Kreuz oder als Kreis mit einem Punkt in der Mitte erscheint. Diese zwei Möglichkeiten symbolisieren jedoch dieselbe Vereinigung. Der zentrierte Kreis ist das Symbol der unendlichen geistigen Vereinigung, während das Kreuz die endliche irdische Erscheinungsform der Vereinigung darstellt. Im irdischen Kreuz ist der geistige Kreis zu einer Geraden reduziert, im geistigen Kreis wird die irdische Gerade zum Punkt in der Mitte. Der Kreis ist also die geistige, das Kreuz die irdische Form der Vereinigung.

Entsprechend sind Lanze und Schwert irdische Vereinigungssymbole. Sie vereinigen lebensbejahend durch ihre mystische Zeugungs- und Heilkraft und zugleich lebensverneinend mit dem Urgrund durch den Tod. Denn Lanze und Schwert sind als Symbol von phallischer Natur, und als solche wirken sie durch das Mysterium der geschlechtlichen Vereinigung lebenserzeugend. Die Heilkraft der mystischen Lanze wird durch die Gralsgeschichte überliefert: Dem kranken König kann dadurch Linderung verschafft werden, daß man ihm die Lanze in die nicht heilen wollende Wunde taucht. Als Tötungswaffen bewirken hingegen Lanze und Schwert die lebensbeendende Vereinigung mit dem Tod. Lanze und Schwert sind männliche Symbole, sie entsprechen der königlichen Auffassung des Rittertums, ihre weibliche Variante ist das Kreuz, die Waffe des Priesters. Die Wandlung des Soldaten Saulus zum Priester Paulus ist symbolisiert durch die Wandlung des Schwertes zum Kreuz.

Der zentrierte Kreis ist das Symbol der Sonne. Der himmlische Königssohn Jesus Christus brachte das Sonnenprinzip auf die Erde, er wurde durch die Lanze getötet und starb am Kreuz. Er war der Priesterkönig, der Sonne und Erde, Kreis und Kreuz vereinigte, sein Symbol ist das Kreuz im Kreis.

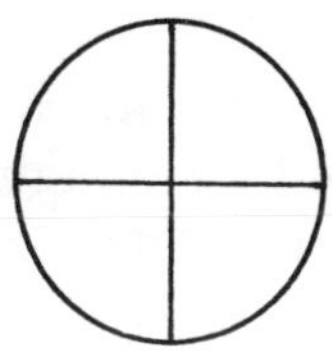

Die mystische Lanze der Ritter finden wir als Tyr-Rune im Tierkreis. Die Tyr-Rune ist die Tür zum Tier-Kreis. Lanze und Kelch erscheinen in der astrologischen Symbolik als Tyr-Rune und Tyr-Kreis. Die Vorstufe der Lanze in der Symbolik ist das Schwert. Astrologisch entspricht dem Schwert die Dorn-Rune, die das Tor zum Tierkreis anzeigt.

Die Dorn-Rune ist der Hammer oder die Axt Thors. Sie öffnet das breite Tor zum Tierkreis dort, wo mit Widder die gewöhnliche Zählung der Tierkreiszeichen beginnt. Wir sahen schon, daß die Dorn-Rune (und ihre Verdoppelung, die Dag-Rune) die Vorgänge beim Sündenfall symbo-

Tür und Tor zum Tierkreis

lisiert. Sie gehört zur horizontalen Ebene der Erde und bedeutet Trennung und Vereinigung von Widder (Mars) und Stier (Venus), die die zwei Geschlechter auf der irdischen Ebene symbolisieren. Durch das breite Tor des Widders gelangt man zum Studium der persönlichen Entwicklung mit Hilfe der gewöhnlichen Astrologie. Doch der Hammer Thors öffnet nur das Tor in den Vorhof. Will man tiefer eindringen, so muß man die schmale Tür suchen, die den Zugang zu tieferen Geheimnissen verspricht. Hierzu reicht Axt oder Schwert nicht mehr, man braucht die größere Reichweite der Lanze. Diese Lanze, die die größeren Zusammenhänge erschließt, ist die Tyr-Rune. Die schmale Tür kann allerdings nicht von jedermann geöffnet werden, unter den Rittern war dies nur Parsifal, dem »reinen Tor«, möglich. Die Tyr-Rune verweist im Tierkreis auf den Punkt, wo die esoterische Astrologie ansetzen muß.

Die Lanze des Tyr ist die Weltachse, der Stamm des Lebensbaumes. Thor steht im Osten, der reine Tor Tyr gelangt nach Norden. Tyr und Thor sind Brüder, Söhne des Odin. Dabei bleibt Tyr mehr im Hintergrund der germanischen Göttergeschichten, er verkörpert den esoterischen Aspekt. Die Spitze der Lanze zeigt zwischen Krebs und Löwe zum Sternbild des Großen Bären. Hier soll nach der Überlieferung in früheren Zeiten der nördliche Himmelspol gewesen sein, während er heute im Sternbild des Kleinen Bären zu finden ist. Diese Verschiebung entspricht der Differenz zwischen der Planetenordnung und dem heutigen Achsenkreuz im Tierkreis. Die Symbolik des Bären führt uns zu den Rittern zurück, denn das keltische Wort »arthos« bedeutet Bär, und König Arthur ist der Große Bär, der große König der ritterlichen Tradition.

Die Tyr-Rune verbindet an ihrer Spitze (und sie trennt sie zugleich!) Sonne (Löwe) und Mond (Krebs), die ebenfalls die zwei Geschlechter, doch diesmal auf der geistigen Ebene symbolisieren. Das irdische Paar Mars und Venus (Thorn-Rune) wird durch die Tyr-Rune (Sonne und Mond) in den Himmel gehoben. Die Lanze führt vertikal über die Erde in die Hölle hinunter, wo ihr anderes Ende Saturn (Steinbock und Wassermann) erreicht. Aus dem bisher Gesagten geht hervor, daß die Lanze eine dem Gral vergleichbare Rangordnung in der Symbolik einnimmt, nur daß sie in einer mehr männlichen und irdischen Form erscheint (Gerade, Stab, Kreuz), während der Gral den geistigen (und weiblichen!) Aspekt verkörpert (Kreis, Ring, Kelch). Aus diesem, und mit einem Blick auf die Gleichberechtigung der Geschlechter, können wir folgern, daß der Heilige Geist der christlichen Trinität mehr weibliche als männliche Aspekte enthalten muß.

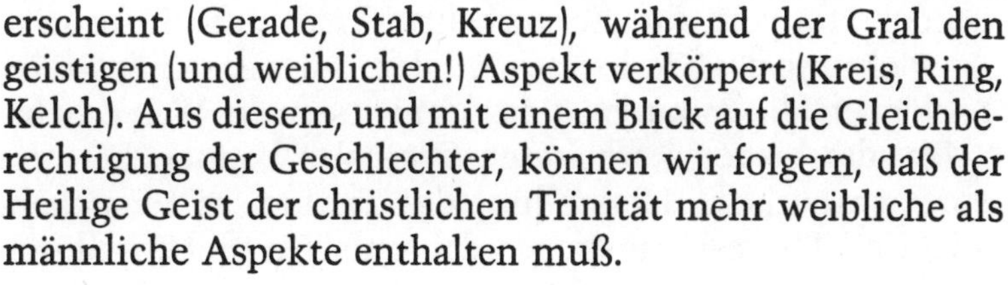

Es ist nicht einfach, mit polaren Begriffspaaren wie männlich-weiblich, stofflich-geistig etc. umzugehen, denn sie sind dermaßen allgemein, daß die Gegensätze letztlich austauschbar sind. Bei der Symbolfolge Schwert, Kreuz und Lanze symbolisiert die Horizontale das Weibliche. Insofern können wir in dieser Reihenfolge eine schrittweise Erhöhung des weiblichen Prinzips feststellen. Andererseits sind alle drei Symbole insgesamt gesehen männlich, was zur Verdrängung des Weiblichen führt. Beides, Erhöhung und Verdrängung, ist charakteristisch für das jetzt auslaufende Fischezeitalter. Das Kreuz im Kreis, das früher mehr als heute gebräuchlich war, ist das Symbol, das alle Polaritäten gleichmäßig darstellt. Obwohl es Christus am Kreuz symbolisiert, ist es in der christlichen Symbolik leider nicht mehr modern. Bewahrt wurde es in der Gralssymbolik und auch in der Astrologie, seltsamerweise von Leuten also, die für die christliche Kirche als Heiden und Ketzer gelten.

Die Tyr-Rune ist die zwölfte Rune, mit der Zahl 12 verweist sie auf den Tierkreis als Tyr-Kreis. Die Spitze der Tyr-Rune ist auf das Herzchakra gerichtet, das als zwölfblättrige Lotusblüte ebenfalls die 12 Tierkreiszeichen symbolisiert. Die zwölfte Tarot-Karte können wir ebenfalls als Entsprechung der Tyr-Rune auffassen. Sie ist der »Gehängte« und stellt einen Mann dar, der kopfunter an einem Baum hängt. Die »verkehrte« Stellung des Mannes ist der Hinweis auf die verkehrte Welt, auf die heutige Ausrichtung des Tierkreises mit dem Saturnzeichen Steinbock oben, die dadurch Satan zum Fürsten der Welt erhebt.

Mit der bisher erarbeiteten Symbolik können wir nun eine synthetische Herstellung des Tierkreises versuchen. Tyr- und Thorn-Rune dienen dabei als Tür und Tor, durch sie betreten wir den Tierkreis, der sich als kristallene Gralsburg entpuppt. Wolfram von Eschenbach berichtet, daß sich Saturn im Krebs befand, als Parsifal die Gralsburg betrat. Das ist ein Bild der Wiederherstellung: Saturn und Mond sind mit der Sonne vereint, sie bilden den geordneten Kristallpalast des Stoffes, der durch den Geist der Sonne von innen erleuchtet wird.

1. Der Engelsturz: Die Einheit von Sonne, Mond und Saturn zerfällt zur Dreiheit. Saturn wird tief in den Weltraum geschleudert, das Sonnensystem entsteht. Der gefallene Luzifer verliert einen Stein seiner Krone – symbolisiert durch den Mond – im Erdenbereich, die sublunare Welt entsteht auf Erden. Die Dreiheit von Sonne, Mond und Saturn ist als Dreiheit von Oben, Mitte und Unten vorhanden, oder auch als Himmel, Erde und Hölle. Der Verlust des Steines sichert Luzifer die Möglichkeit, auf die Erde zurückzukehren, was dann durch den Sündenfall geschieht. Andererseits ermöglicht die mittlere Stellung von Erde und Mond auch den oberen geistigen Kräften den Abstieg, wodurch sich die hellen und dunklen Kräfte in der Mitte begegnen können. Im Tierkreis finden wir die drei Schichten der oberen solaren, mittleren lunaren und unteren saturnalen Bereiche, die im Symbol des Sangreal besonders schön zum Ausdruck kommen. Der Fall Luzifers wird durch die umgedrehte Tyr-Rune, die nach unten gerichtete Lanze dargestellt. Er residiert als Satan im Saturn-Zeichen Steinbock, dessen Symbolik deutlich das »Teuflische« zeigt: Als »Ziegenfisch« ist Steinbock eine Mischung von Bock und Schlange, die gehörnte Schlange, die die zwei Hauptgestalten des Teufels in sich vereinigt. Das Symbol des Planeten Saturn im Sangreal zeigt die alte Schlange und die Notwendigkeit ihrer Wandlung zum Kreuz. Diese »Kreuzigung der Schlange« war im frühen Christentum wohlbekannt, sie ist auch in der Bibel als die Erhöhung der ehernen Schlange durch Moses beschrieben. Die Kreuzigung der Schlange bedeutet psychologisch die Ordnung (oder Sublimierung) der Triebkräfte, diese ist nur durch die Vereinigung der Geschlechter möglich (Kreuz). Um vereinigt werden zu können, müssen Mann und Frau zuerst getrennt werden, dies geschieht im Sündenfall. Die Retorte dieser alchemistischen Operation ist die sublunare Welt der Erde, die Schale des Mondes, der mittlere Teil im Sangreal.

Der zweifache Fall von Gott und Mensch, der Zweifall, wodurch Zweifel entsteht.

2. *Der Sündenfall:* Der Engelsturz ist im Tierkreis räumlich im Süden und zeitlich im Winter zu orten (Steinbock und Wassermann). Der Sündenfall verlagert das Geschehen in den Westen und in den Herbst (Waage und Skorpion). Wir befinden uns auf der horizontalen Ebene der Erde, in der auf dem Kreuz ruhenden Mondschale des Sangreal, wo nun die alte Schlange Saturn die Mars- und Venuskräfte einsetzt, um sich die Herrschaft auf Erden zu sichern. Die Symbolik auf der Ebene des Sonnensystems haben wir bereits als kosmisches Geschehen beschrieben, ebenso die Tierkreissymbolik der Schlangenjungfrau. Die umgedrehte Dorn-Rune bestimmt die Tierkreiszeichen Waage und Skorpion, sie bedeutet den Baum der Erkenntnis und verlagert das Geschehen auf die Erde (Kreis in der Mitte des Tierkreises). Hier kommen nun durch den Sündenfall die Himmelskräfte zum irdischen Fall, die astrologische Symbolik beschreibt dies durch die Lehre von den Würden der Planeten. Saturn ist in der Waage erhöht, Satan hat besondere Macht hier. Mit Hilfe der Venus (Waage) bringt er die Sonne zum Fall, die hier eben im Fall steht. Der Mond wird mit Hilfe des Mars (Skorpion) ebenfalls zu Fall gebracht, so daß wir sagen können, daß die himmlische Polarität Sonne-Mond durch die irdische Polarität Venus-Mars im Sinne Saturns gefällt wird. Der Sündenfall ist die Stunde Satans.

3. *Der Gral und das Salz der Erde:* Solve et coagula! Sonne und Mond, die durch Venus und Mars zu Fall kamen, werden durch dieselben wieder erhöht. Die Wiederherstellung der Geistesmacht beginnt, christlich durch Jesus Christus, astrologisch durch die Dorn-Rune (Widder und Stier) und die Tyr-Rune (Löwe und Krebs) symbolisiert. Im Widder kommt Saturn zum Fall, die Sonne aber steht in der Erhöhung, im Stier wird der Mond erhöht. Wir befinden uns im Tierkreis im Osten und im Frühling (Widder, Stier), hier ist die erste Erhöhung. Die Dorn-Rune ist der Baum des Lebens im Paradies, und die zeichnerische Darstellung dieses Baumes durch die zwei Tierkreiszeichen zeigt sehr schön die Erhöhung von Sonne und Mond.

Der Baum des Lebens
oder
Was geschah zwischen Ostern und Pfingsten?

Der Widder erhöht die Sonne, Jesus Christus wird zu Ostern gekreuzigt (Widder) – die Sonne wird am Kreuz erhöht. Zu Pfingsten (Stier) kommt die Erhöhung des Mondes, die uns zur Ausgießung des Heiligen Geistes und damit zur Tyr-Rune überführt. Der durch Widder und Stier dargestellte Baum des Lebens zeigt die Vereinigung der männlichen Geraden und des weiblichen Kreises. Dabei erscheint die Schale des Mondes als Horn: Als Stierhörner, die als Schale den Geist aufzunehmen bereit sind, und als Widderhörner, die den Kreis tragen. Hörner sind Attribute des Teufels. So offenbart sich hier folgendes Geheimnis: Jesus Christus hat Satan, dessen Stunde geschlagen hat, überlistet und bedient sich dessen Mittel (Hörner), um den Satan zu überwinden. Die Macht Saturns (der physische Tod) wurde von Jesus Christus verachtet, er nahm sie als Stütze, um dadurch den Geist zu erhöhen, der allein den Tod zu überwinden vermag.

Mit der ersten Erhöhung kann dem Menschen geholfen werden (wenn er sich helfen läßt), mit der zweiten Erhöhung kann sogar dem Teufel geholfen werden. Wir gehen im Tierkreis nach Norden, wo der Sommer herrscht (Krebs, Löwe). Hier zeigt die Tyr-Rune auf das Herzchakra, im Sangreal entspricht dem das Symbol der Sonne. Die Tyr-Rune ist das Himmelsdach, sie ist der dritte Baum, der Himmels-, Welten- und Lebensbaum, der tatsächlich in den Himmel wächst. Der Lebensbaum, der in der Mitte des Paradieses und des Tierkreises steht, beschirmt die Bäume der Erkenntnis und des Lebens. Er verbindet Himmel und Hölle, und auf Erden ist er nur im Herzen zu finden. Die Lanze, die das Herz von Jesus Christus durchbohrte, ließ sein Blut (Sonne) in die Schale des Mondes fließen, wie dies im Sangreal dargestellt ist. Der Stein Luzifers, zur Schale geschliffen, dient jetzt zur Erlösung vom Fall. Wie das Blut Christi in die Schale des Grals, fließt der Heilige Geist zu Pfingsten (Stier), wenn der Mensch seine luziferische Schale erhöht und bereithält. Dies wird im Tierkreis durch die Verbindung zwischen der Tyr-Rune und der Dorn-Rune dargestellt, die zeigt, daß der Heilige Geist nur mit Hilfe des Mondes (Krebs) empfangen werden kann.

Die Tyr-Rune schließt den Kreis, wie sie ihn auch eröffnet hat. Mit der Lanze und dem Hammer, den Waffen von Tyr und Thor, haben wir den Tierkreis zu einem Kristallwürfel geschliffen. Das ist der luziferische Schliff und wird

heute nicht als katholisch verstanden, obzwar er allgemeingültig ist.

Alchemistisch gesehen haben wir die Herstellung des Salzes beschrieben, der Kristallwürfel ist das alchemistische Salz. Dies entspricht der Stufe der Albedo oder der Reinigung. Freilich genügt es nicht, die Wandlung nur zu verstehen, der ganze Mensch muß gereinigt und geschliffen werden.

Ein besseres Ziel gibt es nicht.

VI. Auf Gralssuche im Horoskop

Wir gehen zurück in alte Zeit. Nach ultima Thule, die auf der Höhe des heutigen nördlichen Polarkreises liegt. Thule liegt an der nördlichen Spitze des heutigen Island, hier finden wir die Gralsburg. Die Gralsburg ist ein Kristallpalast, von außen gesehen ein achteckiger Bau, dessen eine Hälfte unter der Erde verborgen ist. Die durchsichtige Burg wird von innen mit rot-goldenem Licht beleuchtet, so daß sie tags wie nachts nicht zu übersehen ist – wenn man ihren absolut unzugänglichen Standort einmal gefunden hat.

Im mittleren Turm der Gralsburg befindet sich ein Observatorium, die Spitze dieses Turmes weist auf das Sternbild des Großen Bären. Dorthin zeigt die Hauptachse des gesamten Baus – die IS-Achse – deren anderes Ende auf den Erdmittelpunkt hinzielt. Zwei Tore führen zur Burg. Das

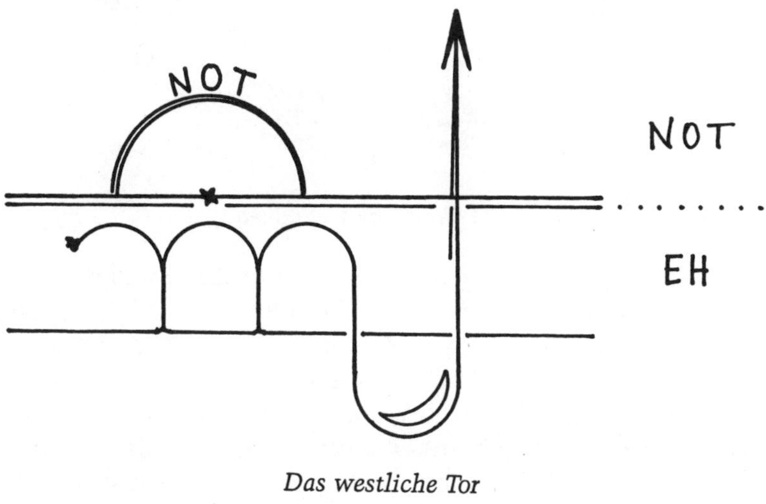

Das westliche Tor

linke Tor ist das Tor der untergehenden Sonne, es liegt im Westen. Vor dem Tor steht der Baum der Erkenntnis, durch dessen Frucht Adam und Eva einst in Sünde fielen, und der Eingang wird von einem Lindwurm bewacht.

Die Gralsburg von außen

Der Lindwurm jedoch hält sich unter der Erdoberfläche verborgen, so daß der arglose Wanderer ihn nicht gleich erkennen kann. Diesem bietet sich ein romantisches Bild: Vor der am Westhorizont gerade untergehenden Sonne erhebt sich in deren rotgoldenen Strahlen ein steil nach oben strebender, schlanker Baum. Was als mit Früchten beladener, verführerischer Baum aussieht, ist in Wirklichkeit der Schwanz des Lindwurms, der Stachel des Skorpion. Er bringt Eva und das Weibliche zu Fall, wie auch das Tierkreiszeichen Skorpion den Mond zu Fall bringt. Die Sonne steht in der Waage im Fall, Adam und das Männliche fallen, wenn sie durch das Bogentor gehen, das mit der untergehenden Sonne identisch ist und jeden Mann wie das Licht die Motten anzieht. Am Torbogen steht NOT geschrieben, und in der Tat bringen uns Baum wie Tor durch Erkenntnis in höchste Not.

Wir gehen zum Tor der aufgehenden Sonne hinüber, das an der rechten Seite im Osten zu finden ist. Beim Tor, das durch einen Stier bewacht wird, steht der Baum des Lebens, dessen Frucht Adam und Eva im Paradies nicht mehr kosten konnten. Dieser Baum erhöht den Menschen, so wie das Tierkreiszeichen Widder die Sonne und Stier den Mond erhöht. Der Sündenfall durch den Baum der Erkenntnis war NOT-wendig als Vorbereitung für den Baum des Lebens, denn nur der kann sinnvoll erhöht werden, der EH schon gefallen ist. EH steht hier am östlichen Torbogen geschrieben, das ewige EHerne Gesetz der Vereinigung verkündend, das EHedem die Vorstellung von der heiligen EHE darstellen sollte.

Wir gehen auf das runde Tor zu und betrachten die Gralsburg etwas genauer. Das Mauerwerk ist aus bläulichweißem Salzeis hergestellt, das das von innen kommende rote Licht eigenwillig verfärbt durchscheinen läßt. Dieses Baumaterial verschaffte der Gralsburg ihren anderen Namen: »Salisburg über Albion.« Nachdem wir mit Adam und Eva EH schon gefallen sind und klugerweise den NOT-Eingang im Westen gemieden haben, können wir nun die Burg betreten. Der Stierwächter unterzieht jeden Besucher der Probe der alchemistischen Salzherstellung, doch da wir dieses Thema seit dem vorangegangenen Kapitel zumindest theoretisch beherrschen, dürfen wir passieren.

Sofort werden wir vom überhellen goldenen Licht geblendet. Nach einiger Zeit können wir wieder sehen, und wir erkennen, daß wir in einer Vorhalle stehen, und wir hören eine Stimme »Salem« sprechen. Wir stehen vor

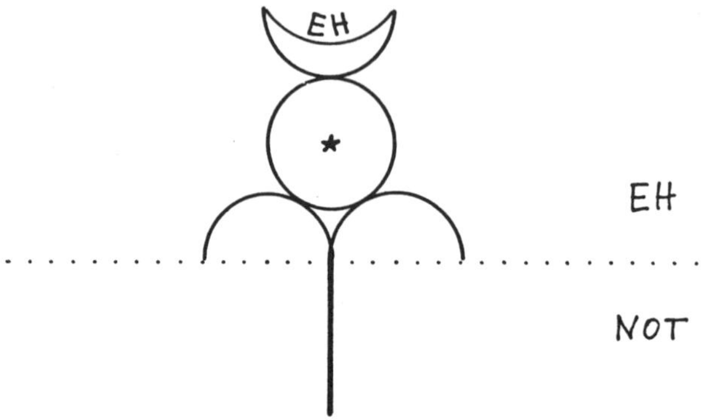

Das östliche Tor

einem Innenbau, der sich in voller Größe nahtlos in die Würfelform der äußeren Gralsburg einfügt. Dies ist die innere Gralsburg, sie hat die Form einer Doppelpyramide (Oktaeder), und sie glüht in rot-goldenem Licht. Der riesige Kristall besteht aus brennendem flüssigem Schwefelfeuer, das sich am besten mit Feuerwasser oder als kochendes Metall beschreiben läßt. Es ist eindeutig kein Höllenfeuer, doch es erzeugt das Gefühl des »mysterium tremendum«.

Die Wände des Kristalls sind durchscheinend. Durch das rote Licht ahnen wir den Gral, der in der Mitte des Innenraumes schwebt. Er blendet in unaussprechlicher Helligkeit und scheint gleichzeitig aus Gold, Silber und Blei zu bestehen. Wollte man es wagen, diesem letzten Geheimnis noch näher zu kommen, so stehen hierzu zwei Türen zur Verfügung, die in das Innere des Kristalls führen. Die helle Tür ist ganz oben an der Decke, wo die Spitze der Pyramide zwischen Krebs und Löwe zum Sternbild des Großen Bären weist. Die dunkle Tür befindet sich an der unteren Spitze zwischen Steinbock und Wassermann. Um weiter vorzudringen, fehlen uns aber bis jetzt die Voraussetzungen – heute würden wir dabei verbrennen – wir kehren also um.

Nach einem dreistündigen Schlaf unter dem Schatten des Baumes des Lebens versuchen wir nun das Gesehene zu verstehen. In der Gralsburg begegnen sich Feuer und

Die innere Gralsburg

Eis, ohne sich gegenseitig auszulöschen, das Gleichgewicht der Kräfte ist perfekt. Der Gral muß der Stein der Weisen sein, und wir werden ihn mit Hilfe der alchemistischen Symbolik besser verstehen können. Beim Eindringen verwandelte sich der Salzwürfel der äußeren Gralsburg in das innere Feueroktaeder. Der Würfel hat acht Ecken und sechs Seiten, das Oktaeder dagegen sechs Ecken und acht Seitenflächen. Von außen nach innen haben wir also eine Abnahme der Eckpunkte bei gleichzeitiger Zunahme der Seitenzahl. Mit anderen Worten ist die Doppelpyramide runder als der Würfel, denn sie hat weniger Ecken, und sie ist zugleich von Natur allgemeiner oder universeller, denn vielseitiger. Allein diese formale Wandlung läßt auf eine Verfeinerung bzw. Vergeistigung schließen und legt die Vermutung nahe, daß beim Gral die vollkommene Kugelform vorherrschend sein muß. Rein formal betrachtet bedeutet die Verwandlung der äußeren in die innere Burg die Umwandlung des Quadrates in ein Dreieck. Diese geometrische wie auch die entsprechende stoffliche Wandlung bedeutet eine wesentliche Entwicklung, die in der Sprache der Alchemisten näher beschrieben werden kann.

Von den drei Hauptphasen des alchemistischen Werkes war schon die Rede. Es sind dies die Stufen der nigredo, albedo und rubedo, oder der Schwärzung, Weißung und Rötung, die wiederum den Phasen des Saturn, des Mondes und der Sonne entsprechen. Andererseits unterscheidet die Alchemie drei Grundelemente, aus denen alles in dieser Welt durch entsprechende Mischung entsteht. Es sind dies das Salz, der Schwefel und das Quecksilber, oder Sal, Sulphur und Mercurius. Diese Elemente haben folgende Bedeutungen.

Mercurius	das Flüchtige	spiritus	Geist
Sulphur	das Brennende	anima	Seele
Sal	das Greifliche	corpus	Körper

Was wir überall in der Welt zuerst vorfinden, ist Stoff im Zustand der nigredo, das Körperliche in fast vollständiger Unbewußtheit. Das ist Schwarze Erde, die man zu reinigen hat. Die Reinigung erfolgt so, daß man den Stoff zunächst weiter schwärzt, bis die Schwärze ihren Tiefpunkt erreicht hat und »stirbt«, wonach sich der Zustand der albedo einstellt, der Stoff erscheint nunmehr gereinigt und weiß. Das ist dann die Weiße Erde oder das Salz. Das Symbol des Salzes ist das Quadrat, und der Würfel der äußeren Gralsburg stellt genau dieses Stadium der albedo dar. Insofern, daß die Burg aus Salzeis besteht, beinhaltet sie bereits das Element Wasser zusätzlich zur Erde, wodurch die höchste Stufe der albedo erreicht ist. Nur der Reine (der »Albino«) darf die Gralsburg betreten oder kann sie auch nur erblikken. Parsifal war der Reine Tor, dem das (und noch mehr) gelang, er vollbrachte das Kleine Werk der Alchemie, das in der Hauptsache in der Beherrschung der Mars-Venus-Kräfte besteht.

Die innere Gralsburg, deren Außensicht wir nur beschreiben konnten, weil wir zuvor die Stufe der albedo theoretisch geklärt haben, stellt eine Unterstufe der rubedo dar. Der entsprechende Stoff ist brennender Schwefel, eine Art der Roten Erde. Dieser Schwefel enthält noch Wasser, er ist das Feuerwasser, das das bewußte Erwachen der individuellen Seele (sulphur = anima) symbolisiert. Das Symbol für Schwefel ist ein mit der Spitze nach oben gestelltes Dreieck, worunter ein Kreuz angehängt ist. Es symbolisiert die Überführung des Quadrates in das Dreieck – oder die Vergeistigung des Stoffes – und findet die räumliche Entsprechung in der Überführung des Würfels in die Doppelpyramide.

Die weitere Entwicklung der rubedo geht dann über die vollständige Beherrschung und konstruktive Anwendung der Mars-Venus-Kräfte zur Herstellung des reinen Seelenfeuers weiter, was mit Hilfe des mercurius (spiritus) geschieht. Diese Entwicklung können wir jedoch in diesem Rahmen nicht beschreiben, da wir in der Gralsburg nicht weiter vordringen konnten.

☿	mercurius (spiritus)	Luft	
🜍	sulphur (anima)	Rote Erde	rubedo ☉
		Feuer	
		Feuer-Wasser →	innere Gralsburg
	»SALEM«	←	citrinitas
□	sal (corpus)	Erde-Luft →	äußere Gralsburg (Salisburg über Albion)
		Weiße Erde	albedo ☾
		Wasser	
		Schwarze Erde	nigredo ♄

Die Tabelle faßt die wesentliche alchemistische Ordnung zusammen. Von unten nach oben betrachtet zeigt sie zunächst die Wandlung der Vierer- in die Dreierstruktur, die eine Vergeistigung des Stoffes bedeutet. Diese Wandlung wird durch den Geist mercurius ermöglicht. Der Geist (Luft) gehört nicht mehr zum persönlichen Bereich des Menschen, das höchste persönliche Ziel ist das Feuer. Doch greift der Geist von oben in den persönlichen Bereich ein, um die Wandlung zum Feuer zu bewirken (ohne Luft kein Feuer). Dieses Eingreifen des Geistes nennen die Alchemisten citrinitas (Gelbung), es ist das Zwischenstadium von albedo und rubedo. Citrinitas ist das »Land, wo die Zitronen blühn«, dort waren wir, nachdem wir die Gralsburg betreten haben und eine Stimme »Salem« sprach. Der Würfel der Salzeisburg symbolisiert die höchste Stufe der albedo. Der Stoff ist so weit gereinigt, daß der Geist einziehen kann. Ein Blick in den Tierkreis zeigt den Bestand: Die Man-Run verbindet die Tierkreiszeichen der Erde und der Luft, und wir erblicken die Gralsburg von vorne als Man-Rune. Die Man-Rune ist aber ein M, weshalb der Geist im Salz »SALEM« spricht. Das gelb-rote Licht der Vorhalle ist citrinitas. Wir blicken von außen auf die innere Gralsburg und sehen ein brennendes Oktaeder. Wiederum ein Blick auf den Tierkreis zeigt, daß die Fassade der Pyramide die Tierkreiszeichen hervorhebt, die Feuer und Wasser verbinden. Wir sehen die Feuerseele...

*

In diesem Buch ist des öfteren von Runen die Rede. Mit Runen ist viel Mißbrauch getrieben worden, weshalb sie in schlechtem Ruf stehen. Sie sind jedoch ein höchst wirksames Werkzeug, um zu sich zu finden, was wir ja wohl alle wollen. Ich arbeite nach dem Runenschlüssel von Manfred Graf Keyserling. Er ist der einzige mir bekannte Mensch, der eine lebendige und wirksame Runentradition bewahrt. Sein Runenschlüssel führt alle Runen auf das Sechseck bzw. den Sechsstern zurück – wir fanden diese als die äußere bzw. innere Gralsburg. Da ich in diesem Buch nicht alle Runen systematisch behandeln kann, gebe ich den Runenschlüssel von Manfred Keyserling bekannt, damit der geneigte Leser eigene Forschungen betreiben kann.

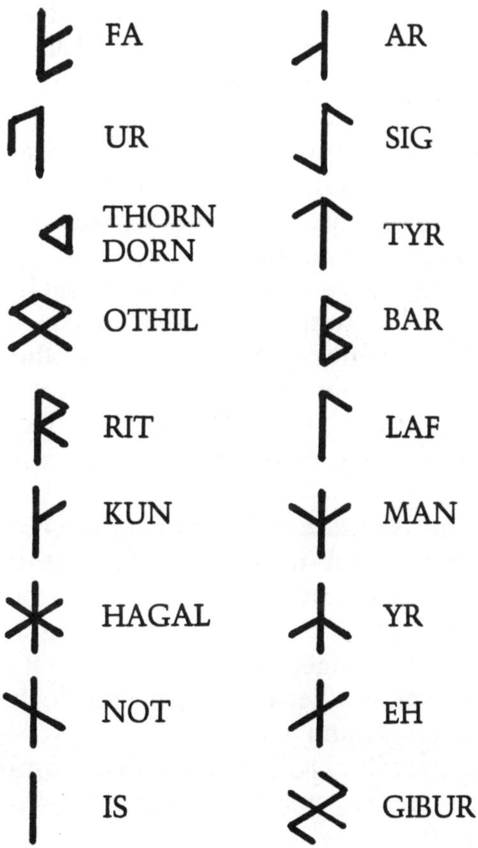

Die Runen

Das Gerüst der Gralsburg ist die Hagal-Rune, deren vertikale Achse die IS-Rune bildet. IS bedeutet, daß das ICH IST, das Ich- oder Selbstbewußtsein des Menschen, seinen aufrechten Gang und sein Rückgrat. Entlang dieser Achse erfährt der Mensch, daß er zwischen Oben und Unten eingespannt ist, und er kann entlang der Wirbelsäule die Kraftzentren seines Körpers finden. IS ist die nord-südliche Weltachse des Himmels, und sie ist die Erdachse, die das EIS der ARKTIS und ANTARKTIS verbindet. Sie steht für die natürliche Biegung (S) der aufgerichteten Wirbelsäule (I) und zeigt gleichzeitig die Schlange (S) der Libido, die am Rückgrat (I) entlang aufsteigend die Chakras aktivieren kann. Die sich um den Stab windende Schlange (Saturn) ist ein mächtiges Symbol, das die Ärzte als Äskulapstab genauso übernahmen, wie es für das Dollar-Zeichen herhalten muß.

Die Not-Rune führt schräg von oben nach unten. Sie symbolisiert die Lenkung durch das Schicksal, den nötigen und nötigenden Schicksalszwang. Sie ist die Rune der Unfreiheit. Wenn nichts mehr hilft, die Not wendet bestimmt den Lauf der Dinge, und Schicksalsschläge sind (leider) oft notwendig, denn sonst würden wir uns nicht ändern.

Die Eh-Rune ist das ewige und eherne Gesetz, das zu kennen manche sonst notwendige Schicksalsprüfungen erspart. Sie führt von unten nach oben und bedeutet somit die Ergänzung zur Not-Rune. Je mehr wir die Gesetze verstehen, desto weniger muß das Schicksal eingreifen. Lernen ist schwer, die Zeiten ändern sich, doch die Gesetze sind ewig seit eh und je.

Die drei Achsen IS, NOT und EH sind räumlich dreidimensional zu denken, sie bilden zusammen HAGAL, das Gerüst der Welt.

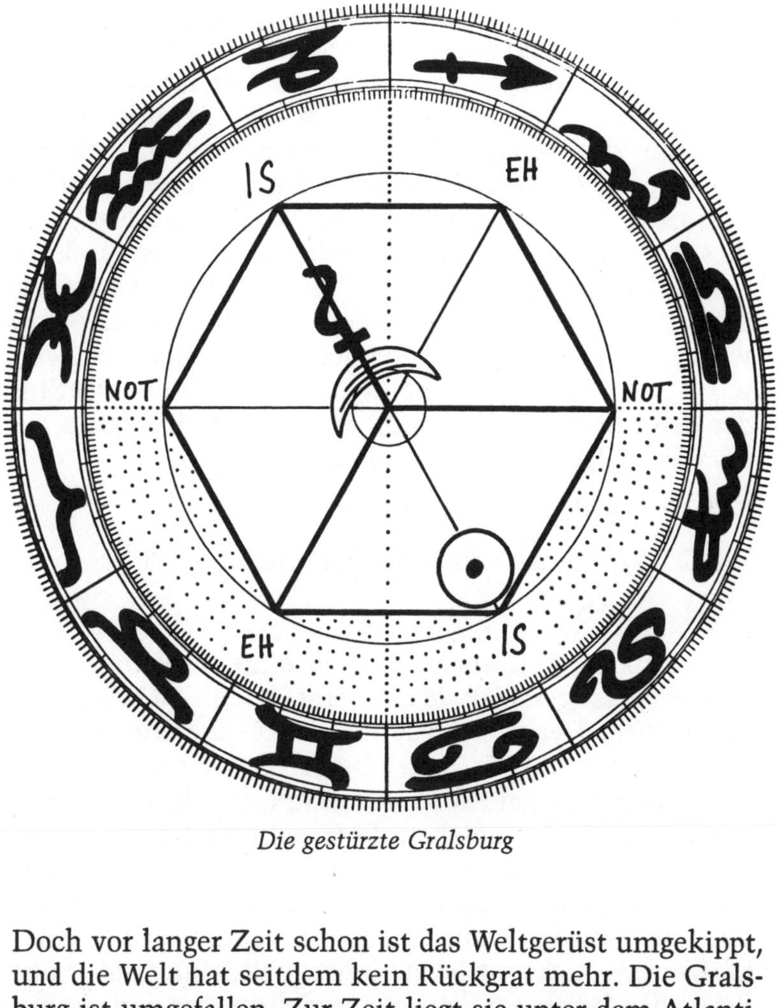

Die gestürzte Gralsburg

Doch vor langer Zeit schon ist das Weltgerüst umgekippt, und die Welt hat seitdem kein Rückgrat mehr. Die Gralsburg ist umgefallen. Zur Zeit liegt sie unter dem Atlantischen Ozean, zur Hälfte sogar unter dem Meeresboden. Der östliche Eingang (Widder, Stier) mit dem Baum des Lebens ist vorerst nicht zugänglich, er liegt unter dem Meeresboden. Nur durch das Tor der Erkenntnis (Waage, Skorpion) könnten wir in die Gralsburg gelangen, doch darin sieht es traurig aus. Die Sonne ist aus ihrem Behälter gefallen, sie liegt unten am Boden, sie ist erloschen und leuchtet nicht mehr. Die Schlange des Saturn ist längst nach oben entwichen, sie ist herausgeklettert und wütet in der Welt. Die ehemals blendend weiße Burg liegt nun ganz schwarz geworden in den Tiefen von Atlantis. Salisburg über Albion ist in den Zustand der Schwarzen Erde zurückgefallen. Die Gralsburg und mit ihr die Weltachse hat sich um 150° gedreht. Diese Katastrophe war wohl notwendig, wie dies die Not-Rune zeigt. Sie verweist auf den kosmischen Nullpunkt zwischen Widder und Fische, auf diesen Punkt des Nirwana, welcher als Anfangspunkt der neuen Tierkreisordnung und Weltordnung eingesetzt wurde. Wir leben in einem dunklen Zeitalter, im Kali-Yuga, wie die Inder sagen. Wir erkennen das ganz deutlich, wenn wir die Verdrehung der drei Achsen betrachten. Der Sturz der Goldenen Ordnung in die neue Tierkreisordnung verursachte folgende Verschiebungen.

IS	wurde zu	NOT	oder	NOT IS
NOT	wurde zur	horizontalen »Achse der Erde«		
EH	blieb	EH		

Die vertikale Weltachse gibt es also nicht mehr, die Welt ist ohne geistigen Halt. IS erscheint jetzt als NOT – Not Ist in der Welt. Der Runentradition ist die horizontale Richtung völlig fremd, sie ist geistig-vertikal ausgerichtet. Die umgestürzte Hagal-Rune, die durch die Horizontale geprägt wird, ist das Zeichen für Hagel und Zerstörung. Als der Bischof Bonifacius die Heilige Eiche der Germanen fällte, überführte er ebenfalls die Vertikale in die Horizontale, die dann im Kreuz ihre Synthese finden sollten. Die horizontale Richtung ist die irdische Richtung, sie symbolisiert das Leben auf der Erde, und dieses ist in der neuen Ordnung in NOT. Ohne die Möglichkeit der geistigen Ausrichtung (ohne IS) und in irdischer NOT stehen (besser gesagt liegen, denn horizontal) wir nun da und sehen im Tierkreis oben den Süden, die Antarktis, sinnbildlich für unsere Anti-Zeit. Die einzige Achse, die ihre Ausrichtung behielt ist EH, das ewige Gesetz bleibt. Es zu erkennen und anzuwenden ist die einzige Möglichkeit, die verlorene goldene Ordnung wieder herzustellen, und dies ist die Aufgabe jedes anständigen astrologischen Gralsuchers.

NOT IS ist NICHT ICH IST oder NICHTS

denn

NOT IS EH NIX

Runen leben. Sie raunen in der Sprache und weben in der Seele. Sie bauen den Körper, das Haus, die Landschaft und die Welt.

»Faß sie, erfährst Du sie!
Nutz sie, vernimmst Du sie!
Heil Dir, behieltst Du sie!« *(aus der Edda)*

Not-Rune und Eh-Rune ergeben zusammen die Gibur-Rune*, sie ist der Schlüssel zu jeder Not-Wende, denn die Gibur-Rune ist das Rad, das das Kreuz in Bewegung setzt.

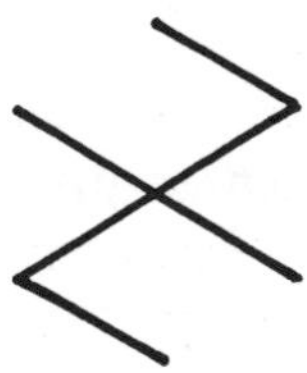

Gibur

Malkreuz oder
Andreaskreuz

Hakenkreuz in
Linksdrehung

Hakenkreuz in
Rechtsdrehung

Vier Formen der Gibur-Rune

* Den von links oben nach rechts unten führenden Querstrich der Not-Rune nennt man Balg-Strich, den von links unten nach rechts oben führenden Querstrich der Eh-Rune Bar-Strich. Balg-Strich und Bar-Strich zusammen ergeben die Gibur-Rune in der Form vom Malkreuz.

Die gemeinsame Basis der verschiedenen Darstellungen ist das Schrägkreuz, worin sich die Richtungen der Not-Rune und der Eh-Rune kreuzen. Der katholische Priester vermählt Mann und Frau durch das Malkreuz, indem er ihre Hände mit der Stola kreuzweise bindet. Die Ehe soll die notwendige Bindung sein, die aber wegen ihres Ewigkeitscharakters (»bis euch der Tod scheidet«) oftmals zur ewigen Not wird. Das Andreaskreuz verbindet die Not mit dem ehernen Gesetz, und das Gleichgewicht zu wahren fällt nicht immer leicht. Die Juden zum Beispiel haben einen Exklusivvertrag mit ihrem Gott Jehova abgeschlossen, sie haben sich seinem ewigen Gesetz (EH) unterworfen. Das half ihnen einerseits aus ihrer NOT, nötigt sie andererseits zur äußerst strengen Befolgung der notwendigen Gesetze. Das Malkreuz vermählt EH und NOT, und es kommt darauf an, welche Richtung gerade betont wird, wohin das Rad sich dreht.

Die zwei Formen des Hakenkreuzes zeigen die zwei möglichen Richtungen. Die Linksdrehung entspricht im Tierkreis der Jahresbewegung der Planeten, sie zeigt die Richtung des Zeitverlaufes. An früherer Stelle haben wir gesehen, daß das Weltenjahr dieser Richtung entgegengesetzt verläuft, der Zeitgeist kann also nur in der Rechtsdrehung erfaßt werden. Das Hakenkreuz in der Linksdrehung steht somit für die Zeit, in der Rechtsdrehung hingegen für den Zeitgeist.

Adolf Hitler, der Bösewicht Nr. 1 der neueren Weltgeschichte, wählte das Hakenkreuz in der Linksdrehung für seine Zwecke. Damit erfaßte er die Zeit als kurzfristige Modeströmung, was seine Popularität beweist. Langfristig gesehen wirkte er jedoch mit seinem Hakenkreuz gegen den Zeitgeist, weshalb er fiel. Hitler war eine zeitgemäße Erscheinung, arbeitete jedoch gegen die Weltgeschichte, deren Rad man langfristig nicht zurückdrehen kann.

Beide Hakenkreuze stürzen die Vertikale und erhöhen die Horizontale, sie vertauschen das irdisch ausgerichtete Leben (horizontal) mit dem geistig ausgerichteten Leben (IS = vertikal). Nur besteht zwischen den zwei Wegen ein gewaltiger Unterschied, wie dies die zwei Symbole zeigen.

Das linksgerichtete Hakenkreuz führt den Geist (IS) über NOT auf die Erde (horizontal), während es das irdische Leben (horizontal) zum Gesetz (EH) macht und in den Himmel hebt (IS). Das ist der Weg der Dunkelwaltung durch Schicksalsschläge bzw. die materialistische Weltauffassung. Das ist der Lernweg für diejenigen, die nur durch Schläge lernen wollen, der Weg, den wir als Menschheit immer wieder bevorzugen. Wer immer noch meint, daß Hitler die persönliche Schuld am Zweiten Weltkrieg trägt, hat nichts verstanden.

Hitler war ein mächtiger Besessener, eine Larve, ein Stellvertreter dunkler und destruktiver Mächte, eine Spielfigur. Schuld an der damaligen Entwicklung trägt die ganze Menschheit, die Katastrophe war die logische Folge einer fehlgeleiteten geistigen Einstellung. Die Gefahr einer Wiederholung vermeidet man nicht dadurch, daß man den ganzen Themenkomplex um Hitler peinlichst verdrängt. Ähnlich wie beim Tier in uns, muß jeder den Hitler in sich suchen, dann erst besteht die Hoffnung, daß die Bestie eines Tages gezähmt werden kann.

Das rechtsgerichtete Hakenkreuz dagegen führt den Geist (IS) als Gesetz (EH) auf die Erde (horizontal), während es das irdische Leben (horizontal) als NOT-wendigen Übergang zum geistigen Leben (IS) verstehen läßt. Das ist der idealistische Weg, der von der Bindung an die Materie befreit, weshalb auch die frühen Christen das Hakenkreuz in Rechtsdrehung als ihr Zeichen geführt haben.

*

Nach diesen notwendigen Vorbereitungen können wir nun versuchen, die Not im Horoskop zu wenden, wir müssen versuchen, die zerstörte Goldene Ordnung der Gralsburg erneut herzustellen. Das gewöhnliche Horoskop ist nach dem Häusersystem ausgerichtet, wobei der Aszendent die horizontale Richtung bestimmt. Die zwölf Häuser stellen eine vollständige Ordnung von zwölf Lebensbereichen des Menschen dar, und wir deuten sein Verhalten und sein Schicksal vor allem mit Hilfe der Häuser. Der Tierkreis, der eine tiefere Schicht des Menschen, nämlich seine Anlagen und seinen Charakter darstellt, spielt dabei nur eine zweitrangige untergeordnete Rolle. Das ist für den normalen Menschen vorerst völlig in Ordnung, denn er hat sein Schicksal, das sich durch alle möglichen und unmöglichen Zufälle bemerkbar macht, und er verhält sich meistens so, wie die äußeren Umstände es verlangen (Häuser) und weniger so, wie es seinen inneren Anlagen entsprechen würde (Zeichen). Die Häuser sind eine Maske, die den Zeichen vorgesetzt ist, und wenn der Maskierte in den Spiegel schaut, sieht er eben die Maske, nicht sich selbst.

Dieser Stand der Horoskopdeutung ist für den anständigen astrologischen Gralssucher völlig unzureichend. Die Ebene der Häuser-Astrologie liegt so tief, daß man es in der bisherigen Terminologie gar nicht richtig formulieren kann. Alchemistisch gesprochen ist das die Schwarze Erde, die sich jedoch als Weiße Erde oder gar als Rote Erde ausgibt. In diesem Zustand sieht man nicht einmal die umgestürzte Gralsburg, man sieht nur den Stoff. Trotzdem muß man hier ansetzen, um zu verstehen, daß diese Sicht zwar real existiert, doch eben nur Schwarze Erde ist. Psychologisch gesprochen, muß der Mensch durch die astrologische Häuserdeutung sein Verhalten verstehen, um seine Verhaltensstörungen ablegen zu können. Das ist der erste Schritt, und er setzt beim Aszendenten ein.

1. Die Erlösung des Aszendenten: Das Tierkreiszeichen am Aszendenten steht dem Menschen nicht so bewußt zur Verfügung wie etwa sein Sonnenzeichen. Der Aszendent wirkt unbewußt, zum Beispiel durch Körpermerkmale oder Gebärden. Er stellt das fehlende Glied im Anlagengefüge dar, und der Mensch muß lernen, ihn sich bewußt zu machen, sich zu seinem Aszendenten zu bekennen. Zum Beispiel jemand, der einen Widder-Aszendenten, sonst aber alle Planeten im Krebs hat, und in der Folge furchtbar schüchtern ist, muß das robuste Durchsetzungsvermögen des Widders lernen. Dabei hat er es noch leichter als ein anderer mit Waage-Aszendenten, der lernen muß, sich mit Hilfe der Rücksichtnahme und der Öffnung zum Du durchzusetzen. Der Mensch muß so weit kommen, daß er mit seinem Aszendenten eins wird, daß er ihn lebt und durch sein bewußtes Verhalten seinen Aszendenten zur inneren Anlage macht. Diese Aufgabe ist identisch mit der Beseitigung von Verhaltensstörungen und gehört somit zum Bereich der psychologischen Astrologie. Ist diese Aufgabe erfüllt und sind die groben Verhaltensstörungen abgelegt, kann man sich seinen Anlagen zuwenden und versuchen, das Leben so einzurichten, wie diese es verlangen. Für die Horoskopdeutung bedeutet das, daß man die Häuser jetzt vergessen darf. Zwar kann man sich der höheren Gewalt des Schicksals nie gänzlich entziehen, doch greift es in diesem Stadium nicht mehr so häufig ein wie zuvor. Ohne Häuser drehen wir das Horoskop so, daß die Widder-Waage-Achse horizontal liegt, und die gestürzte Gralsburg erscheint.

2. *Die Reinigung:* Nachdem wir die Häuser abgelegt haben, sind wir freier geworden. Vielleicht müssen wir allerdings die gutbezahlte Stellung als Buchhalter kündigen, wenn wir nämlich erkennen, daß die Bilanz unseres bisherigen Lebens uns nicht mehr befriedigt. Wir können jetzt unsere Anlagen besser verwirklichen, denn jedes Tierkreiszeichen liegt nun dort, wo die heutige Tierkreisordnung es verlangt. Wir können also frei in den Tag hineinleben, doch auf die Dauer fängt es an, uns zu langweilen, zumal wir sehen, wie scheußlich schwarz die ehemals schneeweiße Gralsburg darniederliegt. Außerdem befindet sich unser Kopf mit dem gesamten Oberkörper (Widder bis Jungfrau) unter Wasser, nur das Hinterteil und die Beine ragen in die Höhe, und da wir keine Enten sind, ist das kein Zustand. Tierkreis wie Gralsburg sind in diesem Stadium widersinnig ausgerichtet. Oben herrschen die Alte Schlange Saturn und der Steinbock auf Plätzen, die ihnen naturgemäß nicht zustehen, dies ist immer noch eine verkehrte (und schiefe) Welt.

Wenn jemand sein Horoskop auf dieser Stufe lebt, kommt er in der Welt wahrscheinlich auf den Platz, der seinen Anlagen am besten entspricht. Wenn er zum Beispiel alle Planeten im Steinbock hat, die aber im gewöhnlichen Horoskop im vierten Haus waren und ihn hinderten, eine hohe Stellung zu erreichen, so kann er jetzt mit seinem kometenhaften Aufstieg beginnen. Er hat zwar nun weltlichen Erfolg, befindet sich jedoch nach wie vor in der kleinen Welt der Einzelpersönlichkeiten und seine Sicht ist wie die gestürzte Gralsburg schwarz gefärbt. Wenn er damit zufrieden ist, ist das schon in Ordnung, er hat bereits einen Entwicklungsschritt getan und kann sich ausruhen. Wenn der Gralssucher jedoch weiter will, bleibt noch viel zu tun.

Das Problem dieser Stufe ist, daß wir zwar die Häuser abgeschafft haben, doch die Ausrichtung des Tierkreises weiterhin vom Tageslauf der Sonne bestimmt wird. Die Sonne beschreibt einen Tagesbogen vom Osten über Süden nach dem Westen (Widder, Steinbock, Waage) und bestimmt so das Häusersystem. Im Jahreslauf jedoch bewegt sie sich von Widder über Krebs zu Waage (Osten, Norden, Westen) und erzeugt so den Tierkreis in seiner natürlichen Ausrichtung. Der Sommer (Krebs) ist die lichte Hälfte des Jahres, Krebs gehört in den oberen Bereich. Wir drehen das Horoskop um, die Gralsburg erhellt sich und strahlt in reinem Weiß.

3. *Citrinitas:* In diesem Zustand schwebt die Gralsburg im nördlichen Polarmeer. Der Oberkörper (Widder bis Jungfrau) ist jetzt auf der Oberfläche, der Unterleib unter Wasser. Das westliche Tor mit dem Baum der Erkenntnis (Waage, Skorpion) ist unzugänglich, nur das östliche Tor mit dem Baum des Lebens (Widder, Stier) ist offen. Die Sonne ist auf die Ebene der Erde heruntergefallen und liegt in der Jungfrau, wo sie gereinigt werden will. Saturn kann nicht mehr von unten die Burg schwärzen, das reine Weiß des Mondes gewinnt die Oberhand, die Gralsburg ist Weiße Erde. Krebs regiert von oben diese Welt, nicht mehr Steinbock.

Wir erkennen jetzt größere und weitere Zusammenhänge, denn unsere Sichtweite hat sich durch die Umstellung vom Tages- auf den Jahreskreis vergrößert und erweitert.

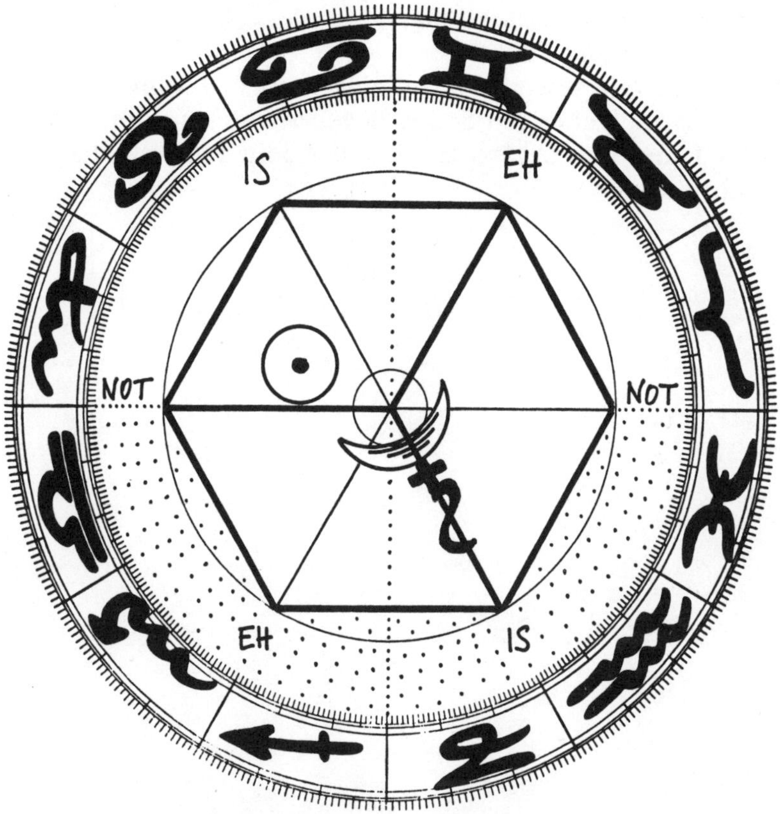

Gralsburg im Zustand der Reinigung

Wir müssen unsere Weltanschauung und damit auch unser gesamtes Leben umstellen. Mag sein, daß unser Steinbock von vorhin jetzt zum Aussteiger wird, und irgendwo als Schäfer den ganzen Tag fröhliche Lieder trällert, denn es ist die Stufe der Aussteiger. Die neue Ordnung verträgt sich einfach nicht mit der bürgerlichen Realität. Man schleift lieber irgendwo in Ruhe am Gralskelch, als ins Büro zu gehen.

Es ist ziemlich sinnlos, in diesem Stadium nach festen Zielen zu suchen. Der Mond will, daß man sich treiben läßt, seine Aufgabe ist die vollständige Reinigung. Das Ziel und das Wesen kommt erst mit der Sonne ganz von selbst. Das ist das einzige, was der Mensch tun kann: Reinigung und Warten.

Wenn wir soweit sind, können wir uns zum östlichen Tor der aufgehenden Sonne begeben, wo im rauhen Wind der Baum des Lebens steht. Über dem Eingang steht geschrieben:

OSTARA
Das östliche Tor
Eintritt nur für Toren

VII. Eintritt nur für Toren

Das östliche Tor liegt in einer hügeligen Landschaft. Schon von weitem sehen wir zwei kahle Hügel, auf die der Weg hinsteuert. Es sind die Berge der BAR-Rune, sie bergen und gebären. Bar ist die Bärenmutter. Sie gebärt gerade den Heiligen Geist.

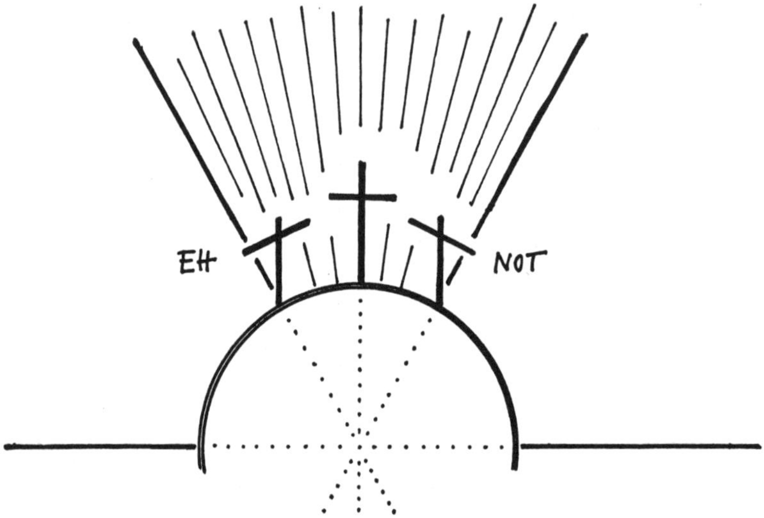

Kalvarienberg

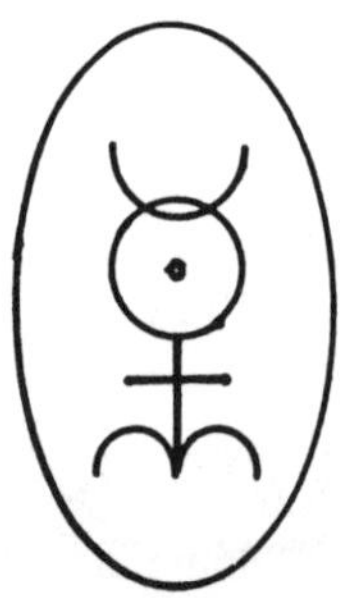

Das Osterei des John Dee
(Monas Hieroglyphe)

Wir gehen nach Osten zur Osterzeit an einem windigen Tag. Der Weg führt am Kalvarienberg vorbei, an der »Schädelstätte« im Widder. Der Schädelhügel mit den drei Kreuzen zeigt die Vereinigung von IS (Jesus) mit EH und NOT zu Christus, wie das die CHR-Rune (Christus) und der Hagalkristall zeigen.

Die Christus-Rune

»Am Fuße des Kreuzes ist die Quelle des Lebens« lesen wir und schauen nach. Wir finden ein Osterei. Das buntbemalte Ei hat ein Osterhase gebracht, der eigentlich Oster ᛡ Ase heißt und der Widder-Thor ist. Der Osterhase Thor ist als Widder identisch mit dem Osterlamm, und schon ist es uns klar, daß der Osterhase die Frühjahrsausgabe vom Christkind ist. Dieses Osterei hat John Dee im Jahre 1564 als Monas Hieroglyphica sehr genau beschrieben.

Die Zunft der Toren ist uralt und ehrwürdig, John Dee war ein Tor. Sein Weltei zeigt mercurius im Ei kurz vor der Geburt. Das ist der Baum des Lebens in Samenform und zeigt die Erhöhung von Sonne und Mond in Widder und Stier. Wir müssen dieses Ei ausbrüten und die zarte Pflanze in der Erde verwurzeln oder verankern.

Der Baum des Lebens erlöst vom Fall, der seit dem Baum der Erkenntnis besteht. Infolge des Eingreifens der Alten Schlange als Schlangenjungfrau trennten sich dort Jungfrau, Waage und Skorpion, bzw. ihre Planeten Merkur, Venus und Mars. Seither führt die Erkenntnis (Merkur) ein

mercurius
Der Baum des Lebens

selbständiges Leben, während Mann (Mars) und Frau (Venus) ebenfalls jeweils ihr eigenes Leben führen. Nur in den kurzen Momenten der Erkenntnis können Mars, Venus und Merkur zusammenkommen, um sich gleich wieder zu trennen. Der alleingelassene Merkur ist ohne Moral und wütet als niederer Merkur: als Dieb, Kaufmannsgesinnung und Materialismus in unserer Welt. Er ist ein übler Bursche, auch wenn er nichts dafür kann.

Durch den Baum des Lebens erhöhen Mars und Venus als Widder und Stier die Sonne und den Mond und gebären aus BAR mit Hilfe Thors mercurius. Die Vereinigung von Widder (Mars) und Stier (Venus) erzeugt mercurius, den höheren Merkur. Er ist weder männlich noch weiblich sondern zweigeschlechtig, sein Name ist auch Hermaphroditos. Dieser Name zeigt, daß mercurius das Kind von Venus (Aphrodite) und Merkur (Hermes) ist. Er ist somit ein Kind von zwei Vätern und einer Mutter, denn auch Mars ist ja sein Vater. In mercurius können sich die drei getrennten Planeten (Mars, Venus und Merkur) erneut und für lange Zeit vereinigen, die abgetrennten Merkur-Kräfte sind wieder mit dem Leben vereinigt und arbeiten nicht mehr lebensfeindlich, Mann und Frau erkennen sich selbst als zweigeschlechtig und ihre Verbundenheit mit Himmel und Erde versetzt sie ins ewige Leben der Welt.

Die Kreuzigung erfolgt im Widder, zu Pfingsten (Stier) geschieht die Ausgießung des Heiligen Geistes. Zu dem berechtigten Einwand, daß die Pfingstzeit aber oft in das

Tierkreiszeichen Zwillinge fällt, ist zu sagen: Das Osterfest ist symbolisch gesehen das Fest des Frühlingsbeginns. Jesus Christus am Kreuz ist das Lamm Gottes, astrologisch also der Widder. Entsprechend steht das Tierkreiszeichen Stier für das Pfingstfest, auch wenn dieses infolge der jährlichen Berechnung oft in die Zeit der Zwillinge fällt. In einem Jahr mit frühem Vollmond nach Frühlingsbeginn fällt Ostern in den Widder und Pfingsten in den Stier. Aus diesem Grunde werden die zwei Feste symbolisch richtig mit Widder und Stier gleichgesetzt. Das Pfingstfest dem Tierkreiszeichen Zwillinge zuzuordnen bedeutet geradezu, der intellektuellen List des Tricksers Merkur zu erliegen. Der Heilige Geist ist weiblich, und sein Symbol, die Taube, gehört ebenso zum Venuszeichen Stier wie der »Pfingstochse». Symbolisch richtig steht allerdings das Osterfest Anfang Widder und das Pfingstfest Ende Stier (50 Tage). Damit kommt Pfingsten in die Nähe der Zwillinge. Die Christus-Rune im Tierkreis faßt all diese Aspekte zusammen: Die Kreuzigung wird durch Null Grad Widder dargestellt (Jesus in NOT) und die Ausgießung des Heiligen Geistes durch 30 Grad Stier, welcher Punkt mit dem obersten Punkt im Tierkreis (Himmel) in Verbindung steht. Durch Christus werden also (u.a.) die Planeten Mars, Venus und Merkur und somit das Leben mit der Erkenntnis vereinigt.

Im Widder wird die in der Waage gefallene Sonne am Kreuz erhöht, den im Skorpion gefallenen Mond erhöht der Stier als Schale zum Empfang des schöpferischen Wortes: mercurius ist der logos spermatikos. Die Christus-Rune ᛯ zeigt die Verbindung des Himmels und der Erde zu Pfingsten.

Ein anderer Tor, Michael Maier, beschreibt im Jahre 1618 in Atalanta Fugiens das Geheimnis zwischen Ostern und Pfingsten mit Hilfe der griechischen Mythologie.

Wie der Hammer Thors die Bar-Mutter am Kopfe des Tierkreises spaltet, spaltet er auch den Kopf des Göttervaters Zeus. Thor ist auch hier, wie in der Tierkreissymbolik, nur einer der Väter, er (Mars) ist eher Geburtshelfer als Zeuger. Der Text zum Bild bei Michael Maier heißt:

Emblema XXIII. *De secretis Naturæ.* 101
Aurum pluit, dum nascitur Pallas Rhodi, & Sol concumbit Veneri.

»Es regnet Gold dieweil Pallas wird geboren zu Rhodos und die Sonne bei Venus liegt.«

Die Sonne liegt bei Venus im Stier, d.h. zu Pfingsten. Die Kopfgeburt (Widder) findet also zwischen Widder und Stier, zwischen Ostern und Pfingsten statt, zusammen mit einem Goldregen, der die Ausgießung des Heiligen Geistes bedeutet. Pallas Athene ist ebenfalls ein zweigeschlechtiges Wesen, wie es ihr phallischer Name zeigt. Sie ist in der christlichen Mystik als Sophia, die Himmlische Braut, bekannt und ist die weibliche Erscheinungsform des mercurius. Die Rune des Göttervaters Jupiter (Fa-Rune) zeigt genauso wie die Bar-Rune, daß die Geburt von Sophia (mercurius) nur durch die Vereinigung der Jupiterkräfte (Fische) mit den niederen Merkurkräften möglich wird.

Bezogen auf die Weltgeschichte muß der Vorzeitschatten der Zwillinge mit dem Geist der Fische-Zeit vereinigt werden, bevor wir zum Baum des Lebens gelangen.

Die Vater-Rune

An der Geburt des mercurius sind alle Kräfte, sowohl die hellen wie auch die dunklen, gleichermaßen beteiligt. Er soll alle Gegensätze aussöhnen, den vertikalen Gegensatz zwischen Himmel und Hölle auf der horizontalen Ebene der Erde austragen und die ewige Not der Erkenntnis in das ewige Leben wenden. Fest verankert in der Erde empfängt merkurius den Geist von oben und verbindet so alle Bereiche, wie auch sein Symbol Erde, Mond und Sonne verbindet. Im Tierkreis bestimmt er das sechste Chakra, das Stirnauge oder das dritte Auge, durch dessen Intuition der Mensch die Sendungen des Geistes (7. Chakra) erfassen und durch die Sprachgabe (5. Chakra) ausdrücken kann. So kann man durch die Erkenntnis des Todes zur Erkenntnis des ewigen Lebens gelangen, und der Tod verliert seinen Schrecken.

Die Fa-Rune zeigt uns in aller Deutlichkeit, daß wir auch Kinder der Alten Schlange sind.* Diese Erkenntnis hilft uns, die abgefallene Schlangenjungfrau, den niederen Merkur als Merkurius zu integrieren. IS ist Jesus und die Schlange zugleich, IHS ist die Vermählung mit der Schlange. Eine rätselhafte Hieroglyphe über dem östlichen Tor drückt diesen Tatbestand folgendermaßen aus:

Das Zeichen der Schlangenjungfrau versinnbildlicht die ehemalige (unbewußte) Vereinigung der Tierkreiszeichen Jungfrau, Waage und Skorpion bzw. der Planeten Merkur, Venus und Mars. Nach dem Sündenfall werden Mann und Frau, Gut und Böse sowie Leben und Erkenntnis voneinander getrennt. Wollen wir all diese Gegensätze nun bewußt erneut vereinigen – welche Vereinigung dann mit dem Symbol des Merkurius ausgedrückt werden kann – so ist dies nur durch die Vereinigung der unteren dunklen mit den oberen hellen Mächten möglich. Genau diese (ketzerische!) Vereinigung wird durch das mittlere Zeichen IS (Dollar- und Arztzeichen) dargestellt. Das Bild der am Stab emporkletternden Schlange ist ein zusammengezogenes Zeichen des Namens Jesu (IS). Andererseits ist es eben die Alte Schlange (S = Satan), die an der Weltachse (I) entlang nach oben kriecht. Im menschlichen Mikrokosmos entspricht dem das Bild der Kundalini-Schlange entlang der Wirbelsäule. Das Ganze gipfelt in der Erkenntnis: Der Verführer ist der dunkle Bruder des Gottessohnes. Interes-

* Die Fa-Rune (Vater-Rune) verläuft von unten nach oben und bringt so die unteren dunklen Kräfte auf die Erde.

sant in diesem Zusammenhang ist es, daß der Jesuitenorden gerade dieses Emblem zu seinem eigenen machte. Denn IHS ist in der Bedeutung mit IS identisch, da das H lediglich ein verbindendes Zeichen ist.

IHS	=	Jesus Habemus Socium
IS	=	$ = Ich Ist = Ich Schlange
ICH	=	I(esus) CH(ristus) = Schlange = IS

Gnostisch dargestellt durch das Bild der erhöhten (gekreuzigten) Schlange:

*

Sobald wir die Gralsburg durch das östliche Tor betreten, dreht sich die Burg sanft um 30° nach rechts und erreicht ihre ursprüngliche Lage. Die Sonne rollt in die Schale des Mondes, und die weiße Gralsburg erstrahlt im leuchtenden Rot.

Das Horoskop liegt nun so, daß das fixe Kreuz mit Löwe oben die Ausrichtung bestimmt. Ab jetzt verläuft die Zeit umgekehrt, die Rechtsläufigkeit bedeutet die Gleichschaltung mit dem Zeitgeist. Vergangenheit und Zukunft fallen in der Gegenwart des fixen Kreuzes zusammen, und dieses bedeutet sowohl die Erinnerung an vergangene goldene Zeiten (Stier) wie auch die Hoffnung auf die Zukunft der Wassermannzeit. Die Lichter sind umgestellt, und der

Mensch, der sein Leben nach diesem Horoskop ausrichtet, ist ein Tor.

Der Spieler hat alles verloren und ist nun frei. Das persönliche Schicksal hat sich aufgelöst und ist im langsamen Lauf des Weltenjahres eingebettet. Die Zeit vergeht so langsam, daß sie zu stehen scheint, doch sie verläuft jetzt in die richtige Richtung. Die Hektik der Welt ist in weite Ferne gerückt, nur ein Vogel zwitschert vergnügt in den Wind.

Die Zweifel der Reinigungsphase sind dem Toren unbekannt, denn er ist einfältig und dennoch kein Idiot. Der Baum des Lebens ist der Weg ins einfache Leben, das zugleich durch seine Vielfältigkeit erfreut. Die Erkenntnis brachte die Zweifalt, die Zweiheit und den Zweifel, den Verlust der ursprünglichen Einheit. Der Tor sieht die Dreifältigkeit und diese ist die wiederhergestellte Einheit. Seine Einfalt ist daher göttlich und über allen Zweifel erhaben.

Beim Betreten der Gralsburg durch das Tor des Lebens heult der Wind und spricht: »Wie der Salamander lebt im Feuer, also auch der Stein.« Der Tor hat die alchemistische Stufe des Feuers erreicht und erblickt die innere Gralsburg in Form von zwei ineinandergeschobenen Tetraedern. Der Kristall, der alle Gegensätze in sich vereinigt, lodert im hellen Rot, die Erde brennt in reinem Feuer. Dieses Feuer ist noch nicht die Rote Erde, wenn es auch ein Stadium kurz davor darstellt. Will der Tor immer noch weiter, muß er die Feuerprobe bestehen. Verbrennt er nicht dabei, kann er die Erde vom Feuer trennen, so wird er den Gral erblikken und alles erreichen, was ein Mensch erreichen kann.

Ziehen wir uns etwas zurück, damit wir nicht vorzeitig verbrennen. Der Schlüssel zum Geschehen ist zweifellos Merkurius, weshalb wir ihn näher untersuchen müssen. Er ist zwischen Ostern und Pfingsten (Widder und Stier) aus Mars und Venus geboren, doch wie wir es bereits sahen, sind diese nicht seine alleinigen Erzeuger. Vielmehr sind alle Kräfte an seiner Geburt beteiligt, Merkurius vereinigt sie alle und bringt das Neue in die alte Welt. In der Planetensymbolik kommt ihm Uranus am nächsten, doch

»Salamander«

sollte man sich hüten, Uranus im Horoskop so zu deuten, als würde man den Geist Merkurius' bereits in der Tasche haben.

Die griechische Mythologie gibt uns interessante Hinweise, um der Abstammung und dem Wesen des Merkurius auf die Spur zu kommen. Uranos ist ein Urvater, der Saturn, Jupiter und den anderen Göttern vorangeht. Eine vereinfachte Betrachtung liefert folgende Verwandtschaftsbeziehungen:

Uranos	Urgroßvater	Jupiter	Vater
Saturn	Großvater	Andere	Kinder

Merkurius bekommt seinen Namen und seine Gestalt von Merkur, seine unmittelbaren Eltern sind Venus und Mars, hintergründig auch alle anderen Götter. Er ist zugleich Hermaphroditos, Pallas, Urania und Sophia. Merkurius ist der neue Gott, der als Uranus sein eigener Urgroßvater ist und als solcher seinem Großvater Saturn begegnet.

Um diese komplizierten Familienbeziehungen besser zu verstehen, werfen wir einen verstohlenen Blick in die innere Gralsburg. Wir blicken durch die obere schmale Tür nach unten und sehen die zwölf Planeten-Herren im Kreise sitzen, wie sie da gerade an der Erzeugung des Merkurius laborieren.

Der Kreis ist in zwei Hälften geteilt, es sind zwei Reiche, die wir als Runenkundige leicht erkennen. Links (Steinbock bis Löwe) ist das Reich der UR. Hier wohnen die Ureinwohner aus der Zeit vor der Sintflut (zwischen Löwe und Krebs). Der Sündenfall von Adam und Eva (Skorpion, Waage) reicht in diese alte Zeit zurück, wir sehen Atlantis, die Vergangenheit, zu der wir keine Verbindung mehr haben. In UR herrschen der Rote König (Sonne) und die Schwarze Königin (Steinbock-Saturn), unterstützt von den anderen Planeten.

Die rechte Hälfte des Kreises ist das Reich der BAR, hier wohnen die Barbaren, und es ist unsere Zeit. Die Zeit der Barbaren begann vor etwa 10000 Jahren mit der Sintflut im Krebs und wird noch bis zum Ende des Wassermannzeitalters andauern. In BAR herrschen die Weiße Königin (Mond) und der Schwarze König (Wassermann-Saturn), ebenfalls mit Hilfe der Unterstützung der anderen Planeten.

Die zwei Reiche UR und BAR sind einander nicht feindlich gesinnt, sie haben jedoch auch keine direkte Verbindung. Die Verbindung herzustellen heißt, das Reich UR-BAR zu machen, was eben mit Hilfe des Merkurius geschehen soll. Die Urbarmachung des Reiches wird in der Wassermannzeit zur dringenden Aufgabe, denn nach ihr begegnen sich erneut zwischen Wassermann und Steinbock die zwei Reiche. Soll das nicht in der Form einer neuen Sintflut geschehen, so muß die verlorengegangene Verbindung zu UR hergestellt werden.

Die zwei Reiche von UR und BAR

Steinbock und die Schwarze Königin Saturn verbinden die Vergangenheit mit der Zukunft. In uralten Zeiten vor dem Sündenfall war die Weltgeschichte im Steinbock und dorthin wird sie in etwa 2000 Jahren erneut eintreten. So ist hier der Bereich, wo unsere Vergangenheit zu unserer Zukunft wird, wir sehen Vergangenes als Zukünftiges vor uns. »Die Vergangenheit ist hinter uns her« – sagte der Mann nervös über seine Schulter blickend. »Aber nein, sie steht bereits vor uns« – antwortete die Frau. Diese Begegnung werden wir nur dann überleben, wenn wir aus der Vergangenheit lernend die Verantwortung für unsere Zukunft übernehmen, mit anderen Worten die Verbindung zwischen UR und BAR herstellen und sofort damit beginnen.

Die Vermählung von Sonne und Mond ist das höchste Ziel der Alchemie. Zur Zeit ist jedoch die Sonne mit der Schwarzen Königin verheiratet und lebt dazu im Exil der UR. Unsere Welt ist BAR und wird vom Königspaar Mond-Saturn regiert, der Schwarze König (nigedro) und die Weiße Königin (albedo) stehen der Schwarzen Königin und dem Roten König gegenüber. Die Aufgabe der Zukunft ist eine Umverheiratung der Herrscher.

Sonne = Roter König ⟷ Mond = Weiße Königin
(Löwe) (Krebs)

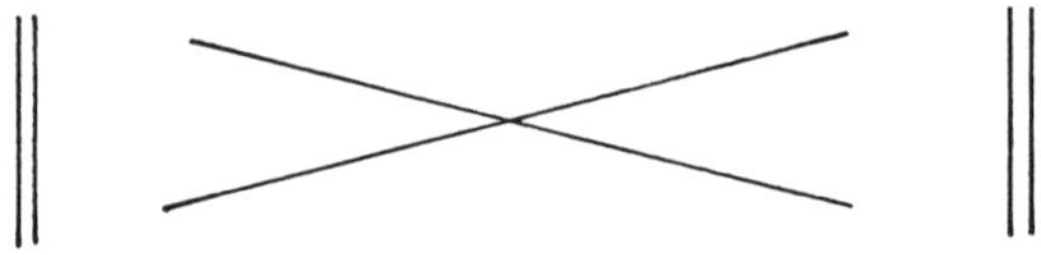

Saturn = Schwarze Königin ⟷ Saturn = Schwarzer König
(Steinbock) (Wassermann)

Dieses Problem ist der Alchemie als Heiratsquadrat bekannt. Die Vermählung von Sonne und Mond ist die Zubereitung des Steines, und im Hinblick auf unsere Zukunft auf diesem Planeten ist sie dringende Forderung.

Wir sahen, daß die Schwarze Königin Ursprung und Ziel zugleich darstellt. Sie ist die Alte Schlange, die in Gestalt der Schlangenjungfrau den Sündenfall (Skorpion, Waage) herbeiführte. Zweiheit und Zweifel kamen in die Welt und Bewußtsein zugleich. Die Erkenntnis wurde als Merkur vom Leben (Mars, Venus) abgetrennt, und mit der Sintflut (Löwe, Krebs) ging die Erinnerung an dieses UR-Geschehen endgültig verloren. Durch die Weiße Königin (Mond) und mit Hilfe des Merkur wirkt nun die Schwarze Königin in unserer Welt, und da dieser Merkur die Verbindung zur Sonne verloren hat, sind Erkenntnis und Leben getrennt. Der alte Sonnenkönig aus UR ist krank und soll nun mit Hilfe des Merkurius geheilt und sein verlorenes Reich erneuert werden.

Das Geheimnis jeder Vereinigung ist die Erkenntnis, daß die getrennten Teile im Ursprung identisch sind. So wie auf der horizontalen Ebene die Schlangenjungfrau und Merkurius nur zwei verschiedene Seiten der Vereinigung der Geschlechtspolarität sind, genauso verhält es sich vertikal mit der Trennung von Sonne, Mond und Saturn. Sonne und Mond können nur vereinigt werden, wenn wir erkennen, daß der Schwarze König und der Rote König, ebenso wie die Weiße Königin und die Schwarze Königin, identisch sind. Ist das erkannt, so bedeutet die zukünftige Verheiratung der Schwarzen Königin mit dem Schwarzen König (Steinbock und Wassermann) die Wiederherstellung der verlorenen Ehe zwischen Sonne und Mond.

Der Held, der den kranken König heilt, ist Merkurius. Seine Spur führt zurück nach UR. Unter den Planeten haben wir drei, die in ihren Namen die Verbindung nach UR ausweisen: Saturn, Merkur und Uranus.

Sat-UR-n	ist die Saat in Ur, der Same in Steinbock, woraus der Lebensbaum erwächst, der Großvater.
UR-anus	ist der Ur-Ahn, der Vater Saturns, der Urgroßvater.
Merk-UR	ist der Merker aus UR, der Zeuge.

Merkur, der Zeuge aus UR, muß nun Zeugnis ablegen. Er wird mit Hilfe aller Planeten als Merkurius wiederhergestellt und bezeugt so die Verbindung zum UR-König Sonne in BAR. Merkurius kommt als Merk-uranus, der sein eigener Urgroßvater ist. Er hat die Ahnenkette in sich geschlossen und damit die Vergangenheit mit der Zukunft vereint. Als Uranus erscheint er in Wassermann als neuer Herrscher, wo er den alten Herrscher, den Schwarzen König Saturn antrifft. Uranus trifft also in Saturn seinen Großvater, der aber zugleich sein Sohn ist.

Diese verzwickte familiäre Lage ist nur möglich, weil unten an der Wurzel des Lebensbaumes Vergangenheit und Zukunft sich begegnen. Uranus und Saturn sind eins, dann sind aber der Rote König und der Schwarze König ebenfalls eins, der kranke König ist geheilt, Sonne und Mond können vereinigt werden.

Der Tor erkennt, daß die Zukunft auf die Vergangenheit zuläuft. Das ist die uranische Erkenntnis der Wassermannzeit, die uns klarmacht, daß unsere Zukunftsvorstellungen zur Vergangenheitsnachahmung werden, wenn wir den Widerspruch der Zeit nicht lösen. Vergangenheit und Zukunft lassen sich nur in der Gegenwart vereinen, die beste Vorstellung von der Zukunft ist eine neue Einstellung in der Gegenwart – genau das will der Wassermann und mit ihm alle Toren.

ROTOR

VIII. Uranus oder Achtung gebührt dem Urahnen

Die Vermählung von UR und BAR, die URBAR-Machung des Reiches, ermöglicht uns einen tiefen Blick in das Weltgeschehen. Wir finden den Anschluß an unsere UR-Vergangenheit und damit auch an eine mögliche Zukunft, die mit diesem Anschluß frucht-BAR, ohne ihn jedoch furcht-BAR sein wird. Die Frucht der BAR ist die Frucht des Baumes des Lebens: Merkurius; die Furcht der BAR ist die Angst vor der Zukunft, vor der Schwarzen Königin Steinbock-Saturn. Wenn der vor Urzeiten gesetzte Same des Saturn nicht aufgeht, wenn der Baum des Lebens unfruchtbar bleibt, ist unsere Angst berechtigt. Der furchtbare Saturn wird dann wirklich seine unfruchtbaren Kinder auffressen, und diese sind wir. Der Baum der Erkenntnis allein hilft uns nicht mehr weiter. Wir können unsere wissenschaftlichen Erkenntnisse noch so sehr vermehren, während die unwissenschaftlich eingestellten Völker durch die Erkenntnis auf eine Bevölkerungsexplosion zusteuern, ohne den Baum des Lebens bleiben wir alle unfruchtbar und werden gefressen.

Der heutzutage in der Politik so hochgespielte Konflikt zwischen Ost und West ist im Tierkreis der Konflikt zwischen dem Baum des Lebens und dem Baum der Erkenntnis. Wir sollten dieses horizontale Problem lösen, denn es verdeckt das wahre Problem der künftigen Wassermannzeit: den Konflikt zwischen Nord und Süd, den vertikalen Konflikt zwischen Sonne und Saturn. Die Zukunft kann erst beginnen, wenn Russen und Amerikaner und all ihre Freunde endlich gemeinsame Freunde werden, dann erst können wir die wirklichen Aufgaben sehen, und diese sind auch ohne dieses phallische Raketen-Theater groß genug.

Die Vereinigung von UR und BAR, die Vermählung von Sonne und Mond, geschieht mit Hilfe des Malkreuzes, der

GIBUR-Rune. Immer, wenn die stehende Ordnung (Hagal-Rune oder das stehende Kreuz) versagt, muß das geheime Schrägkreuz eingreifen und durch die Umstellung der Werte neue Ordnung bringen. GIBUR ist der Ur-Geber, der die verlorene Ordnung erneut auf den Urgrund stellt. Die Gibur-Rune bestimmt im Tierkreis das labile Kreuz, das Kreuz von Merkur und Jupiter. Bezogen auf unsere Wassermann-Zukunft ist dieses Kreuz das Problem der jetzt auslaufenden Fische-Zeit: Die Eintrittskarte für die Zukunft ist die Synthese zwischen Merkur und Jupiter, zwischen Verstand und Vernunft, zwischen Zweck und Sinn. Auch dies ist Merkurius, die Frucht vom Baum des Lebens.

Die Planeten-Ordnung in UR zeigt die Ordnung des Sonnensystems. Die Planeten kreisen im Weltall um das Zentralgestirn Sonne in der Reihenfolge, wie sie dort von oben nach unten angegeben ist, wobei die Erde durch die Horizontale zwischen Venus und Mars dargestellt ist.

Involution ↓			Evolution ↑
	Sonne	Geistwesen	
	Merkur	Erzengel	
	Venus	Engel	
	Erde	Mensch	
	Mars	Tier	
	Jupiter	Pflanze	
	Saturn	Mineral.	

Die Involution oder der Abstieg des Geistes in den Stoff ist die Schöpfung. Astrophysikalisch ist das die Entstehung des Planetensystems aus der Sonne, das Hinausschleudern des Saturn und der anderen Planeten, symbolisch ist das der Engelsturz, der Fall Luzifers. Jede Schöpfung ist ein Fall, und dieser Urfall oder Urknall liegt in der Urzeit, vor der Zeit.

Erst nachdem der Fall der Fall ist, kann die Evolution einsetzen, die Vergeistigung des Stoffes, die Rückkehr zum Ursprung. Der Ursprung ist die Sonne in UR, von dort sprang Saturn und mit ihm die Welt in die Tiefe, um gereift dorthin wieder heimzukehren – das ist die Entwicklung. Die evolutionäre Entwicklung verlief durch lange Ur- und Vorzeiten, bevor sie die Stufe des Menschen erreicht hatte, und sie war und bleibt stets ein Zusammenwirken aller Ebenen der Welthierarchie. Durch den Sündenfall haben wir mit einem Bein das Tierreich verlassen, und auch dieser Akt war das gemeinsame Werk aller Reiche. Jupiter gebar Venus und schaffte damit die Voraussetzung zum Eingreifen Saturns, der so die Mars-Venus-Kräfte aktivieren konnte. Die Frucht vom Baum der Erkenntnis ist Merkur, die selbständig gewordene Erkenntnisfähigkeit des Menschen, in deren Folge der Herrgott Sonne Adam und Eva aus dem Paradies vertrieb. Der Sündenfall verliert sich in der Zeitlosigkeit der UR. Von einer Geschichte in der Zeit können wir erst in BAR sprechen, sie beginnt zwischen Löwe und Krebs mit einem Ereignis, das als die Sintflut beschrieben wird. Diese Geschichte ist die Geschichte der Menschheit, unsere Weltgeschichte, sie ist jedoch nicht die Geschichte der Evolution.

In der Evolution spielen wir nur eine bestimmte Rolle, wie jedes andere Reich seine eigene Rolle spielt. In der evolutionären Entwicklung befinden wir uns immer noch zwischen Mars und Venus, zwischen den Stufen des Tieres und des Engels. Seitdem wir vom Baum der Erkenntnis gegessen haben, stehen wir mit einem Bein im Menschenreich, mit dem anderen Bein jedoch sind wir noch im Tierreich. Erst durch den Baum des Lebens können wir die Stufe des Tieres ganz verlassen, dann erst sind wir ganz Menschen geworden. Seit 4000 Jahren (damals war der Frühlingspunkt zwischen Stier und Widder) steht uns das östliche Tor mit dem Baum des Lebens offen, Jesus Christus war vor 2000 Jahren der letzte Weltenlehrer, der uns das klarmachen wollte. Statt durch das Tor zu gehen, schleichen wir uns jedoch um diesen Baum, wie die Katze um den heißen Brei, und wir haben noch 2000 Jahre Zeit (Wassermann-Zeit) zum Schleichen, dann aber nicht mehr.

In 2000 Jahren beginnt die Steinbock-Zeit, und UR und BAR treffen dort erneut zusammen. Die Weltgeschichte (BAR) muß dann mit der Evolution (UR) im Einklang stehen, ansonsten werden wir als Versager ausgelöscht. 2000 Jahre sind ein Monat im Weltenjahr, das ist die Zeit, die uns bleibt, und es sieht nicht sehr rosig aus, denn wir sind im Laufe der Geschichte einige Male sitzengeblieben.

Um Engel zu werden, bräuchten wir ein drittes Bein, noch besser Flügel. Schon daraus ist klar zu ersehen, daß wir keine Möglichkeit haben, aus eigener Kraft einen vollen evolutionären Schritt zu tun. Beim Sündenfall bekamen wir ein menschliches Bein, die Erkenntnis. Das zweite Bein, nämlich die Erkenntnis lebenswert anzuwenden, können und müssen wir selbst erarbeiten, das ist der

Baum des Lebens. Sind wir durch die Vereinigung von Erkenntnis und Leben zweibeinige Menschen geworden, werden wir wiederum mit fremder Hilfe einen Flügel bekommen. Dann werden wir ahnen, wie Engel leben, und wir erhalten die Möglichkeit, den zweiten Flügel aus eigener Kraft zu erarbeiten, und dann erst dürfen wir endlich fliegen.

Die Evolution erhebt uns also dann, wenn wir soweit sind, niemals früher. Auf der Seite der Evolution sind wir Geschöpfe, die erhöht werden können, wir sind jedoch keine Schöpfer, die aktiv in die Entwicklung eingreifen könnten. Schöpfer sind wir dort, wo wir involutionär tätig sind, jedoch so, daß unser Tun mit der Evolution im Einklang steht. Die Planetenordnung im Tierkreis zeigt den Weg in aller Klarheit. Die linke Seite (UR) ist die Evolution, sie verläuft von unten (Saturn) nach oben (Sonne). Die rechte Seite (BAR) ist unsere Weltgeschichte, sie verläuft von oben (Mond) nach unten (Saturn), das ist die Richtung der Involution, und das ist das Feld, wo wir als Schöpfer im Sinne der Evolution tätig werden können. Der Tierkreis zeigt uns beides: Was wir in der Zeit tun müssen (BAR), und in welchem zeitlosen Sinne wir es tun müssen (UR). Tun wir es also möglichst bald, denn wir sind als Menschheit soeben 35 Jahre alt geworden, und das ist das marsische Alter der Tat. Die Tat, die auf die Erkenntnis folgt, ist die Frucht vom Baum des Lebens, und diese Frucht ist reif genug und schon bald überreif. Was also ist zu tun?

BAR ist der Born des Lebens. Zwischen Stier und Widder wird Merkurius geboren, zwischen zwei Bergen bei Sonnenaufgang. Im Sonnensystem liegt dort, zwischen Venus und Mars, die Erde, sie wird durch die Geburt von Merkurius erleuchtet und befruchtet. Merkurius gehört insbesondere der Kette Sonne-Merkur-Uranus an, er bringt die Sonnenkraft auf die Erde und erlöst diese von der nur irdischen Sicht, die seit dem Sündenfall besteht. Somit können wir die Sonne statt der Erde für die Horizontale zwischen Venus und Mars einsetzen, und wir erhalten für die rechte Seite des Tierkreises die chaldäische Planetenreihe, die die Planeten nach ihrer Geschwindigkeit aufzählt:

Mond Merkur Venus Sonne Mars Jupiter Saturn

Diese wahrhaft universale astrologische Reihe ist die unerschöpfliche Quelle der astrologischen Wirklichkeitsbeschreibung. Das ist die Ordnung der Heiligen Sieben, der sieben Strahlen, der sieben Chakras, der sieben Schwaben und der sieben Zwerge hinter den sieben Bergen. Mit ihrer Hilfe können wir viele alchemistische Zusammenhänge besser verstehen, die Ordnung der Wochentage begreifen, jeglichen zeitlichen Prozeß erfassen und noch manches andere. Wir wollen sehen, wie weit uns die chaldäische Reihe Aufschluß über die persönliche Entwicklung im Leben des einzelnen gibt und welche Folgerungen sich daraus für die kollektive Entwicklung der Menschheit ergeben.

MOND

Die Weltentrennung in UR können wir dreistufig verstehen. Mit dem Engelsturz trennen sich Sonne und Saturn, Geist und Stoff. Für den Menschen erkennbar wird diese Trennung erst durch den Sündenfall, der Venus und Mars, Frau und Mann trennt. Als Folge der zweifachen Trennung ergibt sich die dritte Polarität von Merkur und Jupiter, diese stellen den Verstand und die Vernunft dar und spielen vor allem eine Vermittlerrolle.

Nach dieser dreifachen Trennung ist der Mensch in die sublunare Welt, in die Mondwelt gestellt. Das ist BAR, wo die Weltgeschichte mit dem Mondzeichen Krebs beginnt, um im Laufe der Zeit das Getrennte zu vereinigen. Ebenso setzt die individuelle Geschichte jedes einzelnen beim Mond ein und verläuft parallel zur Weltgeschichte. Die große Möglichkeit, die jeder einzelne von uns zur Verfügung hat, ist, die Weltgeschichte im Rahmen des individuellen Lebens zu überholen und damit ein für die Zukunft der Menschheit wegweisendes Leben zu führen.

Mit der Geburt betritt das Kind die Mondwelt. Es lebt noch in vollkommener Symbiose mit der Mutter und sollte auch nicht sofort von ihr getrennt werden. Im Horoskop eines Kindes bedeutet der Mond beides: Mutter und Kind, noch sind sie in der Einheit. Das astrologische Symbol Mond ist nicht einfach zu verstehen, es hat eine zweifache Bedeutung, der Mond ist alles und nichts zugleich. In Gegenüberstellung zum Sein der Sonne bedeutet der Mond den Schein, den Schleier der Maja, die unwirkliche Realität der stofflichen Welt. Insofern bedeutet er nichts (wesentliches). Der Mond ist jedoch auch alles, denn er liefert den Bau- und Gestaltungsgrund, wodurch der Geist überhaupt erst sichtbar und begreifbar werden kann.

Die herkömmliche Interpretation des Mondes als Gefühl beschreibt ein tastendes Bewußtsein, das noch nahe am Unbewußten im kollektiven Bereich beheimatet ist. Das ist das kollektive Bewußtsein des Kleinkindes und auch der Volksmasse, wie man es z.B. bei Versammlungen von vielen Menschen studieren kann. Ein Mensch, der sein ganzes Leben lang in kollektiven Vorstellungen stekkenbleibt und seinen Schein (Persona) mit seinem Sein verwechselt, lebt fast ausschließlich seinen Mond. In einer altersgemäßen Entwicklung bestimmt der Mond die ersten sieben Lebensjahre, in einem weiteren Sinne das erste Lebensdrittel von 28 Jahren, wonach er nicht mehr die Hauptrolle spielen sollte. Dann sollte er zum notwendigen Gefäß werden, das die individuelle Sonnenkraft aufnehmen und gestalten kann.

MERKUR

Mit sieben Jahren gesellt sich Merkur zum Mond. Mit dem Sündenfall kam die Trennung vom Paradies und damit das Unterscheidungsvermögen und die Erkenntnisfähigkeit des Menschen. Das sind die merkurischen Kräfte, die das Kind im Schulalter ab dem siebten Jahr zu lernen hat. Merkur ist das intellektuelle Bewußtsein, die Entwicklung des Verstandes und des Denkens ist der erste Schritt der Loslösung von der Mond-Mutter. Merkur ist der »Mond der Sonne« (Kepler). Der Verstand widerspiegelt also den Geist, er ist jedoch nicht mit dem Geist identisch. Da der Merkur ein großer Verführer ist, verleitet er viele Menschen zu dem Glauben, der Intellekt sei der Geist selbst. Das ist ein tragischer Irrtum, dessen Folgen wir gerade in der heutigen Welt überdeutlich sehen können. Menschen, die in der seelischen Entwicklung auf der Merkur-Stufe stehenbleiben, sind Schulkinder, auch wenn sie inzwischen Universitätsprofessoren geworden sind. Die Gefahr des Merkur ist der Größenwahn und in der Folge eine seelen- und geistlose Welt. Kalte, »wissenschaftliche« Erkenntnis endet immer in Lebensfeindlichkeit. Die positive lichte Seite des Merkur wird erst sichtbar und fängt zu wirken an, wenn der Mensch (und die Menschheit) das Sonnenstadium erreicht, dort fallen Erkenntnis und Leben erneut zusammen.

VENUS

Die verstandesmäßige Trennung von der Mond-Mutter wird in der Pubertät ab dem 14. Lebensjahr durch die Geschlechtsreife weiter vorangetrieben und auch auf sinnlich-körperliche Bereiche ausgeweitet. Während die Entwicklung des Denkens bereits in der Merkur-Phase beginnt, setzt die bewußte Entwicklung der Sinne erst jetzt richtig ein. Venus bedeutet bereits ein Geschlechtsbewußtsein, wenn auch noch in einer passiven und leidenden Form. Neben dem Ideal der Klugheit erscheint das der Schönheit, und das kann manche »häßlichen Entlein« in diesem Alter zur Verzweiflung bringen. Auch auf der Venus-Stufe kann man stehenbleiben, es sind dies z.B. die fünfzigjährigen Männer, die immer noch zwanzigjährigen Mädchen nachjagen.

Lebensalter & Bewußtsein*

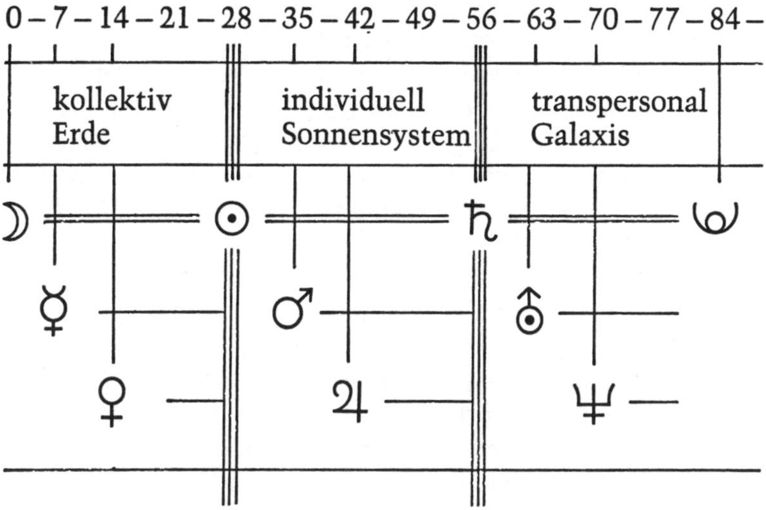

* Dieses Diagramm einer altersgemäßen Lebensentwicklung basiert auf dem klassischen 7-Jahre-Rhythmus, der bereits in Verbindung mit dem Tierkreis besprochen wurde. Bei einer angenommenen Lebensdauer von 84 Jahren (12 × 7) erhalten wir drei Lebensdrittel von je 28 Jahren, die der Jugend, der Reife und dem Alter entsprechen und den Planeten Mond, Sonne und Saturn zugeordnet werden können. Aus kosmischer Sicht entsprechen die Lebensdrittel jeweils einem Bewußtsein, das die Erde, das Sonnensystem und die Galaxis umfaßt, in der psychologischen Sprache: kollektives, individuelles und transpersonales Bewußtsein. Innerhalb eines Drittels von 28 Jahren kann man mit Hilfe der anderen Planeten weitere Unterscheidungen vornehmen, wie dies die Tabelle zeigt und im Text behandelt wird. So kann man in einem ideal verlaufenden Leben zum Beispiel erst mit 63 mit dem vollen Einsetzen der zur Verfügung stehenden uranischen Intuition rechnen (im negativen Fall wird es sinnlose Sprunghaftigkeit sein), und erst mit 70 Jahren mit dem Auftreten der potentiellen Hellsichtigkeit (im negativen Fall mit Schwachsinn), die mit Neptun in Zusammenhang steht. Selbstverständlich können die angegebenen Stufen des Modells früher oder später oder auch nie erreicht werden, es handelt sich hier um eine Idealvorstellung.

Um das 28. Lebensjahr steht der Mensch vor dem Scheideweg. Das erste Drittel des Lebens ist vorbei, und er muß sich entscheiden, ob er weiterhin den kollektiven Mondweg gehen will, oder ob er durch die zweite Geburt seine individuelle Sonnenwiese betreten kann. Sonne ist das eigentliche Ich-Bewußtsein, und der Mensch muß jetzt seine Mond-Eltern verlassen (nicht verleugnen). Gelingt die zweite Abnabelung, so wird der Mensch wesentlich freier, er trägt jedoch ab sofort auch mehr Verantwortung: Alles, was er jetzt tut, verändert sein Karma, während er bis jetzt »unschuldig« leben konnte, denn er war eigentlich ein Kind. Der Durchbruch zur Sonne ist nicht leicht, und die Gesellschaft dient dem Mond und ist gegen die Sonne. Man kann auch nicht sagen, daß das Erreichen des Sonnenstadiums das Leben leichter macht, denn schwimmen mit dem Strom des Volkes ist immer leichter als der mühsame Weg gegen den Strom zur Quelle. Aus diesen Gründen lassen viele Menschen ab vom Sonnenfeuer und plätschern vergnügt oder verbissen in den lauen Gewässern des Mondes. Andere suchen den Weg zur Sonne und manche finden ihn auch.

MARS

Die Kraft des Mars, ab dem 35. Lebensjahr, symbolisiert die Entfaltung der individuellen Tatkraft. Die individuelle Tat bedeutet eine Aufgabe, die der Mensch jetzt suchen muß und finden kann. Mars ist die für die Tat notwendige Energie, die Lebensenergie oder Libido. Diese steht nur dann zur Verfügung, wenn keine unbewältigten Venus-Kräfte sie festhalten. Mars ist sozusagen die aktive Seite der Venus, das aktive Geschlechtsbewußtsein, das die sublimierte Geschlechtskraft für die individuelle Tat liefert.
35 ist das Alter der heutigen Menschheit. Das Studium der Seele von aufgeweckten 35jährigen könnte uns weiterhelfen, freilich vorausgesetzt, daß jene in der altersgemäßen Entwicklung stehen. Wir würden feststellen, daß wir als Menschheit noch nicht einmal das Sonnenstadium er-

reicht haben, vielleicht würden wir dann nachdenken und versuchen, das Versäumte nachzuholen. Wir sind heute 35jährige, die noch zu Hause bei der Mama wohnen. In der planetarischen Symbolik entspricht dem eine gespannte Mars-Mond-Verbindung, die im besten Fall starke Launen, schlimmstenfalls aber schwere Hysterie bedeuten kann. Es ist der negative Mutterkomplex des alternden Sohnes, der nicht von seiner Mutter lassen kann. Die Folge ist, daß wir unsere Mutter, das ist die Erde, mißhandeln, schlagen und ausbeuten. Wenn wir so weitermachen, werden wir sie bald als fressende Mutter erleben, die uns dann tatsächlich verschlingt.

Die Kräfte des Mars können nur konstruktiv wirken, wenn wir uns der Sonne zuwenden, das heißt, wenn wir uns endlich wenigstens als 28jährige benehmen. Wie man das macht, versuchte z.B. Jesus Christus bereits vor 2000 Jahren zu zeigen, worauf warten wir eigentlich immer noch?

JUPITER

Mit 42 erreicht der Mensch die Mitte des Lebens, unabhängig davon, wie lange er tatsächlich leben wird. Er sollte jetzt vernünftig werden, wobei hier Vernunft mehr als nur eine müde Anpassung bedeuten soll. Mit Jupiter muß der Sinn gefunden werden, und dieser ist nicht durch quantitative Mehrung zu finden. Die Vermehrung der Menge führt in diesem Alter zu Fettleibigkeit oder Herzinfarkt, der Sinn hingegen entsteht durch Veränderung der Einstellung und der Zielrichtung. Den Scheideweg mit 28 haben wir an früherer Stelle mit dem Symbol des Y dargestellt. In der Jupiterzeit des Lebens ist die maximale Vergabelung des Y erreicht, die höchstmögliche stoffliche Entfaltung nach außen sollte erreicht und gewendet werden, will der Mensch später nicht fallen. Gelernt werden muß jetzt die Synthese aller bisher getrennten Gegensätze zwischen Innen und Außen, Ich und Du usw. Die Vergabelung des Y muß langsam wieder geschlossen werden, damit der Anschluß der gesammelten Lebenserfahrungen an die ursprüngliche Richtung später mühelos gelingen kann.

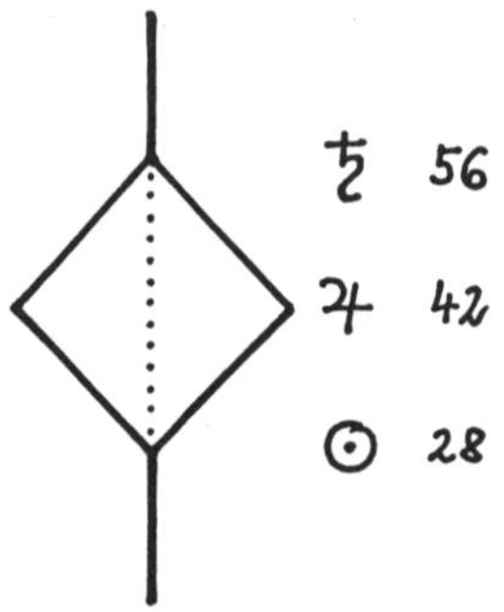

So wie die Integration der Mars-Kräfte nur mit Hilfe der Venus erreicht werden kann, gelingt die Synthese auf der Jupiter-Stufe nur, wenn Merkur dabei nicht allzu sehr stört. Kausales Denken und logische Erklärungen des Merkur reichen jetzt nicht mehr; um den Sinn zu finden, muß die Welt vernünftig betrachtet und ihre Erscheinungen behutsam gedeutet und ausgelegt werden. Merkur allein ist sinnloser Verstand, zusammen mit Jupiter wird er zum Sinn, den man auch versteht und also verwirklichen kann.

SATURN

Die Saturn-Stufe beginnt mit 56, der Mensch hat zwei Drittel seines Lebens vollbracht und muß sich jetzt auf das letzte Drittel, auf das Alter vorbereiten. Saturn ist die schmale Tür (Tyr-Rune in der vorangestellten Zeichnung), der Hüter der Schwelle nimmt alles weg, was der Mensch nicht freiwillig und leichten Herzens hergeben kann. Das Leichentuch hat keine Taschen, und nur wer einsieht, daß alles, was er hat, nichts wert ist, kann mit Saturn gut Freund werden. Saturn ist der Herr der Zeit, und er wartet geduldig bis zuletzt, denn er ist auch der Tod. Zum Tod haben wir heutzutage ein absolut gestörtes Verhältnis. Wir verdrängen jeden Gedanken an ihn, und unsere Mediziner kämpfen heroisch gegen ihn an, indem sie Neunzigjährigen ohne Bewußtsein Herzmassagen verabreichen, damit diese weitere drei Wochen ohne Bewußtsein an Maschinen angebunden weiteratmen können. Wir treiben es so weit, daß es dem Tod schließlich zu blöde wird, und er uns scharenweise plötzlich und völlig unerwartet aus dem blühenden Leben reißt. Wir sollten wieder lernen, was z.B. die alten Indianer schon immer konnten: Sahen sie ihren Tod kommen, so gingen sie in den Wald und starben in Frieden.

Die wichtigste Aufgabe des Alters wäre also, keine Angst vor dem Tod zu haben, sondern sich mit dem Gedanken an ihn zu befreunden. Dann erst zeigt sich Saturn von seiner freundlichen Seite, und er hat genausoviel Licht wie die Sonne zu vergeben, wenn man es nur sehen will. Saturn ist in seiner höchsten Form die Liebe selbst. Erreicht ein Mensch dieses Stadium, so kennt er keine Einsamkeit des Alters, keine Trauer und keine Qual des Daseins, denn er ist Drittgeborener und eins mit dem All. Dieses höchste Ziel der persönlichen Entwicklung erreichen naturgemäß nur wenig Menschen.

*

Nach dieser kurzen Abhandlung der verschiedenen Entwicklungsperioden des Menschen und der Menschheit im Sinne der planetarischen Symbolik können wir den Anschluß dieser Entwicklung an die Evolution untersuchen. Die sieben Naturreiche, in deren Mitte als viertes das Reich der Menschen steht, stehen in symmetrischer Beziehung zueinander. Einfach ausgedrückt, verhält es sich so, daß das Reich der Geistwesen für das Mineralreich, das der Erzengel für die Pflanzen und das Reich der Engel für das Tierreich verantwortlich sind und diese betreuen. Anders gesagt, je höher in der Hierarchie ein Reich steht, desto tiefer reicht seine Wirkung hinunter in die tieferen Reiche. Das ist aus unserer menschlichen Sicht gesehen so, deshalb steht das Menschenreich in der Mitte und ist vorerst nur für sich selbst verantwortlich. Nun kommt aber die

Frage, wie wir unser Leben und Wirken im Sinne der Evolution ans Weltgeschehen anschließen können. Mit anderen Worten, was können wir tun, um Engel zu werden.

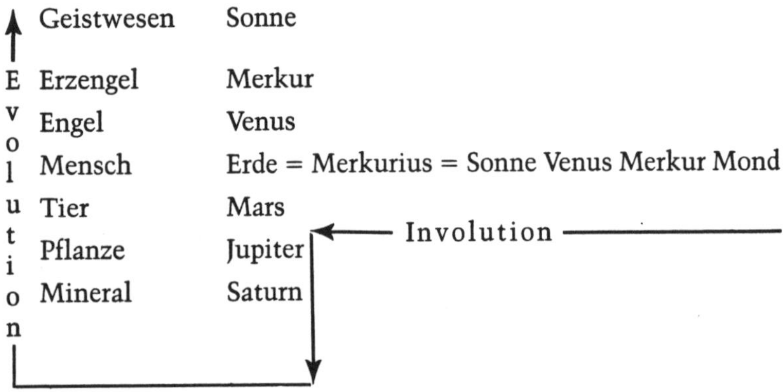

Sowohl das Leben des einzelnen als auch der Menschheit verläuft in Richtung der Involution zu Saturn hin, im Tierkreis gesehen, ist das die zeitliche Entwicklung in BAR. Das bedeutet, daß wir Menschen die Möglichkeit haben, schöpferisch tätig zu werden, denn Involution ist Schöpfung. In der Mitte von BAR, zwischen Venus und Mars, geschieht die Geburt, die Offen-bar-ung des Merkurius. Er ist der Baum des Lebens, die Erkenntnis, die immer lebensfreundlich und niemals lebensfeindlich wirkt. Merkurius verbindet somit Sonne und Erde, er bringt das Licht der Sonne auf die Erde und vermählt Geist und Stoff. Hier ist die Anschlußstelle zwischen der Geschichte und der Evolution, sowohl im persönlichen wie auch im kollektiven Sinne, die Vermählung von UR und BAR oder die Urbar-machung der Welt.

Konkret bedeutet das, daß jeder 28jährige Mensch, der in seiner altersgemäßen Entwicklung das Sonnenstadium erreicht hat, jeder Zweitgeborene also, die Möglichkeit hat, sein Leben im Sinne der Evolution fortzuführen. Er hat nicht nur die Möglichkeit dazu, sondern auch die Pflicht, denn er trägt jetzt individuelle Verantwortung, und jede seiner Taten verändert nun sein Karma. Im Sinne der Evolution kann er nur eines tun: die Verantwortung für die unteren Reiche, insbesondere für die Tiere zu übernehmen, damit aktiviert er astrologisch gesprochen seinen Mars. Psychologisch gesehen, muß er mit seinem inneren Tier fertig werden, und auf der Ebene der Realität muß er endlich aufhören, die Tiere (aber auch Pflanzen und Mineral) zu quälen, unnötig zu morden und sonstwie zu vernichten. Schafft der Kandidat dies, ist er auf dem besten Weg, in der Evolution erhöht und also Engel zu werden.

All das hier Gesagte gilt genauso für die Menschheit. Als Jesus Christus auf Erden wandelte, waren wir 28 Jahre alt, in den vergangenen 2000 Jahren sind wir 7 Jahre gealtert und sind nun 35. Spätestens seit Christus sollten wir das Sonnenbewußtsein kennen, denn er ist der Baum des Lebens. Wir sind also spät daran, und die Uhr zeigt nicht fünf vor, sondern bereits fünf nach zwölf.

Jeder, der nun meint, die Voraussetzungen zum Sonnenbewußtsein ohnehin schon zu erfüllen, bedenke einmal das Leben eines Huhnes, das künstlich ausgebrütet, ohne jemals das Sonnenlicht erblickt zu haben, durch Maschinen geschlachtet und dann gegrillt fröhlich verspeist wird. Das Leben dieses Huhnes belastet unser Menschheitskarma ohne Zweifel erheblich. Oder denken Sie an eine Kuh, die nach lebenslangem Dienst für ihren Herrn im Alter, wenn sie keine Milch mehr geben und den Karren nicht mehr ziehen kann, geschlachtet und zur Billigwurst verarbeitet wird. Ich meine, auch diese alte Kuh verdient ihr Rentnerdasein, wir erschießen unsere Rentner schließlich auch nicht, obwohl sie bekanntlich ein trauriges Leben führen.

Die Urbarmachung der Erde, die Vermählung der Geschichte mit der Evolution, ist mit Hilfe der Symbolik der 8 zu verstehen.

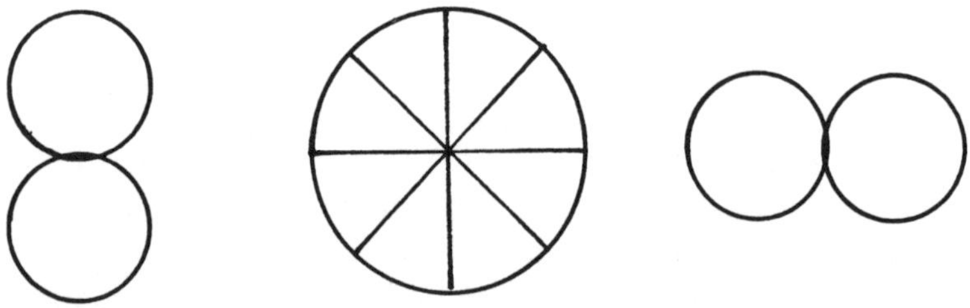

Das Wort Acht hat zweifellos mit Acht-ung, Acht-en und in der verneinenden Form mit Ver-acht-ung zu tun. Man kann nur auf etwas achten, wenn man wach ist, normalerweise also am Tage bei Licht. Daß Acht Licht und Tag bedeutet, wird daraus klar, daß die Verneinung, also Nicht-

Acht, N-Acht oder Nacht bedeutet. Das ist nicht nur in der deutschen, sondern in fast jeder europäischen Sprache so. Es stehen also Ich-Licht-Acht Nicht-Nacht gegenüber. Die DAG-Rune (Doppeldorn) kommt in der Form der 8 nahe, und Dag bedeutet ebenfalls Tag oder Licht. Wir sehen also, daß die 8 Gleichgewicht und Ausgleich zwischen Tag und Nacht, Licht und Dunkel, letztlich zwischen allen Gegensätzen symbolisiert. Sie gilt als Zahl der Gerechtigkeit, eben im Sinne einer ausgleichenden also schicksalsmäßigen Gerechtigkeit, und das Naturrecht der alten Völker, etwa die Hohen Heiligen Acht der Germanen, beruhte auf ihr. Man setzte sich in die acht Himmelsrichtungen der Windrose, befragte die Geister und ließ Recht sprechen. Erst das Römische Recht schaffte dieses Naturverfahren ab, und heute können wir auf ausgleichende Gerechtigkeit nur durch den langen Arm des Gesetzes hoffen.

Die umgelegte 8 ist das mathematische Zeichen für die Unendlichkeit und symbolisiert somit die Ewigkeit, genauer gesagt die ewige Wiederkehr oder die Wiedergeburt. Die Schleifen der 8 umfassen beide Reiche, nach der Nacht kommt der neue Tag, nach dem Tod das neue Leben, Himmel und Hölle werden durchfahren, und wir kommen immer wieder auf die Erde zurück.

Dieselben Gedanken werden durch das achtspeichige buddhistische Rad der Wiedergeburten oder durch das Achterrad des I Ging erfaßt und ausgedrückt. Das Achterrad besteht aus zwei Kreuzen, aus dem geraden Georgskreuz und dem schrägen Andreaskreuz. Die achtfache Teilung des Tierkreises ergibt dasselbe Bild: Das Georgskreuz wird von zwei aufeinander senkrecht stehenden Dag-Runen gebildet und umfaßt insgesamt acht Tierkreiszeichen, zwischen den Dag-Runen liegt das schräge Andreaskreuz, das vier Tierkreiszeichen erfaßt. Das Andreaskreuz ist der Mittler, der die vier Richtungen des Georgskreuzes miteinander verbinden soll, es ist so wie bei der Windrose, wo die Zwischenrichtungen die vier Hauptwindrichtungen verbinden und ausgleichen. Der verbindliche oder vermählende Charakter des Malkreuzes wird auch aus dem Symbol der 8 deutlich: Die zwei Kreise der 8 werden in ihrem Berührungspunkt durch das Andreaskreuz (X) verbunden. Die Gibur-Rune (Malkreuz), der Ur-Geber vermittelt also zwischen Himmel und Hölle, zwischen Tag und Nacht, zwischen UR und BAR.

Die Planeten sitzen also im Tierkreis in der Hohen Heiligen Acht, und wir wollen anschauen, was sie da treiben. Oben sitzen der Rote König (Sonne) und die Weiße Königin (Mond), unten, ihnen gegenüber, die Schwarze Königin (Steinbock-Saturn) und der Schwarze König (Wassermann-Saturn). Sie sitzen in der senkrechten Dag-Rune, die für sich betrachtet ebenfalls ein Malkreuz ist. Hier geht es also um eine Vermählung, um die alchemistische Hochzeit zwischen König und Königin. Die Wiederkehr (8) des gefallenen Saturn in den Himmel ist die Aufgabenstellung, alchemistisch gesprochen die Frage, wie aus Kohle (Saturn) Diamant (Sonne) hergestellt werden kann.

Kohle verbindet sich vorzüglich mit Eisen (Mars). Diese Tatsache lenkt unsere Aufmerksamkeit auf die waagerechte Dag-Rune. Hier ist die Ebene der Erde und der Menschen, rechts und links sitzen Adam (Mars) und Eva (Venus) vor den Bäumen der Erkenntnis und des Lebens, ebenfalls im Malkreuz, und sie bereiten die alchemistische Hochzeit auf der Erde vor. Das beweist uns die alte gnostische Behauptung, daß nämlich die göttlichen Mächte (Sonne-Saturn) uns Menschen (Mars-Venus) für ihre Vereinigung brauchen und benötigen. Natürlich nur so lange, bis wir in ihrem Sinne mitspielen. Tun wir es nicht, werden sie sich wohl andere Statisten suchen und überlassen uns wahrscheinlich den Hunden.

Erhitztes Eisen löst Kohle auf und wird dabei zum harten Stahl. Läßt man die Kohle-Eisen-Lösung plötzlich erkalten, so scheidet sich die Kohle im Eisen als Diamant aus. Das ist ein wunderbarer alchemistischer Hinweis, wenn wir bedenken, daß im menschlichen Körper beide Stoffe, Kohle und Eisen, vorhanden sind, denn demnach liegt es bei uns, an einem »eisernen« oder »diamantenen« Körper zu arbeiten. Insbesondere für Menschen mit Mars-Saturn-Verbindungen im Horoskop ergeben sich hier beachtenswerte (Achte auf das Achte!) Aufschlüsse.

Die dreifache Vermählung
in der
Hohen Heiligen Acht

Die Mittler bei dieser himmlisch-irdischen Doppelhochzeit sind Jupiter und Merkur, die ebenfalls im Malkreuz stehen und miteinander vermählt werden müssen. Es handelt sich also um eine dreifache Hochzeit. Sechs Paare müssen durch drei Kreuze (3 × 4 = 12) verheiratet werden, wobei letztlich alle sieben Planeten zusammen den Einen Achten erzeugen. Dieser Achte ist MERKURANOS, der wiedergeborene Urahn (8).

Mit dem Achten wird immer der Erste wiedergeboren, der Ursprung kommt auf einer höheren Ebene und erfahrener zurück. Der achte Tag der Woche ist der erste Tag der neuen Woche, der achte Ton der Tonleiter ist die höhere Oktave des ersten Tones. In der Planetenreihe ist Uranus die höhere Oktave des Merkur, wobei wir aber den zerstörten Planeten Mallona zwischen Mars und Jupiter mitrechnen müssen. Seit der Zerstörung von Mallona fehlt eine Saite am kosmischen Musikinstrument des Sonnensystems, so daß wir seine Melodie nicht mehr in der ursprünglichen Reinheit hören können. Wir sahen, daß dieser kosmische Saiten-Sprung mit den kosmisch-irdischen Seitensprüngen des Engelsturzes und des Sündenfalles zusammenhängt, und dieses Buch versucht nichts anderes, als die Wiederherstellung der Ordnung astrologisch zu beschreiben.

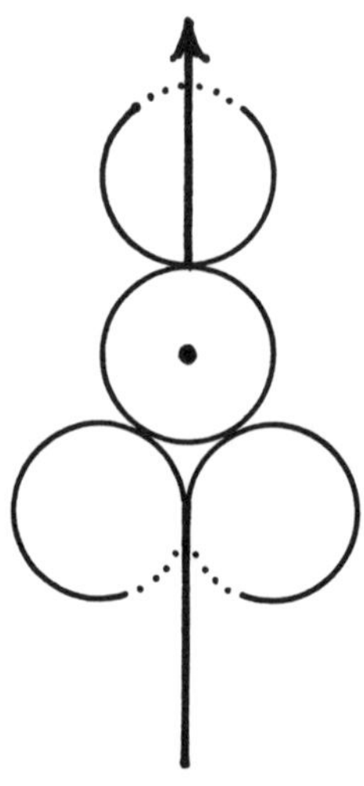

Der Baum des Lebens oder
die Geburt von Merkuranos

Der Baum des Lebens am östlichen Tor setzt sich aus Widder und Stier zusammen. Sowohl im Symbol des Widder als auch des Stier können wir die 8 der Wiederherstellung und Wiedergeburt erkennen, im ersteren als gelegte, im letzteren als stehende 8. Bereits das Tor zeigt also das Problem der doppelten Vermählung und gibt uns die Gewißheit, daß wir die Gralsburg hier betreten müssen, wollen wir die goldene Ordnung wiederherstellen. Merkuranos ist eine Kopfgeburt, er entsteigt dem Widder. Der Schädelberg der christlichen Tradition fällt hier mit Stier (Pfingsten) zusammen, so daß wir in Merkuranos den Heiligen Geist im Rahmen der Planetensymbolik finden. Wir sehen weiter im Symbol des Widder Nase und Augenbrauen eines menschlichen Gesichtes. Somit stellt Merkuranos das dritte Auge an der Stirn dar (6. Chakra), das Auge der uranischen Intuition, die wiederum dem Empfang des Heiligen Geistes gleichzustellen ist. Um diesen sehr reichen Symbolkreis abzurunden, sei noch daran erinnert, daß im Rahmen der chaldäischen Planetenreihe der Jupiter dem 6. Chakra, dem Stirnauge und dem Heiligen Geist entspricht.

Mit Merkuranos alias Merkurius, dem Achten, haben wir nicht nur einen achten Planeten, sondern eine ganze Kette erfaßt. Obzwar letztlich alle Planeten zusammen Merkuranos erzeugen, spielen dabei doch die Mittler Merkur und Jupiter (Gibur-Rune im Tierkreis) eine besondere Rolle, indem sie der Ur-Sonne als wiedergeborenem Uranos zur Geburt verhelfen, indem sie UR und BAR vermählen. Damit haben wir Merkuranos mit einer Kette von vier Planeten näher bestimmt:

Merkur Sonne Jupiter Uranus

Betrachten wir einmal kurz die zahlenmäßigen Zusammenhänge der Umlaufzeiten dieser Planeten. Diese betragen gerundet und in Jahren gerechnet:

Mond (synod.)	1/12
Merkur	1/4
Sonne	1
Jupiter	12
Saturn	30
Uranus	84

Die Mittler-Funktion von Merkur und Jupiter bedeutet, daß diese zwischen den drei Planeten der astrologischen Dreiheit, Mond, Sonne und Saturn, vermitteln müssen. Wieweit spiegelt sich dieser Tatbestand anhand der Umlaufzeiten?

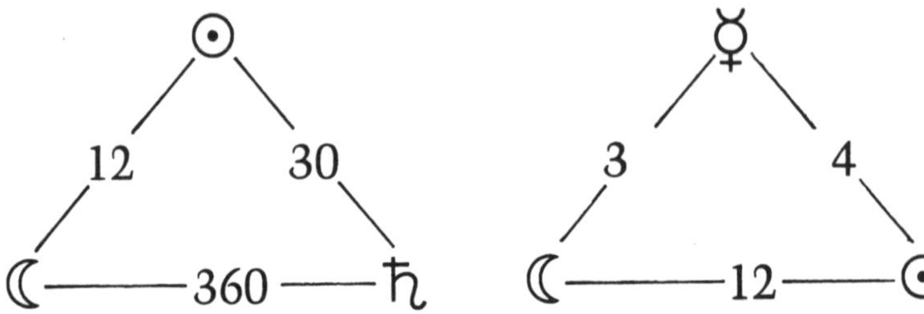

Merkur vermittelt zwischen Mond und Sonne. Er ist dreimal langsamer als der Mond und viermal schneller als die Sonne. So wie der Mond durch seinen Lauf die Monate des Jahres, bestimmt Merkur durch seinen dreimonatigen Lauf das Vierteljahr. Für die sublunare Welt (Mond) erscheint Merkur durch die Zahl Drei als männlich, aus der stofflichen Weltsicht ist der Verstand eine männliche Kraft. Merkur ist jedoch zweigeschlechtig, aus der geistigen Sicht der Sonne erscheint er durch die Zahl Vier als weiblich. Der Verstand ist eben nicht identisch mit dem Geist, er ist nur der Spiegel desselben, Merkur ist der »Mond der Sonne«. Die Einheit des Geistes wird durch den Verstand in die Vierheit eines kartesischen Koordinatensystems hineingedacht, Merkur analysiert die Sonne, kann sie aber nicht in ihrer Einheit begreifen.

Für die Auffassung Keplers vom Merkur als Mond der Sonne liefert die neuere Weltraumforschung interessante Hinweise. Bis vor kurzem gab es über das Aussehen Merkurs nur Vermutungen. Erst die neueren Fotoaufnahmen (1974) ergaben hier Gewißheit, sie zeigen, daß Merkur dem Erdenmond verblüffend ähnlich sieht. So sehr, daß jeder Laie bei Betrachtung dieser Fotos meinen muß, er sähe den Mond. Beide, Mond und Merkur, sind tote Himmelskörper. Im Gegensatz zu anderen Planeten (z.B. Venus und Jupiter) sind sie nicht mehr aktiv, ihre aktive Zeit liegt in der Vergangenheit. Mond und Merkur sind inaktiv, ohne Atmosphäre und ohne Leben, sie sind die blankpolierten Spiegel der Erde bzw. der Sonne.

Ganz anders Jupiter. Er ist ein höchst aktiver Planet, in seiner Zusammensetzung der Sonne ähnlich, eigentlich ein werdender Stern.

☽ — 12 — ☉ — 12 — ♃

Die Umlaufzeit des Jupiter weist ihn als eine »Über-Sonne«, als »Sonne der Sonne« aus, eine Sicht, die auch durch die Auffassung der Griechen, die Zeus und nicht die Sonne als obersten Gott verehrten, bestätigt wird. Im Gegensatz zum analytisch-logischen Verstand des Merkur wirkt die Kraft Jupiters synthetisch-topologisch. Merkur analysiert das Wesen (Sonne), Jupiter legt seine Bedeutung klar. Durch die Vernunft (Jupiter) erscheint ein übergeordnetes Zentrum, das dem Ich (Sonne) seine Bedeutung, seinen Ort und dadurch seinen Sinn aufzeigt.

Somit sehen wir in Merkur und Jupiter zwei Mittler, die den Schein (Mond) und das Sein (Sonne) durch Analyse und Synthese miteinander in Verbindung setzen, die eine durchgeistigte (Sonne) Realität (Mond) als vernünftig (Jupiter) denken (Merkur) lassen. Mit anderen Worten erkennen wir, daß das Sonnensystem ein vernunftbegabtes Lebewesen ist.

Wie steht es aber mit Saturn, der als Zeit das Wesen in seiner Geschichte sichtbar macht? Die Umlaufzahlen der Planeten zeigen, daß Jupiter zwischen Sonne und Saturn nicht vermitteln kann, denn 12 kann die 1 mit 30 nicht verbinden. Es ist möglich, daß der ehemalige Planet Mallona, dessen Umlaufzeit etwa 5 Jahre betrug, einst Sonne und Saturn miteinander verband ($5 \times 6 = 30$). Mallona ist jedoch zerstört, und die Goldene Zeit längst entschwunden. In der heutigen planetarischen Ordnung der sieben Himmelskörper ist die Verbindung von Sonne und Saturn einfach nicht möglich, wir haben den Anschluß an unsere Geschichte verloren. Genau hier setzt der achte Planet Uranus ein, der als wiedergeborener Saturn die Wiederherstellung des Verlorenen ermöglicht, wenn wir seine Botschaft verstehen.

Uranus belegt eine Bahn, die Jupiter ermöglicht, den verlorenen Anschluß an die Sonne erneut herzustellen ($7 \times 12 = 84$). Da dies mit Saturn nicht möglich ist, er-

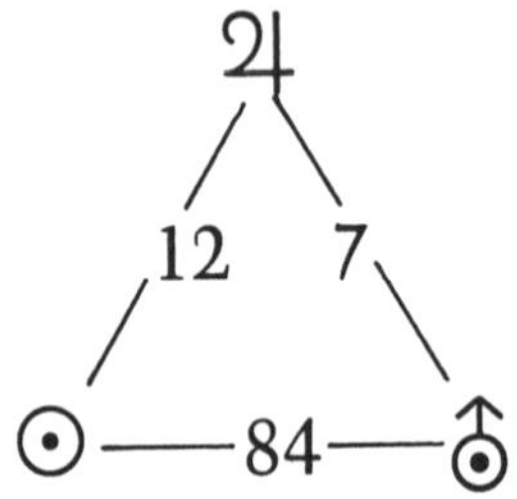

scheint der Ur-Ahn Uranus, der sein eigener Urgroßvater ist, und meldet als neue Kraft dem Wassermann-Saturn seine älteren Rechte an. Hieraus wird die Bedeutung von Uranus für die Zukunft (Wassermann-Zeit) deutlich. Man kann seine Kraft als höheres Denken, als Intuition, als den Heiligen Geist oder als Gewissen (Manfred Keyserling) bezeichnen, unsere Aufgabe für die Zukunft wird es sein, die uranische Kraft zu begreifen und auch in uns zu entwickeln. Die Ordnung der sieben alten Planeten ist ewig und verliert niemals ihre Gültigkeit. Da wir jedoch den Zugang zu dieser Goldenen Ordnung verloren haben, müssen wir sie durch den Achten wiedergewinnen: das ist der ewige Weg der Wiederherstellung, die ewige Wiederkehr.

Vereinfacht betrachtet, finden wir Merkuranos oder Merkurius im persönlichen Horoskop durch die Planeten Merkur und Uranus. Das ist aber nicht ganz einfach, denn ein Horoskop zeigt zwar immer die Möglichkeiten eines Menschen, niemals aber seinen tatsächlichen Stand. Solange der Mensch in der sublunaren Welt lebt, und sein Bewußtsein das kollektive Mondbewußtsein ist, wird Merkur in seinem Horoskop den »niederen« Merkur anzeigen, den Verstand, der nicht unbedingt vernünftig und schon gar nicht gewissenhaft sein muß. Uranus wird bei ihm unbewußt wirken, das heißt, sein Lebensweg wird immer wieder durch plötzliche Ereignisse betroffen, die ihn überraschen. Er mag intuitive Einfälle haben, doch diese kommen zufällig und unberechenbar, sie liegen völlig außerhalb seiner bewußten Kontrolle. Erst bei einem Zweitgeborenen mit dem Sonnenbewußtsein wird der Merkur im Horoskop Eigenschaften des Merkurius aufweisen, sein Denken wird nicht mehr ein entfremdetes Sonderleben führen, sondern an Vernunft und Gewissen gekoppelt sein. Dieser Mensch läßt nur die Erkenntnis gelten, die dem Leben dient, der Baum des Lebens ist erreicht. So müssen wir zwischen dem »niederen« und dem »höheren« Merkur unterscheiden, oder, wie man auch sagt, zwischen dem astrologischen und dem alchemistischen Merkur. Die bewußte uranische Intuition wird aber erst der Drittgeborene beherrschen, derjenige, der in diesem Leben schon durch die schmale Pforte Saturns ging. Dies ist normalerweise altersbedingt und wird in der altersgemäßen Entwicklung nach dem 63. Lebensjahr möglich.

Zum Schluß noch einige Hinweise für den anständigen astrologischen Gralssucher. Das Studium von Büchern ist nützlich und notwendig, es führt zum Baum der Erkenntnis, jedoch nicht weiter. Will man den Baum des Lebens finden, so muß man das Buch der Natur zu lesen lernen. Der Baum des Lebens steht in östlicher Richtung. Im Jahreslauf ist er am besten zwischen Ostern und Pfingsten zu finden, er steht zwischen zwei kahlen Hügeln und kann gegen Sonnenaufgang erblickt werden.

IX. Das Gesetz der Oktaven

Die formale Seite der Astrologie ist das Studium der Zahlen und Strukturen. Dabei wird die Zahl nicht als Menge, sondern als qualitative Wesenheit betrachtet, und die geometrische Struktur nicht als tote Figur, sondern als lebendige Urform. Zahl und Struktur sind Archetypen, Urmuster im Sein und Dasein, sie bilden das sichtbare Gerüst der stofflichen Realität und das denkbare Gerüst der geistigen Wirklichkeit.

Das astrologische System beruht im wesentlichen auf den Zahlen 3 und 4. Diese werden miteinander zweifach verbunden, durch das gerade Kreuz + zu 7, und durch das Schrägkreuz × zu 12. Die 7 bestimmt das klassische Planetensystem, die 12 den Tierkreis. Da wir heute den Anschluß an die alte Ordnung der sieben Planeten zum größten Teil verloren haben, müssen wir diese mit Hilfe einer Zwölferordnung wiederherstellen. Dies geschieht durch die 8, die die beiden Kreuze miteinander verbindet.

In den letzten 200 Jahren wurden drei neue Planeten, Uranus, Neptun und Pluto, entdeckt, damit erhöht sich die Zahl der astrologischen Planeten auf 10. Diese Zahl ist allerdings nicht endgültig, die kosmische Harmonie verlangt das Vorhandensein von insgesamt 12 Planeten. Werden die fehlenden zwei Planeten entdeckt, so kommen wir in eine Zeit, in der die Wiederherstellung der alten Ordnung durch eine neue möglich wird, zur Zeit befinden wir uns noch in einer vorbereitenden Zwischenzeit. Wenn wir uns also mit der möglichen Einordnung der neuen Planeten in das astrologische System beschäftigen, so arbeiten wir für die Zukunft. Der erste Schritt dabei ist das Verständnis des Oktavengesetzes. Dieses Gesetz, dessen Anwendung auf Merkur und Uranus wir im vorigen Kapitel gesehen haben, ist universal gültig. Der orientalische Philosoph Gurdjieff sagt dazu folgendes (aus dem Buch »Auf der Suche nach dem Wunderbaren« von Ouspensky):

»Die Anzahl der Grundgesetze, die alle Vorgänge in Welt und Mensch regieren, ist sehr klein. Verschiedene zahlenmäßige Verbindungen einiger Grundkräfte erschaffen all die scheinbare Mannigfaltigkeit der Erscheinungen. Um die Mechanik des Universums zu verstehen, ist es notwendig, die komplexen Erscheinungen auf diese Grundkräfte zurückzuführen. Das erste Grundgesetz des Weltalls ist das Gesetz der drei Kräfte oder drei Prinzipien, oder, wie es oft genannt wird, das Gesetz der Drei. Diesem Gesetz zufolge ist jedes Vorkommnis, jede Erscheinung in allen Welten ohne Ausnahme das Ergebnis einer gleichzeitigen Wirkung dreier Kräfte – der positiven, der negativen und der neutralisierenden. Das nächste Grundgesetz des Weltalls ist das Gesetz der Sieben oder das Gesetz der Oktaven.«

Wir wollen die Gesetze der Drei und der Oktaven in der Planetenwelt verfolgen. Etwas Zahlensymbolik wird dabei vonnöten sein. Die Zahlenreihe 1, 2, 3... ist eine natürliche Entwicklung, wobei jede Zahl die Eigenschaften aller vorangegangenen Zahlen in sich vereinigt und um eine weitere, eben für diese Zahl typische Eigenschaft, vermehrt. So ist es bei der Untersuchung einer Zahl gerechtfertigt, sie mit all den vorangegangenen Zahlen zusammenzuzählen. Man nennt diesen Vorgang die »theosophische Addition«. Ein Beispiel: 4 = 1 + 2 + 3 + 4 = 10. Weiterhin ist es gestattet, mehrstellige Zahlen auf ihre Quersumme zu reduzieren, da es zahlensymbolisch betrachtet nur neun Grundzahlen gibt: 10 = 1 + 0 = 1. Mit diesen zwei Operationen haben wir: 4 = 1. Für die ersten zehn Zahlen erhalten wir folgendes Ergebnis:

1	=	1		
2	=	3		
3	=	6		
4	=	10	=	1
5	=	15	=	6
6	=	21	=	3
7	=	28	=	1
8	=	36	=	9
9	=	45	=	9
10	=	55	=	1

Das ist nichts anderes als das Gesetz der Drei. Wir sehen, daß jeweils nach drei Zahlen in der Folge die vierte Zahl immer die 1 ergibt, das heißt, mit der vierten Zahl beginnt etwas Neues. Demnach können wir die Zahlen wie folgt ordnen:

1	2	3
4	5	6
7	8	9
10	11	12

Wenden wir nun dieses Zahlenviereck auf die um fünf Planeten erweiterte chaldäische Planetenreihe an, und wir erhalten:

Mond	Merkur	Venus
Sonne	Mars	Jupiter
Saturn	Uranus	Neptun
Pluto	Transpluto	12. Planet

Die erste Spalte beinhaltet die astrologische Dreiheit von Mond, Sonne und Saturn, erweitert durch Pluto. Diese Ordnung wirft neues Licht auf Pluto, von ihm wird später noch zu sprechen sein. Die vier Planeten der ersten Spalte sind die neutralisierenden Kräfte im Sinne Gurdjieffs. Die zweite Spalte zählt die in ihrer Wirkung eher aktiven, die dritte die eher passiven Planeten auf. Das Gesetz der Drei teilt die Planeten in drei Gruppen, die bereits die Zusammenhänge des Oktavengesetzes aufweisen.

Die Betrachtung der ersten sieben Planeten zeigt anhand der zugeordneten Zahlen die schon bekannte Ordnung der Planetenpaare:

1	=	1	Mond
2	=	3	Merkur
3	=	6	Venus
4	=	1	Sonne
5	=	6	Mars
6	=	3	Jupiter
7	=	1	Saturn

Die 1 ist den drei Planeten der astrologischen Dreieinigkeit, Mond, Sonne und Saturn, zugeordnet, diese bilden im Tierkreis den zu vereinigenden vertikalen Gegensatz. Die horizontale Problematik von Mars und Venus wird durch die 6 angezeigt, die in diesem Fall auch Sex bedeutet. Merkur und Jupiter erhalten die 3, die Zahl, die die Gegensätze vereinigt, wie dies auch ihr Kreuz, das Andreaskreuz, tut.

Jeder kennt aus eigener Erfahrung die Tatsache, daß eine einmal begonnene Angelegenheit ein Eigenleben gewinnt und sich ganz anders weiterentwickelt und schließlich endet, als ursprünglich geplant. Diese Erscheinung wird aus den Gesetzen der Drei und der Oktaven verständlich und faßbar. Jeder Prozeß entwickelt sich in mehreren Schritten, und soweit er zielgerichtet ist, ist er mit einem Pfeil vergleichbar. Gurdjieff erklärt nun, daß der von uns in guter Absicht abgeschossene Pfeil niemals das anvisierte Ziel erreichen kann, weil der Prozeß zwischen dem dritten und dem vierten Schritt und dann noch einmal zwischen dem siebten und dem achten Schritt eine Richtungsänderung erfährt, die wir weder beabsichtigt haben noch bemerken. Das erste Mal ist es die 4, das zweite Mal die 8, die Gesetze der Drei und der Oktaven also, die jeweils etwas Neues bringen und damit den Prozeß verfälschen. Durch den etwas blöden aber nicht minder treffenden Spruch: »Erstens kommt es anders und zweitens als man denkt« wird dieses Phänomen sehr genau ausgedrückt.

Will man aber überhaupt etwas im Leben zielgerichtet erreichen, so muß man dafür sorgen, daß vor dem vierten bzw. nach dem siebten Schritt zusätzliche Schocks verabreicht werden, die dann dafür sorgen, daß die ursprüngliche Richtung beibehalten wird.

Wenn wir das auf die Planetenreihe beziehen, finden wir den ersten kritischen Punkt vor dem vierten Planeten also vor der Sonne. In der Entwicklung des einzelnen ist hier die zweite Geburt ins individuelle Bewußtsein, die Feuerseele soll entfacht werden, und tatsächlich ist hier in den meisten Fällen ein Schock nötig, soll der Mensch nicht im kollektiven Milchteich verharren. Weltgeschichtlich gesehen war dieser Schock Jesus Christus, ich weiß nur nicht, ob er uns träge Menschheit genügend geschockt hat.

Der Übergang zwischen 3 und 4 bedeutet den Übergang von der Theorie zur Praxis, bzw. die Befruchtung des Stoffes durch den Geist. Hier ist eine neue Einstellung nötig, eine neue Sicht der Welt, damit die Entwicklung weitergehen kann. Nach dem siebten Schritt ist jedoch die Entwicklung eigentlich abgeschlossen, was danach kommt, ist etwas ganz anderes. Man kann also sagen, daß der zweite kritische Punkt noch schwerwiegender ist als der erste.

Der siebte Planet ist Saturn, der hier zu verabreichende Schock ist tatsächlich entweder der physische Tod, oder aber die Fähigkeit, den Tod schon in diesem Leben als Freund zu gewinnen. Ist das erreicht, hat der Mensch sich von den gröbsten Fesseln der Materie befreit und kann sich für die Intuition des Uranus öffnen, der als höhere Oktave des Merkur einen neuen Beginn setzt.

So wie in der Musik die höhere Oktave den Grundton auf der doppelten Schwingungsebene zurückbringt, bedeutet die Oktave eines Planeten die verfeinerte Wirkungsweise der planetarischen Grundkraft.

Nicht nur Merkur und Uranus stehen zueinander im Oktavenverhältnis, sondern alle zwölf Planeten. Gerade das Oktavengesetz ermöglicht es, die zwölf Planeten im Zusammenhang zu sehen, sie in einen neuen Rahmen zu stellen, und dadurch die verlorene alte Ordnung der sieben Planeten durch eine neue Zwölferordnung wiederherzustellen.

Die neue Ordnung haben wir natürlich noch nicht, denn die zwölf Planeten sind bis heute nicht einmal entdeckt. Das soll uns trotzdem nicht von weiteren Überlegungen abhalten, denn wie bereits gesagt, arbeiten wir damit für die Zukunft.

Die alte und die neue Ordnung verhalten sich zueinander wie die äußere zu der inneren Gralsburg. Die äußere Gralsburg hat die Form eines Würfels und besteht aus

Salzeis, sie erfaßt damit die Elemente Erde und Wasser. Beim Betreten verwandelt sich die Gralsburg in ein Oktaeder – dieser Name ist ein Hinweis auf das Oktavengesetz – und die Elemente Erde und Wasser wandeln sich in Feuer und Luft.

Diese Wandlung der Gralsburg von »sal« zu »sulphur« bedeutet grundsätzlich eine Vergeistigung des Stoffes, und sie liefert uns den Schlüssel zum Verständnis der planetarischen Oktavenbeziehungen.

Eine Oktave ist das achte Glied der Kette, das nach dem siebten als das neue Erste wiederkehrt. Bei der Planetenkette müssen wir allerdings den zerstörten Planeten Mallona berücksichtigen, so daß wir hier folgende Oktavenverhältnisse erhalten:

Mond	Saturn
Merkur	Uranus
Venus	Neptun
Sonne	Pluto
Mars	Transpluto
Jupiter	12. Planet

In einem vollständigen Sonnensystem muß es allein aus Gründen der Harmonie 12 Planeten geben. Nur sind sie nicht immer bekannt (entdeckt) oder gar vorhanden, denn auch Planeten werden geboren und sterben. Letztlich bleiben also unsere Überlegungen bezüglich einer zahlenmäßigen Oktavenordnung stets nur Vermutungen, ganz gleich, auf welche Weise wir auch ansetzen. Immerhin haben sich die meisten Astrologen aus Erfahrungsgründen dahingehend geeinigt, daß Uranus die höhere Oktave des Merkur und Neptun die der Venus sein muß. Aufgrund dieser Tatsache dürfen wir die angegebenen Oktavenverhältnisse auch für die noch unentdeckten Planeten annehmen.

Die Unstimmigkeit der Zählung (Oktave ist der achte Planet) könnte mit dem Sterben von Mallona im Zusammenhang stehen, sie kann aber auch einen ganz anderen Grund haben.

heutige Ordnungszahl	Oktavenzahl	Planet
1	1	Mond
2	2	Merkur
3	3	Venus
4	4	Sonne
5	5	Mars
–	6	Mallona
6	7	Jupiter
7	8 (1+7)	Saturn
8	9 (2+7)	Uranus
9	10 (3+7)	Neptun
10	11 (4+7)	Pluto
11	12 (5+7)	Transpluto
12	13 (6+7)	12. Planet

SATURN

Auf den ersten Blick mag es überraschen, daß Saturn die höhere Oktave vom Mond sein soll, nach einigem Nachdenken jedoch nicht mehr. Beide, Mond und Saturn, gestalten und begrenzen den Stoff in Raum und Zeit. Saturn gibt dem Raum Gerüst und Struktur, Mond füllt ihn mit Stoff und Fleisch. In der Zeit ist Mond der Anfang, Saturn das Ende; Mond die Geburt und das Kind, Saturn der Tod und der Greis. Mond ist der Eingang in die Stoffwelt, vor ihm ist keine Realität vorhanden; genausowenig hinter Saturn, der den Ausgang darstellt. Vereinfacht kann man sagen, daß Mond und Saturn die stoffliche Realität und damit auch alle stofflichen Prozesse vollständig erfassen. Ihr gemeinsamer Nenner wird besonders deutlich, wenn wir sie psychologisch beschreiben. Mond ist das kollektive Bewußtsein des Kleinkindes und der Volksmasse, Saturn das transpersonale Bewußtsein, das richtig verstandene Gruppenbewußtsein des reifen Menschen. Das Gemeinsame dabei ist die Ich-losigkeit. Das Kind hat noch kein Ich-Bewußtsein (Sonne), dieses entsteht erst im Laufe der Zeit, der reife Mensch hat kein Ich-Bewußtsein mehr, denn er hat es bereits abgelegt.

Genau das ist auch der Unterschied zwischen Massen- und Gruppenbewußtsein, woran manche junge Menschen scheitern, indem sie Zuflucht in der Gruppe suchen, bevor sie überhaupt ein Ich entwickelt haben. Sie landen in der Masse oder in der Gasse. Saturn ist eben die höhere Oktave, die man nicht durch Rückkehr zum Mond erreicht, sondern durch Verlassen des Mondes und Überquerung der Sonne neu entdeckt.

Durch das Oktavenverhältnis Mond-Saturn verstehen wir weiterhin, daß Geburt und Tod gar keine Gegensätze sind. Mit der Geburt sterben wir für eine jenseitige Welt und werden in diese Welt hineingeboren. Saturn, der uns den Tod in dieser Welt bringt, läßt uns jedoch gleichzeitig in eine neue Welt hineingeboren werden. Mond ist Maja, und ihr Schleier verdeckt die geistige Wirklichkeit. Nur wer keine Angst mehr vor Saturn hat, hat die Oktave des Mondes erreicht und darf einen Blick hinter den Schleier der Maja werfen.

URANUS

Alles, was man hat, macht unfrei. Wenn man nichts mehr hat, kann man nur gewinnen. Allerdings keine Besitztümer materieller Art, sondern z.B. neue Einsichten. Wenn man feste Vorstellungen hat, sieht man die Zusammenhänge nicht mehr richtig, man sieht die Bäume, nicht aber den Wald.

Alle großen Entdecker und Erneuerer berichten, daß sie ihre wesentlichen Einsichten durch zufällige Eingebungen erhalten haben. Der Mathematiker Gauß hatte z.B. keine Schwierigkeiten mit dem Aufstellen neuer mathematischer Gesetze, um so mehr aber damit, seine Sätze logisch zu beweisen. Er hatte eben eine gutfunktionierende uranische Intuition und sah sich genötigt, seine Einsichten nachträglich merkurisch zu beweisen, damit seine Kollegen ihm folgen konnten.

Uranus hebt als Oktave Merkur auf eine höhere Ebene. Die Intuition kann erst einsetzen, wenn der Verstand nicht im Wege steht, der Mensch muß sich von Vorstellungen und Vorurteilen freimachen, damit er die Eingebungen auffangen kann. Wollen wir die Intuition kennenlernen, müssen wir die Welt »einfältig« betrachten können. Immer wieder muß alles bereits Bekannte ausgelöscht und die Welt jeden Tag als leeres Blatt betrachtet werden, dann erst kann das Neue eintreten.

Wo liegt aber die Gewähr, daß uns dann nicht lauter Unsinn einfällt, den wir fälschlicherweise als uranische Intuition hochpreisen. Diese Frage erhebt sich nicht nur hier, sondern bei allen Oktaven, die man alle mit irgendwelchen billigen Täuschungen verwechseln kann.

Diese Gewähr gibt es nicht. Wir müssen Vertrauen haben, denn mit den Kräften der Oktaven betreten wir Neuland, das uns bisher zum größten Teil unbekannt ist. Der biedere Wissenschaftler hat dieses Vertrauen nicht, er reagiert sogar gereizt, wenn von Intuition die Rede ist, denn sein Computer hat so was schließlich auch nicht. Wir sind jedoch keine Wissenschaftler. Um so mehr müssen wir aufpassen, daß wir nicht durch wilde Phantasien arg getäuscht werden.

Jede Oktave ist der verfeinerte Ausdruck der Grundkraft. Für die uranische Intuition heißt das, daß kein richtiger Einfall unlogisch sein darf. Die Intuition funktioniert zwar auf unlogischem Weg, die Einsicht muß sich jedoch logisch ins Ganze fügen, denn sonst erfüllt sie nicht die Forderung des merkurischen Verstandes. Uranus darf Merkur nicht widersprechen, die Intuition schafft den Verstand nicht ab, sondern erweitert ihn. Kein Mensch hat intuitive Fähigkeiten, wenn er nicht logisch denken kann. Das ist die Antwort auf die Frage, wie man Intuition erlernen kann.

Wie zu jeder Oktave, führt der Weg zum Uranus durch die Grundkraft Merkur. Der Verstand muß so weit entwickelt werden, bis er tadellos funktioniert, dann kann man ihn vergessen, denn er kann nicht mehr verlorengehen.

Uranus ist der Planet der Astrologen, und die Astrologie ein bevorzugter Weg, um intuitive Fähigkeiten zu erlangen. Am Anfang steht Merkur, man muß die unzähligen astrologischen Regeln lernen. Beherrscht man sie, kann man sie vergessen. Es genügt dann, das Horoskop zu betrachten, und es fängt zu sprechen an.

NEPTUN

Während Uranus das Denken auf eine höhere Ebene hebt, bewirkt Neptun dasselbe mit der Wahrnehmung. Neptun ist die höhere Oktave von Venus, und letztere steht u. a. für die sinnliche Wahrnehmung. Venus nimmt durch die Sinnesorgane wahr, sie ist dadurch stark an den Stoff gebunden. Die Kraft der Venus ist bindend, meine Sinne verbinden mich mit der Umwelt, und ich kann sie durch diese Bindung wahrnehmen.

Die Oktave Neptun schafft die Bindung so, daß sie alle bestehenden Grenzen auflöst. Wo keine Grenzen mehr vorhanden sind, ist alles mit allem verbunden. Daraus folgt, daß Neptun zu einer Wahrnehmung fähig ist, die nicht an die Sinnesorgane gebunden ist. Das ist die außersinnliche Wahrnehmung oder Telepathie.

Neptun kann in einem noch höheren Maße als Uranus täuschen. So manch einer bildet sich ein hellzusehen, während er irgendwelche neptunischen Trugbilder seiner vernebelten Phantasie erhascht. Trotzdem gibt es zweifellos die Fähigkeit des Hellsehens, nur muß man hier ganz besondere Vorsicht walten lassen. Jede Ahnung und jedes Gesicht, jedes Bild, das man geschaut hat, und jede Gedankenübertragung muß irgendwann einmal durch die Sinne bestätigt werden, oder darf wenigstens der entsprechenden sinnlichen Wahrnehmung nicht ganz widersprechen. Auch für das Erlernen der telepathischen Fähigkeiten gilt das für die Intuition genannte Prinzip: Der Weg zu Neptun führt über Venus. Die Schulung der Sinne, die Entwicklung und Verfeinerung der Sinnesorgane, erweckt die telepathischen Fähigkeiten.

Wer ganz genau sehen und hören gelernt hat, darf Augen und Ohren schließen, und er sieht und hört, was hinter den Dingen verborgen ist.

Die hier dargestellte Sicht der Oktaven-Planeten ist natürlich nur die eine Seite der Wahrheit. Es ist die innerseelische Seite, die diese Planeten als Seelenkräfte beschreibt, welche man sich zu einem bescheidenen Teil bewußt machen kann. Zu einem weitaus größeren Teil wirken Uranus, Neptun und die anderen Oktaven unbewußt, also als außerseelische Kräfte der äußeren Realität. In diesem Sinne kann z.B. Neptun Drogen und Gifte bedeuten, oder eine totale Auflösung der Persönlichkeit, sei es durch allumfassende Menschenliebe oder durch Schwachsinn, oder aber er symbolisiert die unendliche Weite des Meeres.

PLUTO

Der vor 50 Jahren entdeckte zehnte Planet ist heute noch ein Rätsel, Pluto ist ein ganz besonderer Planet. Seine physikalische Beschaffenheit und sein himmelsmechanisches Verhalten sind äußerst ungewöhnlich, seine Aufgabe scheint es zu sein, darauf hinzuweisen, daß wir unsere Vorstellungen von einem allzu geregelten und harmonischen Sonnensystem aufgeben bzw. neu gestalten müssen. Seine seltsame, kometenhafte Bahn weist vom Sonnensystem weg und auf ein anderes, fremdes Zentrum hin, sei es ein unbekannter Planet, ein fremder Stern oder das galaktische Zentrum. Höchstwahrscheinlich ist Pluto gar nicht der zehnte Planet, sondern erst sein Vorbote, sein Stellvertreter.

Seine voreilige astrologische Einordnung, die ihn mit Mars und Skorpion in Verbindung setzt, kann nicht richtig sein, denn sie ist nicht logisch und stört das Gesamtsystem. Wenn Uranus dem Wassermann und Neptun den Fischen zugeordnet wird, so gehört Pluto in den Widder. Pluto-Astrologie muß noch eine ganze Weile Spekulation bleiben.

Die beste astrologische Interpretation in diesem Fall bleibt, wenn wir Pluto als den unbekannten Faktor deuten. Er ist dann eine fremde, unbekannte Kraft, ein »schwarzes Loch« im Horoskop, das aufzeigt, wie und wo der Mensch mit solchen Kräften rechnen muß und mit ihnen umgehen sollte.

Bei der Einordnung Plutos und der noch folgenden Planeten können wir also nicht von bekannten astrologischen Eigenschaften ausgehen, vielmehr müssen wir versuchen, sie deduktiv, von der Gesamtheit eines vollständigen Sonnensystems aus zu verstehen und zu beurteilen.

Das Oktavengesetz weist Pluto als höhere Oktave der Sonne aus. Hierfür spricht sogar eine bereits vermutete astrologische Eigenschaft Plutos: seine Beziehung zur Radioaktivität und zur Kernkraft. Der Umgang mit der Kernkraft ist eine der größten Herausforderungen unserer Zeit. Während die Sonne durch Kernfusion Energie erzeugt, befaßt sich unsere Wissenschaft vorwiegend mit Kernspaltung und verwandelt langsam aber sicher die halbe Welt in Blei.

Pluto erscheint als »schwarze Sonne«, die wissenschaftliche Kernspaltung als schwarze Magie. Für die Kernfusion ist der heutige Stand der Technik noch nicht vorbereitet genug, für die plutonische Kernspaltung fehlen uns bis heute offensichtlich moralische Reife und Verantwortung. So wäre es wohl am besten, die gesamte Kernforschung für 1000 Jahre auf Eis zu legen und zu warten, bis wir mit den Kräften Plutos umgehen können. Doch wer will das schon glauben!

Jede Oktave wirkt als absolute Fremdkraft, solange die entsprechende Grundkraft nicht vollständig verstanden und bewußt gemacht worden ist. Das macht die Integration der Plutokräfte besonders schwierig, denn wir sind vom Sonnenbewußtsein noch weit entfernt. Für den einzelnen wird jedoch das Problem mit Pluto höchst aktuell, sobald er vor seiner Sonnengeburt steht. Durch das Gesetz der Oktaven erkennen wir das Kreuz der Wandlung und der Transformation, es ist das Kreuz, gebildet durch die vier Planeten Mond, Sonne, Saturn und Pluto.

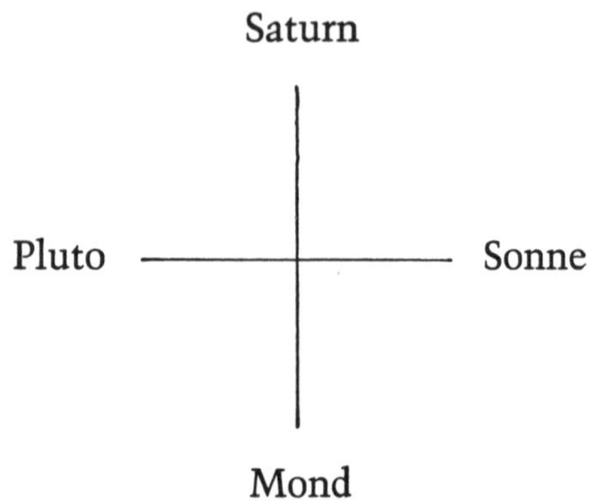

Mond-Saturn haben wir bereits besprochen. Nur wer erkennt, daß nichts, was er hat, wesentlich ist, kommt weiter. In diesem Fall hat der Mensch das Haben transformiert, und er steht vor der Frage des Seins. Das Sein ist das Problem der Sonne-Pluto-Achse, und Pluto will nichts anderes als zeigen, daß alles, was der Mensch ist, nichts ist. Oder: Der Mensch ist nicht das, was er zu sein glaubt, sondern er ist eben ganz etwas anderes. Das ist schwer zu verstehen. Wenn das Ich (Sonne) erkennt, daß auch ein anderes Ich (alter ego = Pluto) in ihm und sogar außerhalb seines Körpers vorhanden ist, wird er entweder verrückt, oder er muß seine Weltsicht grundlegend umstellen. Das Phänomen des Doppelgängers und ähnliche Erscheinungen treten bevorzugt dann auf, wenn der Mensch sich mit seiner Identität beschäftigt. Das Ich-Bewußtsein ist nichts anderes als ein Komplex, allerdings der größte Komplex des menschlichen Bewußtseins. Wenn nun ein anderer Komplex des Bewußtseins auftaucht und seine gleichberechtigten Rechte anmeldet, bedeutet das für den Menschen eine Persönlichkeits- oder Bewußtseinsspaltung, er ist also schizophren, wie die Psychologen sagen. Genau das kann Pluto bewirken, er ist ein Planet zum Verrücktwerden.

In dieser Lage gibt es nur einen Ausweg. Man läßt sich eben vom Standpunkt des Ich-Bewußtseins ver-rücken, indem man einsieht, daß dieses nur ein Teil eines größeren Bewußtseins ist. Das größere Bewußtsein ist aber nicht

Das Mandala

Pluto, er ist nur der Ver-rücker. Erweitertes Bewußtsein heißt, den Standort zu wechseln und die Welt aus einer neuen Perspektive betrachten zu können.

Wir leben auf der Erde und erleben die Welt aus der irdischen Sicht. Deshalb arbeiten wir auch mit einer geozentrischen Astrologie, wie sie z.B. in der chaldäischen Reihe zum Ausdruck kommt. So reden wir zwar vom Sonnenbewußtsein, doch bleibt dieses oft eine Vorstellung, denn wir sind dabei mit unserem Erleben immer noch auf der Erde. Wenn wir uns jedoch anmaßen, die Kräfte der Sonne-Pluto-Achse verstehen zu wollen, müssen wir in der Lage sein, die irdische Sicht in unserem Erleben zu verlassen. Von vielen Raum- und Mondfahrern ist bekannt, daß sie leicht verrückt geworden sind, oder daß sie eine neue kosmische Weltsicht gewannen, die sie dann anderen weitergeben möchten. Das ist keineswegs verwunderlich, denn sie haben die Erde in der Tat verlassen und sahen sie von oben. Die Raumfahrt ist die physikalische Manifestation einer Bewußtseinsveränderung, die allerdings auch ohne Mondfahrt erreicht werden kann, wenn auch nicht so leicht.

Verlassen wir also die Erde. Wir fahren weit, meiden die Sonne, damit sie uns nicht verbrennt, und erreichen schließlich den Ort, wo wir das Sonnensystem von oben erblicken. Oder ist es etwa von unten? Auf jeden Fall sehen wir die Planeten um den riesigen glühenden Ball der Sonne kreisen, sie bilden einen großen Teller und bewegen sich tatsächlich in der Reihenfolge, wie wir es in der Schule gelernt haben.

Sonne	Merkur	Venus	Erde	Mars
Jupiter	Saturn	Uranus	Neptun	Pluto

Um einige Planeten kreisen Monde, doch sie sind von hier aus gesehen sehr klein, und sie spielen für uns überhaupt keine Rolle mehr – wir haben die sublunare Welt längst verlassen. Der dritte Planet von links ist die Erde, und wir sehen sie im wunderbaren blau-grünen Licht erstrahlen, obwohl diese Farbenpracht teilweise von großen häßlich-grauen Wolken verdeckt wird. Vermutlich liegen unter diesen Wolken die Großstädte, wo seltsame Oberflächenbewohner gerade darüber abstimmen, wie sie am besten dem Feind unter der nächsten grauen Wolke die Augen auskratzen können. Wir fragen ernsthaft, was das für einen Sinn haben soll. Medizinisch gesehen, hat die Erde die ersten Anzeichen von bösartigem Hautkrebs. Das zeigen uns die großen gelben und grauen Flecken, die überall das schöne Grün und Blau der Oberfläche unterbrechen. Wenn das so weitergeht, sieht die Erde bald wie der Mars aus, und die nächste Chance für eine evolutionäre Entwicklung erhalten dann statt der Menschen die Wüstenkojoten.

Aus dieser galaktischen Sicht zeigt das Oktavengesetz andere Zusammenhänge, wir zählen folgende Oktavenpaare:

Sonne	Saturn
Merkur	Uranus
Venus	Neptun
Erde	Pluto
Mars	Transpluto
Jupiter	12. Planet

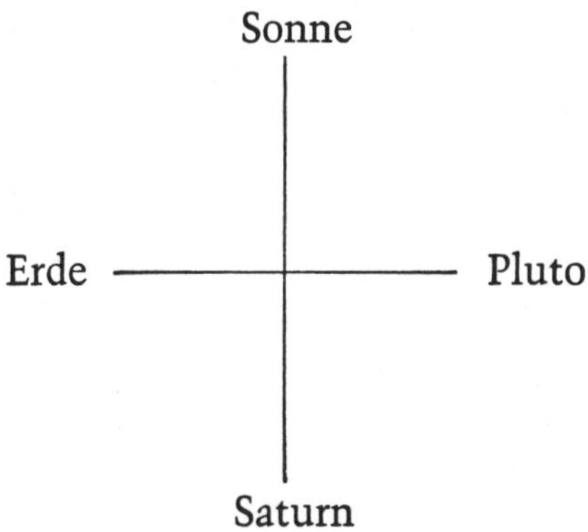

Das Kreuz der Transformation erscheint jetzt in der Anordnung der Gralsburg. Luzifer, der gestürzte Engel, fiel vom Himmel in die Tiefen und wurde dort als Saturn Höllenfürst. Er fiel nicht allein, sondern zusammen mit seinen Getreuen, diese werden astrologisch durch die transsaturnischen Planeten dargestellt. Da wir uns in unserer Weltgeschichte immer mehr der saturnischen Steinbock-Zeit nähern, werden Luzifers Gehilfen am Himmel nach und nach entdeckt. Pluto ist derjenige unter Luzifers Engeln, der bei seinem Fall die Ebene der Erde zugewiesen erhielt. Er ist Hades, der unterirdische Höllenfürst und Hüter des verborgenen irdischen Feuers. Als der Stein aus Luzifers Krone auf die Erde fiel, war es Pluto, der ihn liebevoll in die Form eines Kelches schliff, denn der Stein gab ihm die Hoffnung, eines Tages in den Himmel zurückkehren zu können. Alle gefallenen Engel hegen diesen Wunsch und die Himmelsmächte ebenso, wir Menschen können ihnen dabei ein wenig helfen. So wie Saturn durch den Sündenfall Kontakt mit den Menschen aufnahm, so auch Pluto, der Kore, die Tochter der Erden-Mutter Demeter (Jungfrau), entführte und sie zur Königin der Unterwelt machte. Pluto begleitete Jesus Christus zu seiner Zeit als Schüler, er ist Judas, der die unangenehmste Aufgabe unter allen Schülern auf sich nahm, indem er seinen Meister verriet.

Pluto ist alles andere als schlecht, genauso wie Saturn nicht schlecht oder böse ist. Beide müssen – aus welchen Gründen auch immer – die schwierigste Rolle unter allen Mächten spielen, sie sind im Schatten, sie sind die Rückseite von Baphomet. Sie sehen aus wie Frösche, doch wenn man sie küßt, verwandeln sie sich je nach Bedarf in Prinzen und Prinzessinnen, der Schatten hellt auf, und Frieden kehrt ein in der Welt.

Das Kreuz der Transformation zeigt die Ordnung der Gralsburg im erstrebenswerten Zustand der »rubedo«. Die erste Darstellung des Kreuzes und das Mandala entsprechen der »nigredo« der sublunaren Welt. Von dort haben wir die Erde verlassen und alles, was wir besitzen, zurückgelassen, sogar unseren Körper. Dadurch haben wir den vertikalen Gegensatz Mond-Saturn vereinigt, »albedo« überquert und die Erde gereinigt, und der horizontale Gegensatz Sonne-Pluto macht uns auch nicht mehr verrückt. Wir sehen jetzt die Welt von hoher Warte im hellen Rot und können so einen Blick hinter den Schleier der Maja werfen. Die Macht der Sonne ist unantastbar und kann letztlich von keinem Planeten angefochten werden. Sie braucht jedoch alle ohne Ausnahme, um zu sich zu finden.

Die Vertikale des Kreuzes ist das große Werk der Alchemie, die Goldherstellung aus Blei; für Alchemisten, die das Mineral anstelle des Metalls bevorzugen, der Diamantenschliff der Kohle. Das Werk, das mit der Wiedereinbürgerung Luzifers im Himmel identisch ist, kann man auch die Herstellung der Roten Erde nennen. »Scheide alsdann die Erde vom Feuer« (Hermes), doch gehe dabei langsam und behutsam vor und verbrenne nicht die Erde. Das Sonnenfeuer ist in der Erde selbst, es ist als unterirdisches Pluto-Feuer gefangen, wir sind also auf der Erde nicht allein. Erlöst man das Feuer, so ist Pluto nicht mehr schwarz, sondern rot. Die beim Sündenfall schwarz gewordene Erde

Das rote Kreuz aus galaktischer Sicht

muß inzwischen gereinigt worden sein, und so kann die weiße Erde durch Pluto gerötet werden. Das zeigt die Horizontale des Kreuzes, und so muß man auf der Erde vorgehen. Pluto steht im Osten, er ist damit Merkurius und kann die ganze Erde ins Sonnenstadium heben, wenn wir seine Kraft richtig anwenden. Zweierlei müssen wir dazu endlich begreifen: Wir sind nicht allein, und wir sind verantwortlich.

DER 11. UND DER 12. PLANET

Die galaktische Sicht liefert uns eine befriedigende Darstellung der 12 Planeten im Tierkreis. Aus dieser Sicht spielt der Mond keine Rolle mehr, dafür erscheint die Erde als Planet. Die neue Zwölferordnung schließt sich ohne Widerspruch an die klassische Siebenerordnung an und erweitert diese auf harmonische Weise. Das Gesetz der

Oktaven kommt klar zum Ausdruck. Einen wesentlichen Eingriff in die alte Ordnung bedeutet die Tatsache, daß die Planeten jetzt zwischen den Tierkreiszeichen stehen. Gerade das könnte aber den Übergangscharakter unserer Zeit widerspiegeln, wie dies der Zukunftsplanet Uranus zeigt, der mit dem heutigen Stand des Frühlingspunktes zusammenfällt.

Zwölf Planeten im Tierkreis

Die Involution oder die Schöpfung verläuft von oben nach unten, von der Sonne in Richtung Saturn. Umgekehrt, von Saturn nach oben zur Sonne, findet die Evolution statt.

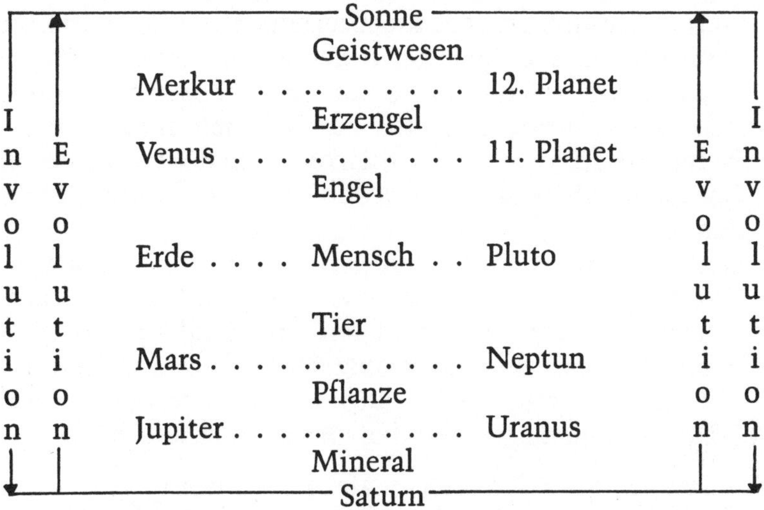

Wir haben die individuelle Entwicklung des menschlichen Bewußtseins mit Hilfe der chaldäischen Reihe der sieben klassischen Planeten beschrieben, sie verläuft in Richtung der Involution. Die einzelnen Stadien dieser Entwicklung kann man stichwortartig folgendermaßen zusammenfassen:

Mond	Bewußtsein des Kindes und der Masse
Merkur	Intellektuelles Bewußtsein
Venus	Passives Geschlechtsbewußtsein
Sonne	Ich-Bewußtsein
Mars	Aktives Geschlechtsbewußtsein
Jupiter	Altruistisches Bewußtsein
Saturn	Transpersonales Bewußtsein

Weiterhin haben wir gesehen, daß der Anschluß der persönlichen Entwicklung und Geschichte an die Evolution im Sonnenstadium erfolgt, sobald der Mensch bereit ist, an der Schöpfung (Involution) verantwortungsvoll mitzuarbeiten.

In der Zwölferordnung liegt jede höhere Oktave eines Grundplaneten im Tierkreis diesem gegenüber. Sobald sich der Mensch bewußt einer Grundkraft zuwendet, aktiviert er dadurch die gegenüberliegende Oktave, deren Kraft dann meistens unbewußt in Erscheinung tritt. Wenn er sein Denken ausbildet (Merkur), meldet sich seine Intuition (Uranus); die Schulung der Wahrnehmungsfähigkeit (Venus) erweckt die telepathischen Fähigkeiten (Neptun). Das Sonnenbewußtsein erleuchtet die Erde und ermöglicht den Anschluß an die Evolution, der Mensch wird mit den Kräften des Pluto konfrontiert. Die Anordnung der Oktavenpaare im Tierkreis zeigt klar, daß die bewußte Zuwendung zur involutionären Entwicklung den Menschen automatisch in Richtung der Evolution weiterträgt. Wie geht es aber nach Pluto weiter? Für die höheren Oktaven können wir ebenfalls Stichworte angeben:

Saturn	Transpersonales Bewußtsein
Uranus	Intuition
Neptun	Telepathie
Pluto	alter ego
11. Planet	Telekinese
12. Planet	Das UFO-Phänomen

Da die Venus eine passive Kraft der Sinne ist, erweckt sie die ebenfalls passive Fähigkeit der außersinnlichen Wahrnehmung. Neptun erreicht dasselbe Resultat wie Venus, nur braucht er dazu nicht wie Venus das Medium des Stoffes. Genauso verhält es sich mit dem Oktavenpaar Mars-11. Planet. Die aktive Energie des Mars bewegt und verändert den Stoff, aber nur durch einen direkten materiellen Kontakt. Der 11. Planet (Transpluto) vermag ebenfalls stoffliche Veränderungen hervorzurufen, bedarf jedoch dazu nicht der Mittlerrolle der Materie. Dieses Phänomen, bzw. diese Fähigkeit eines Menschen, definiert die Parapsychologie als Telekinese. Telekinese ist das aktive Gegenstück der passiven Telepathie, wie auch Mars und Venus die aktive bzw. passive Geschlechtskraft (Kundalini = Libido = Bioenergie) darstellen.

Der 12. Planet schließlich ist ein UFO. Jupiter bedeutet die Loslösung vom Ich und die Ausrichtung am Nächsten (an einem der Sonne übergeordneten Zentrum), das ist das altruistische Bewußtsein. Die unbewußte Ergänzung hierfür ist eine fremde Menschheit, und da diese heute nicht mehr auf der Erde zu finden ist, erscheint sie außerirdisch, in fliegenden Untertassen. C. G. Jung hat ausführlich gezeigt, daß das UFO-Phänomen keineswegs neu ist, lediglich in der Erscheinungsform unserer technisierten Welt angepaßt wurde, und daß es die tiefsten Schichten des kollektiven Unbewußten anzeigt.

Damit haben wir unseren Rundgang im Innenhof der Neuen Gralsburg beendet. Wir blicken noch einmal in die Runde und überlegen, welche baulichen Veränderungen hier eigentlich vorgenommen worden sind. Das Baumaterial ist neu, die Neue Burg ist aus fester Roter Erde erbaut. Der Innenhof hat vier rote Tore, die von vier geflügelten Wesen bewacht werden. Acht große Fenster, jeweils zwei zwischen zwei Toren, lassen großzügig das goldene Licht der untergehenden Sonne herein. Alles ist still und heiter.

Die Alte Gralsburg wurde nach den Gesetzen der Heiligen Sieben erbaut. Der Architekt ist ein Chaldäer namens Hiram Abiff, er ist ein Schüler Thors. Sein Hammer ist das pythagoräische Dreieck, dessen Seitenlängen 3, 4 und 5 Ellen messen.

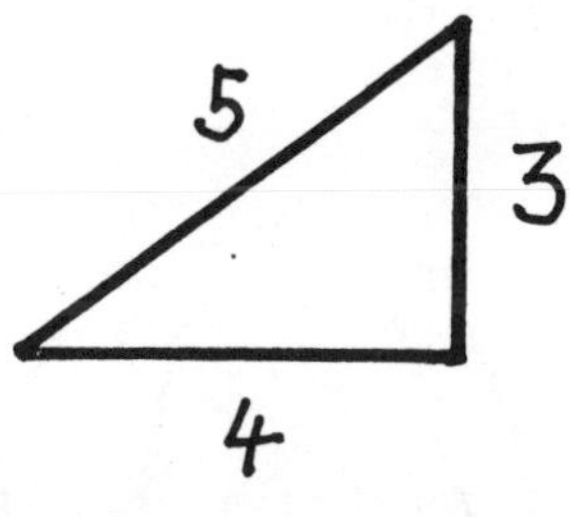

Der Hammer des Hiram Abiff

Hiram Abiff benutzte bei der Alten Gralsburg nur zwei Seiten seines Hammers, die mit den Längen von 3 und 4 Ellen. Er verband 3 und 4 mit dem geraden Kreuz + zu 7, wodurch er die Burg nach den Regeln der chaldäischen Astrologen erbaute.

Beim Wiederaufbau war eine Erweiterung der Möglichkeiten notwendig geworden. Da ergriff Hiram seinen Hammer und warf ihn in die Luft, daß er sich drehte. Nun verband er 3 und 4 mit dem schrägen Kreuz × zu 12, und so baute er die Neue Gralsburg nach dem Gesetz der Oktaven.

Denn wenn der Achte der Neue Erste ist, so ergibt die Fünf zusammen mit der Alten Sieben die Zwölf, oder 7 + 5 = 12. So dachte Hiram und verwendete diesmal auch die dritte Seite seines Hammers, die mit der Länge von 5 Ellen. Und all das geschah, als Hiram Abiff 35 Jahre alt war.

Wir stehen immer noch im Innenhof der Neuen Gralsburg und staunen über so viele vortreffliche Zahlensymbolik. Ist Gott am Ende doch ein Mathematiker? Aber halt, wo bleibt die 5 in der sichtbaren Architektur der Gralsburg? Zu sehen ist eigentlich nur die 3, die 4, die 7, die 8, auch die 6 und die 12. Kaum fassen wir diesen Gedanken, ertönt vom 12. Fenster her ein leises Summen. Das goldene Licht der untergehenden Sonne wird für einen Augenblick verdeckt, und ein UFO landet weich in der Mitte des Hofes. Seine leuchtende rotgoldene Farbe blendet die Augen erstaunlicherweise überhaupt nicht, und wir erkennen ganz deutlich seine Form:

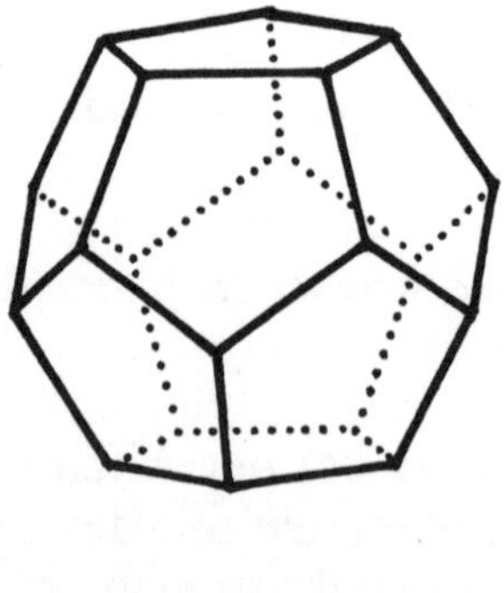

X. Planeten-Alchemie

Die Alchemie ist die Kunst der Wandlung. Der Ausgangsstoff und das Endprodukt, die »prima materia« und der Stein der Weisen sind im Wesen identisch, gewandelt wird jedoch die Sicht des Alchemisten, wodurch sich die objektiven Umstände ebenfalls wandeln. Der Stein der Weisen ist äußerst selten und doch überall zu finden, so kann man ihn lange umsonst suchen, aber auch ganz unerwartet finden. Wenn man mit bestimmten Vorstellungen auf die Suche geht, findet man ihn vor lauter Suchen wahrscheinlich nie; obwohl der Stein überall am Weg entlang herumliegt, wird er übersehen. Geht man hingegen mit der richtigen Einstellung und ohne ein bestimmtes Ziel, findet man ihn möglicherweise schneller als man denkt.

Das Prinzip der Wandlung ist am einfachsten anhand der Lehre von den klassischen vier Elementen zu verstehen. Feuer, Erde, Luft und Wasser bauen die ganze Welt auf, und je nach ihrem Mischungsverhältnis entstehen die verschiedenen Stoffarten. Es gibt nur einen einzigen Stoff, das Verhältnis der vier Elemente bestimmt jedoch seine jeweilige Form, die wiederum durch vier Qualitäten oder Eigenschaften: heiß, trocken, kalt und feucht beschrieben werden kann. Ändert man die Qualitäten, so verändert sich auch die Form, ein Vorgang, den man in der Natur stets beobachten kann. Der Alchemist ist nun bemüht, selbst in die ewige Wandlung der Natur einzugreifen und Prozesse, die sonst sehr lange dauern, möglicherweise zu beschleunigen. Er ist durch eine solche Einstellung schöpferisch tätig. Welche Ziele er dabei verfolgt, muß er selbst ent scheiden und verantworten. Alchemie ist Schöpfung.

Salzeis z.B. hat die Form von Erde und die Eigenschaften trocken und kalt. Sorgt man für Feuchtigkeit, verschwindet die Eigenschaft der Trockenheit, und feucht-kaltes Salzwasser entsteht. Fügt man jetzt Hitze zu, bleibt das Salzwasser nicht mehr kalt, sondern wird heiß und feucht,

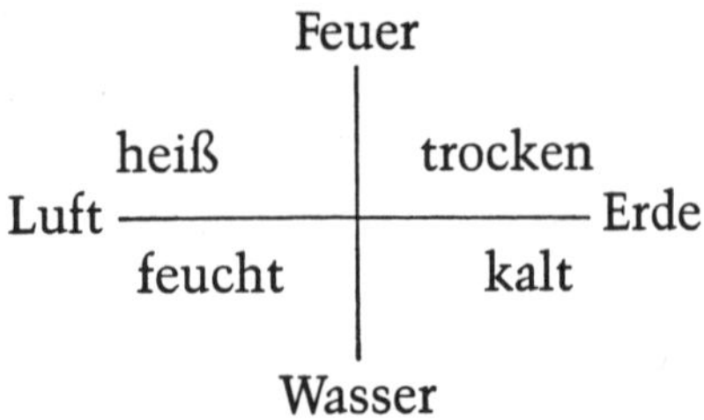

es verdampft zur Salzluft. Ist das Salz schließlich brennbar, so enthält es auch die Qualität des Feuers, und man kann die Salzluft als heiße und trockene Salzfeuer verbrennen.

Dieses einfache Prinzip gilt nun für jeden Stoff. Die Kunst ist nur, die einzelnen Bestandteile zu trennen und zu verbinden, die Qualitäten entsprechend zu verändern, bis der Stoff sich wie gewünscht wandelt. Gelingt es dem Künstler, den Stoff so zu verändern, daß alle vier Elemente eine harmonische Mischung erfahren, wodurch dann auch alle vier Eigenschaften gleichzeitig vorhanden sind, so hat er das Fünfte Element oder den Stein der Weisen hergestellt. Je nach Mentalität des Alchemisten kann der Prozeß als Goldherstellung oder als seelische Vervollkommnung oder auch als beides verstanden werden.

Wir verfolgen hier den alchemistischen Prozeß mit Hilfe der planetarischen Symbolik. Die vier Elemente und die Tierkreiszeichen bilden das äußere alchemistische Gefäß, es ist das hermetische Ei der Philosophen, dessen Schale, Haut und Eiweiß die äußeren Schichten darstellen. Wir haben dieses Gefäß als Gralsburg von verschiedenen Seiten betrachtet. Das Eigelb in der Mitte des Eis ist der Gral in der Mitte der Gralsburg, er ist zugleich der Stein der Weisen und kann durch die Planeten genauer beschrieben werden.

Eine erste Darstellung des philosophischen Goldes liefert das Hexagramm der sieben Planeten, es entspricht der luftdünnen Haut zwischen Schale und Eiweiß. Die vier Elemente sind durch die zwei ineinander verschränkten Dreiecke dargestellt, wobei das Dreieck mit der Spitze nach unten für Erde und Wasser, das Dreieck mit der Spitze nach oben für Luft und Feuer steht.

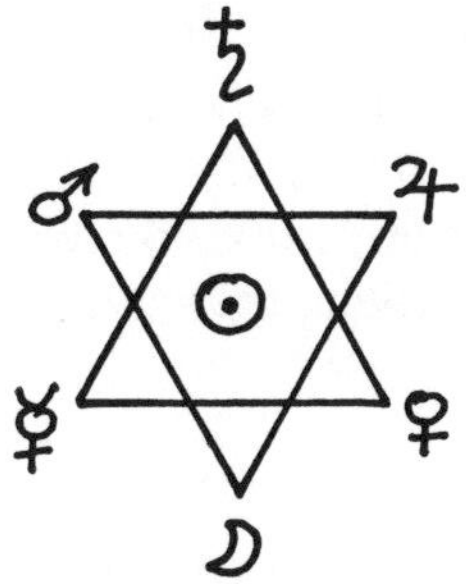

Der Sechsstern liefert die Grundstruktur der Gralsburg. Eine gedachte Schlangenlinie von Mond zu Saturn zeigt die Planeten in der zeitlichen Entwicklung der chaldäischen Reihe, die einander gegenüber liegenden Planeten bilden die drei Paare der symmetrischen Planetenordnung.

Das Hexagramm lenkt die Aufmerksamkeit auf Jupiter und Saturn, denn diese zwei Planeten zeichnen den Sechsstern alle 60 Jahre deutlich an den Himmel: Infolge der Umlaufzeiten (Jupiter 12 Jahre, Saturn 30 Jahre) ergeben sich in 60 Jahren sechs Konjunktionen bzw. Oppositionen zwischen beiden Planeten. Verbindet man diese sechs Stellen, erscheint der Stern.

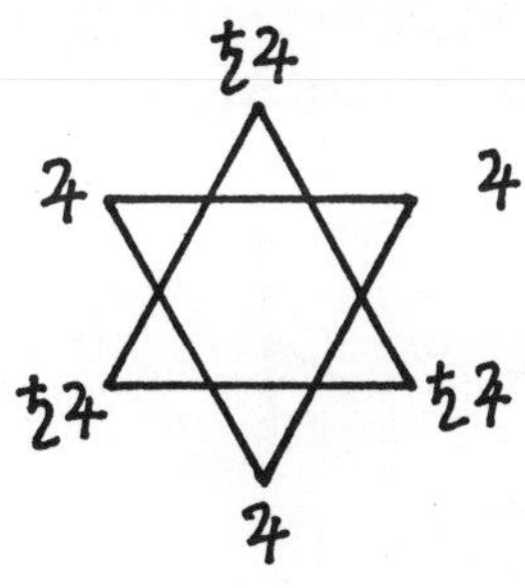

Die Konjunktion zwischen Jupiter und Saturn gilt als der »Stern der Weisen«, die Konstellation, die den drei Weisen aus dem Morgenland als Wegweiser zur Krippe nach Bethlehem diente. Wir finden also, daß das Hexagramm sowohl den Stein der Weisen wie auch den Stern der Weisen versinnbildlicht.

Der Bezug zu Jesus Christus wird auch auf andere Weise deutlich. Verbinden wir im Sechsstern die symmetrischen Planetenpaare, indem wir die Diagonalen ziehen, stellen wir weiterhin die Konjunktion zwischen Jupiter und Saturn dar, indem wir diese zwei Planeten ebenfalls miteinander verbinden.

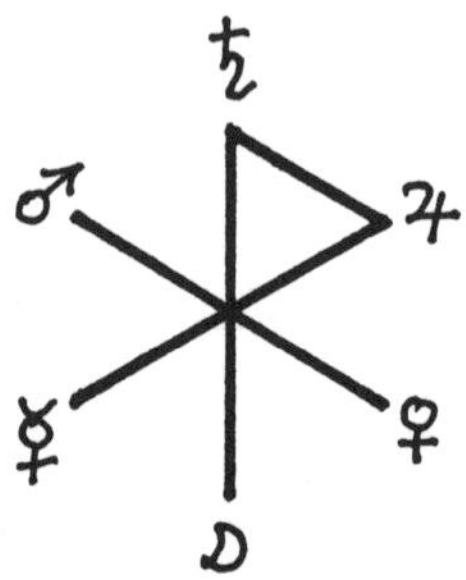

Auf diese Weise erhalten wir die Christus-Rune. Das ist kein Zufall, sondern Ausdruck der Tatsache, daß die germanische Tradition der christlichen Tradition nicht widerspricht, vielmehr nimmt jene geschichtlich und in der Bedeutung diese vorweg. Lesen wir nun dieses Christus-Symbol als zusammengesetzte Rune, so können wir die Einzelrunen G (als Andreaskreuz), R, A und L darin erkennen, wir sehen also den GRAL.

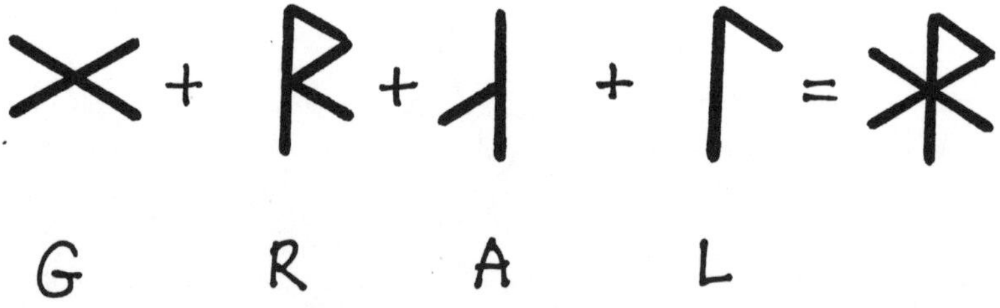

Die Sonne ist in die Mitte des Symbols zu denken. Die Vertikale ist die IS-Rune, IS ist Jesus, in diesem Fall durch die drei Planeten Mond, Sonne und Saturn dargestellt, durch die drei Planeten des GRAL. Astrologie, Runen oder Alchemie, ihre Symbolik führt immer zum selben Ziel, denn die Wahrheit ist einfach, obzwar manchmal schwer zu finden.

Der Gral führt uns ins Innere der Gralsburg, vom Tierkreis zu den Planeten, vom Eiweiß zum Dotter. Das Goldgelb des Zentrums zeigt uns den Übergang von »albedo« nach »rubedo«, doch wenn wir den ganzen Prozeß verstehen wollen, müssen wir im schwarzen Stadium der »nigredo« beginnen. Die Anordnung der Planeten um das Hexagramm zeigt noch nigredo, Saturn regiert die Stunde.

NIGREDO

Das philosophische Ei liegt irgendwo im Straßendreck. Kein kosmisches Huhn legt sein Ei in eine sterile Umgebung, und die Retortenhühner der heutigen Industrieproduktion legen überhaupt keine philosophischen Eier. Auch die Gralsburg ist, wenn sie zum ersten Mal erblickt wird, tiefschwarz. Sollte das philosophische Ei eines gesunden kosmischen Huhnes trotzdem aus irgendwelchen Gründen an einen sehr sauberen Platz geraten und dort vom Gralssucher gefunden werden, ist die erste Aufgabe des Alchemisten, das Ei umgehend in einen Sumpf zu werfen. Abgesehen von einigen ganz wenigen Ausnahmen, ist es einfach nicht möglich, den alchemistischen Prozeß auf der Stufe der albedo zu beginnen. Die Weißung kann erst herbeigeführt werden, nachdem die Schwärzung ihre höchste Stufe erreicht hat.

Im persönlichen Horoskop erreichen wir nigredo, nachdem der Mensch seine durch die Häuser angezeigten Verhaltensstörungen einigermaßen abgelegt hat. Es gibt Menschen (und Horoskope), die im Verhalten (Häuser) ein Stadium zeigen, das sie von ihren Anlagen her noch gar nicht erarbeitet haben. Gerade in solchen Fällen ist es besonders wichtig, die Stufe der nigredo astrologisch zu verfolgen, und das Horoskop so zu drehen, daß Steinbock-Saturn oben steht. Ist es einmal soweit, kann der Mensch seine Anlagen aufs bestmöglichste entfalten, und er steht dann mit beiden Beinen im Alltag und im Strom der Zeit.

Die Zeit ist Saturn, seine Herrschaft beginnt bereits bei der Geburt in diese Welt. Die Geburt ist eine Schöpfung, sie ist wie jede Schöpfung ein Fall. Mit der Geburt stirbt der Mensch für die jenseitige Welt des Geistes und fällt in die Stoffwelt des Saturn, wo dieser als Zeit herrscht.

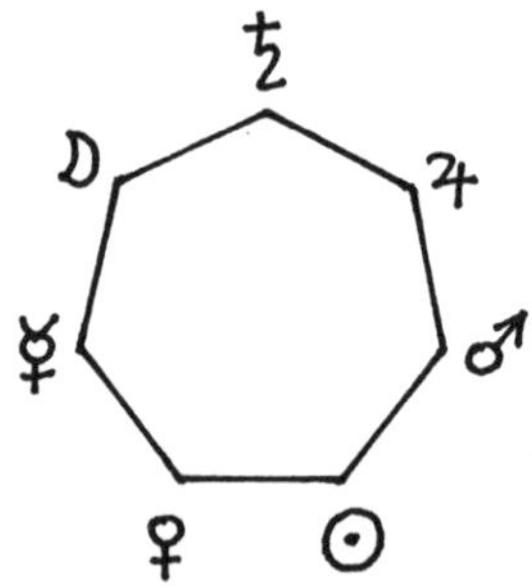

Die Zeit und jeder zeitliche Prozeß kann durch die chaldäische Reihe der sieben Planeten erfaßt werden. War also bereits die Geburt ein Fall in die Saturnwelt, so fällt der Mensch im Laufe seines Lebens weiter, durchläuft die Planetenreihe, bis ihn der Saturn als physischer Tod aus diesem Leben scheidet. Der Alchemist muß nun seinen Fall beschleunigen, er muß noch in dieser Welt die Stufe des Saturn erreichen und »sterben«, damit er aus der vollendeten nigredo in die Mondwelt der albedo hinüberwechseln kann.

Der Verlauf des Lebens und der Zeit nach der chaldäischen Reihe zeigt uns, daß wir in dieser Welt Schöpfer werden können, denn unser Leben verläuft in derselben Richtung wie jede Schöpfung (Involution). Diese Erkenntnis wird jedoch dadurch erschwert, daß wir in einer »verkehrten« Welt leben, wie wir das schon bei der Behandlung der Gralsburg gesehen haben. Saturn und der Zustand der nigredo beherrschen die Welt, und sie erscheinen als höchstes Ziel. Es ist richtig, daß der bittere Kelch Saturns bis zur Neige ausgetrunken werden muß, seine Herrschaft bleibt aber trotzdem nur ein Übergangsstadium, das weitergeführt werden muß. Die Verkehrung der Welt wird besonders deutlich, wenn wir die Kraftzentren des menschlichen Körpers (Chakras) in ihrer planetarischen Entsprechung betrachten.

7. Scheitelchakra	Saturn	Blei
6. Stirnchakra	Jupiter	Zinn
5. Halschakra	Mars	Eisen
4. Herzchakra	Sonne	Gold
3. Nabelchakra	Venus	Kupfer
2. Sexualchakra	Merkur	Quecksilber
1. Basischakra	Mond	Silber

Schon aus statischen und kinetischen Gründen ist es widersinnig, daß das schwerste Metall Blei den Kopf regiert. Es mag zwar dazu führen, daß wir unseren Kopf mit Gewalt durchsetzen, daß wir mit solch schwerem Kopf sogar durch Wände gehen, doch ebenso und gerade deshalb fördert es die allzu individuelle Lebenseinstellung und den Egoismus. Ein bleierner Kopf ist schwer zu tragen und verursacht leicht Kopfschmerzen, er lastet schwer auf den silbernen Füßen und macht jede Bewegung zwar wuchtig, doch ziemlich unkontrollierbar.

Im Zustand der nigredo ist die Meditation über die Metallentsprechungen der Chakras ein ausgezeichneter Weg, um über die Lage Klarheit zu verschaffen. Es wird uns klar, wie schwer und wie wichtig wir unseren Kopf und unseren Verstand nehmen, wie leicht es daher diesen fällt, das wahre Zentrum, das Gold im Herzen zu verdecken. Die Richtung der Planetenreihe verläuft von unten nach oben, so daß wir auch dadurch die Entwicklung des Verstandes als höchstes Ziel ansehen und uns damit immer mehr vom tragenden Mutterboden der Erde entfernen, wo wir ohnehin nur auf zerbrechlichen Silberfüßen stehen. Das leichtlebige Quecksilber kann uns leicht dazu verleiten, daß wir aus der Sexualität ein Gesellschaftsspiel machen, das zwar ganz angenehm sein kann, doch auch unweigerlich die konstruktive Nutzung der Geschlechtskraft verhindert. Oder etwa das Eisen, das zwar eine mächtige Waffe der Sprache bedeutet, die jedoch ohne die Unterstützung der anderen Kräfte sehr schnell zur tödlichen Waffe werden kann.

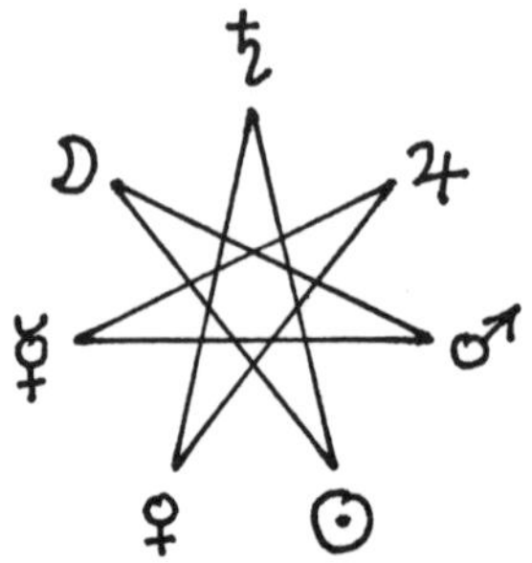

Zu den Geheimnissen des Siebensterns gehört, daß er den Ablauf der Wochentage aufzeigt. Wenn wir die um das Siebeneck geschriebene chaldäische Reihe in der Reihenfolge des Sternzuges ablesen, erhalten wir die genaue Folge der sieben Wochentage. Diese Folge, die von der Sonne bis Saturn läuft, zeigt eine innere, dynamische Seite des Zeitablaufes.

1. Sonne	Sonntag
2. Mond	Montag
3. Mars	Dienstag
4. Merkur	Mittwoch
5. Jupiter	Donnerstag
6. Venus	Freitag
7. Saturn	Samstag

Während die chaldäische Reihe von Mond zu Saturn verläuft und damit den Zeitablauf in der sublunaren Welt beschreibt, wird in der Folge der Wochentage die zeitliche Entwicklung der Involution genauer dargestellt. Die Schöpfung ist ja der Abstieg oder Fall des Geistes in die Stoffwelt, sie kann nur im geistigen Zentrum der Sonne beginnen und schließlich zum gefallenen Saturn führen.

Die biblische Schöpfungsgeschichte der sieben Tage spiegelt genau diesen Tatbestand wieder: »Es werde Licht« ist das Licht der Sonne am Sonntag. Dann führt die Schöpfung in die sublunare Welt des Mondes hinunter, und weiter über Mars zu Merkur, wo die Mitte erreicht ist. Am siebten Tag schließlich, am Sabbat, ruht der Schöpfergott von allen seinen Werken, und dazu hat er auch einen guten astrologischen Grund.

Wenn wir für den Beginn am Sonntag eine Sonne-Mond-Konjunktion setzen, denn genau sie symbolisiert jeden Beginn, erhalten wir für Mittwoch ein Halbquadrat zwischen Sonne und Mond.* Das Halbquadrat ist zwar ein schwacher, doch gespannter Aspekt, Merkur kann hier durch seine ständige verstandesmäßige Analyse die Einheit der Sonnenkraft erheblich stören. Am Donnerstag hingegen stehen Sonne und Mond im Sextil-Aspekt zueinander, und Jupiter kann durch seine synthetische Kraft ihre Beziehung konstruktiv fördern. Donnerstag ist also ein »Glückstag« in der Woche.

Solche Beispiele machen klar, warum die Alchemisten an bestimmten Tagen gewisse Operationen vornahmen und andere dafür sein ließen. Sie suchten und fanden die Qualität der Zeit, etwas, das uns heute (außer den Gralssuchern) fast vollständig verlorenging. Am siebten Tag des Saturn stehen schließlich Sonne und Mond im Quadrat-Aspekt. Es ist etwa Halbmond, und das scharfe Quadrat läßt Sonne und Mond, Sein und Schein, miteinander streiten. Es ist jetzt Sabbat und ganz vernünftig zu ruhen, wie dies auch der Schöpfergott an diesem Tag tat.

Die Ordnung der Wochentage gibt uns erneut den unübersehbaren Hinweis, daß wir unser Leben schöpferisch, denn im Sinne der Schöpfung, einrichten können, wenn wir es nur wollen.

---

* Diese Rechnung stimmt nicht ganz. Sie setzt eine feststehende Sonne und einen idealisierten Mond mit 15 Grad Tagesbewegung voraus. Trotzdem lohnt es sich, dieses Beispiel zu verfolgen, denn es zeigt, wie schnell Eingriffe in die Kalenderordnung das kosmische Gleichgewicht stören können.

Um so betrüblicher ist es und ein Zeichen höchster Ignoranz kosmischer Gesetze, daß wir die natürliche Ordnung der Wochentage willkürlich zerstören. Was wir damit erreichen, zeigt eine kurze Betrachtung der heute gültigen Woche.

1. Montag	Mond	Konjunktion
2. Dienstag	Mars	15°
3. Mittwoch	Merkur	30°
4. Donnerstag	Jupiter	Halbquadrat
5. Freitag	Venus	Sextil
6. Samstag	Saturn	75°
7. Sonntag	Sonne	Quadrat

Der Wochenbeginn am Montag läßt den direkten Kontakt zum Geist der Sonne beseitigen, alles, was wir fortan tun, hat nur einen Bezug zur sublunaren Welt, pflegt den Schein, verfehlt das Sein und ist geistlos. Ohne diesen geistigen Rückhalt stürzen wir uns am Dienstag in wilde Aktivitäten, der Mars, der jede Aktivität liebt, wütet ziel- und sinnlos herum, denn ohne Leitung weiß er nicht, was er tut. Da der geistige Faden verlorenging, hackt er wie wild auf den Stoff ein, und wer weiß, was er alles noch anrichten wird. Am Mittwoch beruft Merkur eine wissenschaftliche Kommission, die die Aufgabe hat, die bereits angerichteten Schäden wissenschaftlich zu erklären und weitere Vorschläge für die Zukunft auszuarbeiten. Merkur tut das gerne, denn er ist sehr gescheit und beweglich, leider ist er oft auch gewissenlos und ein fauler Zauberer, der nur allzu gerne die Gutgläubigen irreführt, nur so zum Spaß. Am Donnerstag dann kommt Jupiter, er könnte endlich Sinn in die Welt bringen und den verlorenen geistigen Bezug wieder herstellen, doch an diesem Tag fällt dies auch ihm nicht leicht, denn heute herrscht das gespannte Halbquadrat zwischen Sonne und Mond und läßt die beiden miteinander zanken. Der Sextil-Glückstag ist Freitag. Hier kann Venus wenigstens für das »kleine Glück« sorgen, wenn auch sie wegen ihrer Genußliebe und Trägheit wahrscheinlich die leichten und irdischen Freuden der sogenannten »Zerstreuung« bevorzugen wird. Wenn Saturn am Samstag angesichts solcher Oberflächlichkeit keine Lust mehr zum ganzen Theater hat, läßt er uns einfach in den Trübsinn fallen, denn wozu die ganze Mühe, so sagt er sich, wenn doch am Sonntag infolge der Quadratstellung zwischen Sonne und Mond ohnehin kaum die Möglichkeit besteht, die entgeistigte Welt geistig zu beleben. Es sei denn durch Schocks.

Ich will damit keineswegs sagen, daß z.B. die Engländer und andere, die die verfälschte Wochenordnung nicht übernahmen, etwa deshalb ein vergeistigteres Leben führen als wir. Es ist nur ein Beispiel unter anderen, das zeigen soll, daß es auf die Dauer nicht gut gehen kann, wenn wir nach und nach jegliche lebendige geistige Beziehung in unserer Welt zerstören.

Die richtige Ordnung der Woche beginnt also am Sonntag mit der Sonne und endet am Samstag mit Saturn. Der folgende Sonntag ist der achte Tag und zugleich der erste Tag der neuen Woche. Er ist die Oktave, mit ihm kann das Alte auf einer höheren Ebene neu beginnen und das Woche für Woche. Es ist also nie zu spät.

Theosophisch orientierte Autoren wie Rudolf Steiner oder Max Heindel beschreiben nach derselben Gesetzmäßigkeit riesige Weltepochen, die unvorstellbare Zeiträume der involutionären und evolutionären Weltentwicklung umfassen.

Involution und Evolution sind keine getrennten Vorgänge, die man zeitlich streng voneinander getrennt betrachten kann. Trotzdem vereinfacht es die Vorstellung, wenn wir von einer ersten Schöpfung ausgehen, die, wie sie etwa in der Bibel beschrieben ist, von der Sonne ausgeht und beim Saturn endet.

Hier bei Saturn setzt die theosophische Auffassung an und beschreibt die weitere Entwicklung nach der Abfolge des Siebensterns.

1. Saturn-Periode	. . . .	Feuer-Welt
2. Sonnen-Periode	. . . .	Luft-Welt
3. Mond-Periode	. . . .	Wasser-Welt
4. Mars-Periode 5. Merkur-Periode	} Erd-Periode	Erden-Welt
6. Jupiter-Periode	. . . .	Wasser
7. Venus-Periode	. . . .	Luft
8. Vulkan-Periode	. . . .	Feuer

Demnach bedeuten die ersten vier Stufen eine Entwicklung, die wir schon hinter uns haben. Anfangs bestand die Welt aus Feuer, sie war heiß und trocken. Die Feuer-Welt war nicht einmal sichtbar, es ist richtiger, sie als aus Wärme oder Hitze bestehend zu bezeichnen. Von dort an verlief die Entwicklung durch Umwandlung der Elemente, ganz im Sinne der Alchemie. Durch eine Verdichtung der Materie, die bis zu unserer heutigen Erd-Periode andauert, wandelte sich die trockene Qualität des Feuers in Feuchtigkeit, wodurch feuchte Hitze entstand, die wiederum nichts anderes als Luft ist. Erst diese Luft-Welt wurde sichtbar, da die Hitze die Luft entzünden konnte, so daß die offene Flamme erschien. Weitere Abkühlung wandelte die Qualität der Hitze in Kühle, und die feucht-kalte Wasser-Welt konnte geboren werden. Die letzte Stufe der stofflichen Verdichtung ließ die Feuchtigkeit schwinden, und die Welt nahm ihre heutige Form als kalte und trockene Erde an.

Wir sind jetzt genau in der Mitte der gesamten Entwicklung. Die Verdichtung des Stoffes hat ihren Höhepunkt erreicht, die Welt hat sich am weitesten von ihrem geistigen Ursprung entfernt, wir sind in die tiefste nigredo gefallen. Entweder kommen wir darin um, oder es gelingt uns, die Erde zu reinigen und albedo zu erreichen. Die Entwicklung kehrt hier um und geht als Vergeistigung des Stoffes zu ihrem Ursprung zurück, der dichte Stoff muß zukünftig nach und nach verfeinert werden. Die nächsten zwei Perioden nach der Erd-Periode werden die Jupiter- und die Venus-Periode sein. Zunächst steht uns der Übergang von der Merkur- zur Jupiter-Periode oder von der Erden- zur Wasser-Welt bevor. Dieser Übergang bedeutet, daß der Erde Feuchtigkeit zugefügt werden muß, sie muß also gründlich gereinigt werden. Die symmetrische Anordnung der Perioden zeigt, daß die künftige Wasser-Welt mit der alten Wasser-Welt der Mond-Periode in Beziehung steht. Die letzten Reste aus der Mond-Periode sind die spärlichen Spuren aus der versunkenen Atlantis. Daraus kann man nun schließen, daß dieser versunkene Kontinent in der Zukunft erneut aus dem Wasser auftauchen wird, und daß die atlantische und seither fast völlig verschwundene Tradition erneut an Bedeutung gewinnen wird.

Das Problem der Vereinigung von Merkur- und Jupiterkräften stellt sich bereits heute, es ist die Hypothek des Andreaskreuzes aus der auslaufenden Fische-Zeit an das neue Wassermannzeitalter. Die letzte künftige Periode des Vulkan ist die wiederkehrende Oktave des Urbeginns. Nach unserem Zeitbegriff liegt sie noch unermeßlich weit vor uns. Es dürfte die Zeit sein, in der nach astronomischen Berechnungen die Sonne die Erde und alle anderen Planeten verbrennen wird. Wollen wir in dieser fernen Zukunft als Menschheit überleben, und haben wir uns bis dahin nicht sonstwie vernichtet, müssen wir in der Zwischenzeit Engel und feuerfest geworden sein.

Die Ordnung der Woche bzw. die Weltenentwicklung nach dem Siebenstern werden nach den Gesetzen der Drei und der Oktaven bestimmt. Wir haben die sieben Planeten der chaldäischen Reihe um das Siebeneck geschrieben und dann nach dem Zug des Siebensterns abgelesen. Dadurch entsteht nach dem Gesetz der Drei eine Reihenfolge, die den ersten, den vierten und den siebten Planeten, also Mond, Sonne und Saturn, in eine neue Reihenfolge setzt. Nach dem Oktavengesetz ergibt der siebte Schritt den achten Planeten, der eben mit dem wiederhergestellten ersten Planeten identisch ist. Nun kann man diese Abläufe genausogut mit Hilfe von Achterschwingungen darstellen,

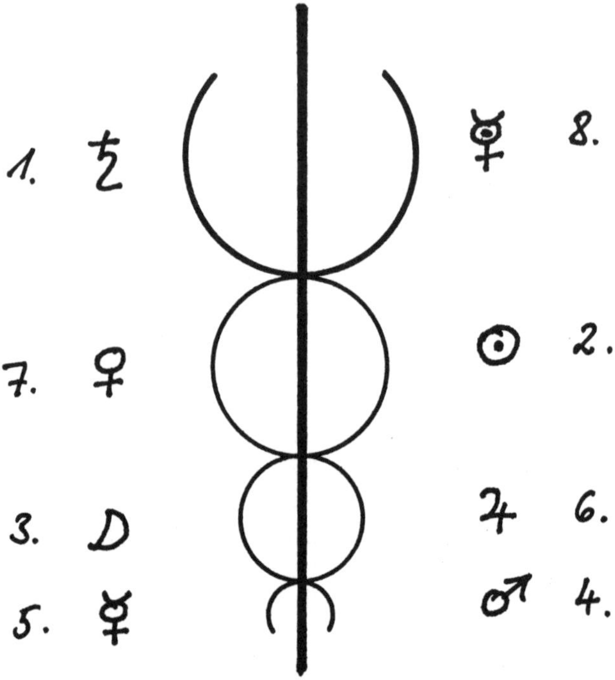

Caduceus

wobei der erneuernde Charakter der Oktave noch klarer hervortritt.

Der bekannte Merkurstab mit den zwei Schlangen ist eine solche Darstellung. Wir sehen den Fall Saturns, der über Sonne und Mond die unterste Ebene von Mars erreicht. Diesen tiefen Stand kann man als das Eiserne Zeitalter ansehen. Von hier aus kann der Aufstieg einsetzen. Merkur muß über Jupiter und Venus zum Merkurius erhöht werden, der (etwa als Uranus) den alten Saturn auf der höchsten Ebene erneuert. Diese Darstellung erklärt die zentrale Bedeutung von Merkurius in der Alchemie, ohne ihn ist die Umwandlung Saturns oder die Herstellung des Steines nicht möglich.

Der Caduceus ist ebensogut im menschlichen Körper zu finden. Die senkrechte Mittellinie ist die Wirbelsäule, um die die absteigenden und aufsteigenden Energieströme schlangenförmig schwingen. Ein ungehinderter Energiefluß ist nur möglich, wenn die Chakras richtig funktionie-

ren und den Energiestrom nicht stören. Der Bote und Mittler Merkur allein, der in der oberen Welt des Olymp genauso wie in der Unterwelt Hades zu Hause ist, vermag die Verbindung herzustellen, das zeigt auch sein Stab.

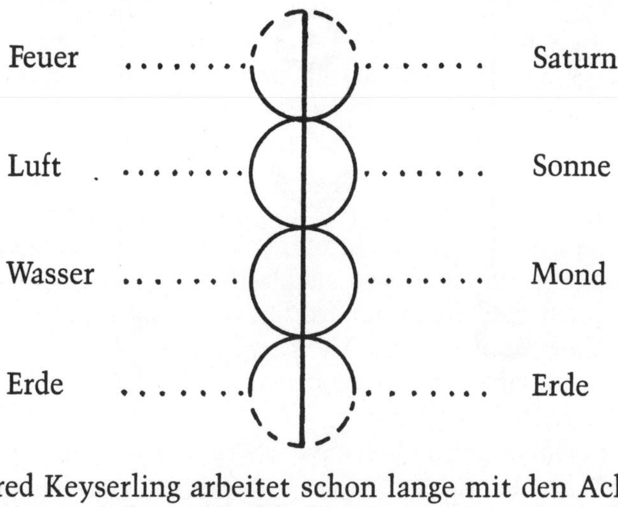

Manfred Keyserling arbeitet schon lange mit den Achterschwingungen des menschlichen Körpers, seine Art kann hier jedoch nur angedeutet werden. Er erfaßt vor allem drei Achterschwingungen, die tiefe, die mittlere und die hohe

Acht. Diese entsprechen astrologisch gesehen den Elementen Wasser, Luft und Feuer, und bedeuten – wie dies aus früheren Stellen dieses Buches hervorgeht – die Leitbilder der Triebe, die Urbilder des Geistes und die Sinnbilder der Seele. Sie alle sind im eigenen Körper zu finden, wenn die Empfänglichkeit dafür geweckt worden ist.

Der Merkurstab verdichtet im Abstieg das Feuer über Luft und Wasser zur Erde, das ist Saturns Fall. Merkur auf der Erde ist der niedere Merkur, es besteht die Gefahr, daß er den Anschluß zum Geist verliert und Unheil in der Stoffwelt anrichtet. Seine Erhöhung zum Merkurius stellt den geistigen Bezug wieder her, verfeinert den Stoff der Erde über Wasser und Luft zu Feuer und weist den Weg zur Erhöhung Saturns.

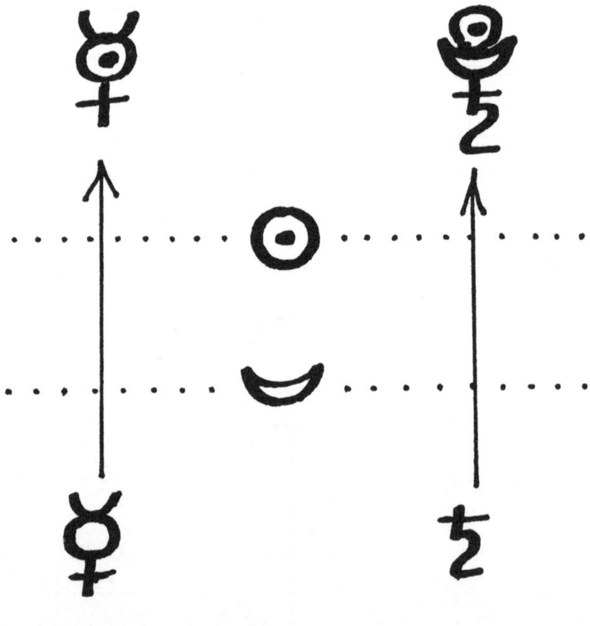

Eine Betrachtung der Planeten-Symbole zeigt den Sachverhalt. Der Engelsturz brachte Saturn, der Sündenfall Merkur nach unten. Auf der irdischen Ebene dient die Erkenntnis nicht immer dem Leben, Merkur hat den Bezug zur Sonne und den Punkt in der Mitte seines Kreises verloren. Merkur ist jedoch der Mittler, der einzige unter den Planeten, der den Weg zum Aufstieg zeigen kann. Sein dreifach zusammengesetztes Symbol zeigt, daß er die Ebenen des Mondes und der Sonne (Wasser und Luft) durchqueren und als Merkurius die Erde mit dem Feuer verbinden kann. Damit ist der Baum des Lebens gefunden. Nun kann auch Saturn erlöst werden. Die schwarze Erde wird auf der Ebene des Mondes gereinigt und weiß, die Sonne aber verwandelt sie in rote Erde. Wenn wir Merkurius folgen, führt er uns zum Gral.

ALBEDO

Um den Zustand der albedo zu verstehen, muß man sich auf den Kopf stellen, wie dies die 12. Tarotkarte zeigt. Die Bedeutung dieser Karte wird am besten klar, wenn man die 22 Karten im Kreis anordnet. Dadurch wird aus TARO ROTA, aus der geraden Abfolge ein Kreislauf und die 12. Karte steht dort, wo sich die Richtung ändert.

T A

1,	2,	3,	4,	5,	6,	7,	8,	9,	10,	11,
0,	21,	20,	19,	18,	17,	16,	15,	14,	13,	12,

O R

Man kann Saturn nur erhöhen, wenn er unten ist. Im Zustand der nigredo befindet er sich aber oben als Steinbock-Saturn der gestürzten Gralsburg. Diesen verkehrten Zustand muß man erst einmal erkennen, und das ist gar nicht so einfach, weil unsere heutige Welt ihre Schwärze geschickt tarnt. Darum muß man sich auf den Kopf stellen, daß man die Lage überhaupt erkennt, und das Auftauchen der albedo bedeutet immer eine persönliche Krise, da eine Orientierung an den kollektiven Vorstellungen der Gesellschaft keine Hilfe mehr bietet. Die Gralsburg erscheint jetzt im Zustand der Reinigung, im Tierkreis steht das Mond-Zeichen Krebs oben. Solche Umstellung bedeutet eine große Veränderung. Es ist das Bild einer Welt, die zwar noch schief, aber nicht mehr verkehrt ist. Durch den Kopfstand erkennen wir, daß wir jetzt richtig, bisher aber falsch standen. Denn während im Zustand der nigredo nicht nur der Kopf, sondern der ganze Oberkörper sozusagen im Sand steckte, haben wir uns jetzt von dieser Vogel-Strauß-Stellung befreit. Die Planeten-Entsprechungen der Chakras verändern sich nun ebenfalls.

7. Scheitelchakra	Mond	Silber
6. Stirnchakra	Merkur	Quecksilber
5. Halschakra	Venus	Kupfer
4. Herzchakra	Sonne	Gold
3. Nabelchakra	Mars	Eisen
2. Sexualchakra	Jupiter	Zinn
1. Basischakra	Saturn	Blei

Außer dem Herzen, das die Umstellung von nigredo zu albedo nicht berührt, wandeln sich alle Zentren in ihr ergänzendes Gegenteil. Nachdem man sich einigermaßen an die neue Lage gewöhnt hat, wird man feststellen, daß man bedeutend an Steh- und Sitzfestigkeit gewonnen hat. Das schwere Metall Blei ist jetzt unten und steckt nicht mehr im Kopf, dafür mag die übertriebene Beweglichkeit schwerfallen. Dazu kommt noch, daß wir gewohnt sind, uns nach unserem Kopf zu richten, und der Mond ist kein eindeutiger Ratgeber. So kann es sein, daß wir wie Stehaufmännchen sitzen- oder stehenbleiben, und unser ganzes Gewicht zieht uns zur Mutter Erde hinunter. Das ist aber kein Fehler, vielmehr die Aufgabe, denn wir müssen jetzt in aller Ruhe mit der Reinigung beginnen. Reinigung heißt in diesem Fall, daß wir die Gelegenheit haben, alle einseitigen Entwicklungen der Chakras durch die ergänzenden Planetenkräfte auszugleichen. Jupiter soll ein oberflächliches und übertriebenes Sexualleben sinnvoll und vernünftig gestalten und dadurch Energien freilegen, die Merkur zur Verfügung gestellt werden. Merkur im Stirnzentrum kann damit das höhere Denken des dritten Auges entwikkeln und sich in Merkurius wandeln. Eisen im Nabelzentrum sollte den Wärmehaushalt des Körpers herstellen und dadurch helfen, Vertrauen zur Mutter Erde zu gewinnen, denn das Nabelchakra (Jungfrau) ist die Kontaktstelle des Menschen zur Erde. Die Gralsburg im Zustand der Reinigung zeigt die besondere Bedeutung dieses Zentrums während der albedo: hier liegt die Sonne und wartet auf ihre Wiederherstellung. Venus im Halszentrum schließlich kann mehr Verantwortung für die Sprache erzeugen und vor allem das Bewußtsein, daß die Sprache keine agressive Waffe, sondern ein Werkzeug der Liebe und der Gestaltung ist.

Das alles klingt wahrscheinlich leichter als es ist. Der Zustand der albedo bedeutet das kleine Werk der Alchemie oder die Silberherstellung, und er ist beileibe nicht leicht zu erreichen. Albedo zu sehen, ist der erste Schritt, es heißt aber noch lange nicht, sie zu leben. Am Anfang des alchemistischen Prozesses steht nigredo, die Schwärzung muß bis zu ihrem Maximum vorangetrieben werden, so weit, bis der Tod eintritt. In der Sprache der Alchemie heißt diese Phase mortificatio, calcinatio oder putrefactio. Im Tarot zeigt die auf die 12. folgende 13. Karte den Tod. Im persönlichen Leben meldet sich diese Phase durch radikale Umstellungen an, die nur zu oft von Krankheiten und einschneidenden Veränderungen begleitet werden. Der Verlust der beruflichen und familiären Sicherheit kann der Preis sein, den der Gralssucher zu bezahlen hat, denn seine Umwelt versteht seine Lage in den seltensten Fällen. Dabei ist die Sache ganz einfach: er kann sich gar nicht »wie jeder normale Mensch« benehmen, denn er steht auf dem Kopf. Das macht den Gralssucher einsam und kann ihn in tiefe Verzweiflung stürzen. Doch dann merkt er, daß überall im Lande einzelne Menschen auf dem Kopf stehen, er lernt andere Menschen kennen, freut sich und ist nicht mehr allein.

Zwischen nigredo und albedo steht also der Tod. In der mittelalterlichen Symbolik der Alchemie kann das so ausgedrückt werden, daß man ermordet und zerstückelt wird, oder etwa verbrannt, vielleicht wird man auch von einem Fisch oder beim Liebesakt von einer Frau verschluckt. Einfach gesagt, ist es das Stadium der »Verrückten« und »Ausgeflippten«, und die Entwicklung gipfelt im Zustand der nullten oder zweiundzwanzigsten Tarotkarte, die den Narren und Toren zeigt. Dennoch liegt überhaupt kein Grund zur Verzweiflung vor, denn dies ist ein notwendiger Zwischenstand, der nicht ewig dauert. Freilich kommen nicht alle Toren weiter, selbst wenn sie Rote Toren sind, doch um weiterzukommen, muß man zum Toren werden, zuerst zum weisen und reinen Weißen Toren.

Bei albedo handelt es sich um die Rückkehr zur Mutter. Da sich nigredo als untauglich erwiesen hat und unweigerlich zum Tod für die alte Welt führte, muß jetzt durch die Rückkehr zum Mond-Stadium die spätere Wiedergeburt vorbereitet werden. Um das zu erreichen, muß man die Richtung ändern.

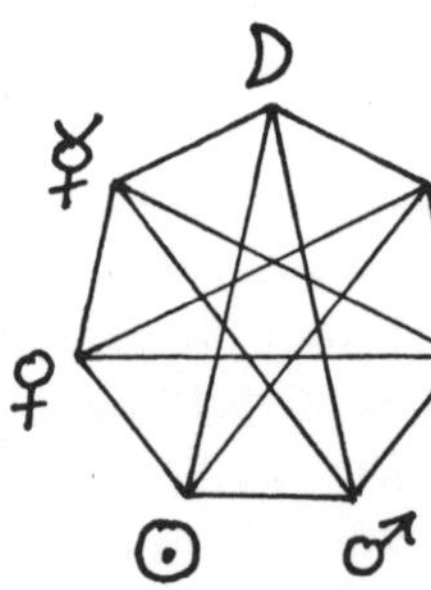

Von Saturn zu Mond zu gelangen haben wir entlang des Siebensternes zwei Möglichkeiten. Den kürzeren Weg, der über die Sonne führt, könen wir noch nicht nehmen, denn mit den Sonnenkräften können wir in diesem Stadium noch nicht umgehen. Wir müssen also den langen Weg über Venus, Jupiter, Merkur und Mars zum Mond gehen. Diese Folge entspricht der umgekehrten Abfolge der Wochentage: Samstag, Freitag, Donnerstag, Mittwoch, Dienstag und Montag. Wie soll man aber in einem verkehrten Zeitablauf leben?

——————— nigredo ———————→

Nord = Montag, Dienstag, Mittwoch, Donnerstag, Freitag, Samstag = Süd

←——————— albedo ———————

Rückwärts natürlich. In nigredo gingen wir mit der Zeit. Wir haben bereits gesehen, welche verheerenden Folgen der heutige Wochenablauf von Montag bis Samstag mit sich bringen kann. Möglicherweise tun wir etwas am Dienstag im unbändigen marsischen Drang, was dann am Freitag unser venusisches Empfinden beträchtlich stört. Jetzt verlassen wir also den Fortschritt und kehren der Zeit den Rücken. Wir blicken nach Norden auf Montag und den Mond, wir haben ja das Horoskop entsprechend umgedreht. Wir haben keine festen Ziele, denen wir voller Streß nachjagen müssen, wir können in Ruhe verharren, denn die Zeit kommt jetzt auf uns zu. Wir brauchen nur auf das Neue zu warten, bis es erscheint.

Dieses Neue ist der Mond, und wir müssen nur jeden Tag im Hinblick auf den Mond-Tag richtig handeln – das ist alles. Freitag ist der Tag der Venus, sehr geeignet für die Schulung der Sinne und für die Entwicklung des Gefühls für die richtigen Proportionen. Während in nigredo der blinde marsische Tatendrang am Anfang stand, können wir jetzt unsere Aktivitäten nach den Prinzipien der Schönheit ausrichten. »Das Gesetz der Sinne ist das Gesetz des Sinnes« (Goethe). Wir können sicher sein, daß eine harmonisch eingerichtete Welt nicht sinnlos sein kann. Vielmehr sorgt Venus für den geeigneten Rahmen, worin Jupiter (Donnerstag) an einer vernünftigen und sinnvollen Welt weiterbauen kann. Bis jetzt spielt der Verstand (Merkur) im Gegensatz zu nigredo keine dominierende Rolle. Jupiter erklärt die Erscheinungen nicht logisch, sondern legt sie behutsam nach ihrer sinngemäßen Bedeutung aus. So können wir sicher sein, daß der nun folgende Merkur (Mittwoch) nichts Lebendiges aus intellektuellem Hochmut heraus zerstören kann. Seine niedere Natur kommt auf der ethischen Basis des Jupiter gar nicht zum Zug, er wird vielmehr das bereits Vorhandene klug anwenden und versuchen, die hohen Ideale praktisch in die Realität umzusetzen. Zuletzt kommt Mars (Dienstag) und seine Tatkraft kann nun nach der Vorarbeit der anderen planetarischen Kräfte in die richtige Richtung gelenkt werden. Das ist dem Mars ganz recht, denn er denkt sowieso nicht gerne nach und ist froh, sich sofort in die Arbeit stürzen zu können. Damit ist also die nötige Energie für die Verwirklichung vorhanden, und wenn es uns gelingt, auf diese Weise vorzugehen, können wir in der Tat eine neue weiße Mondwelt bauen und albedo erreichen.

Der kürzeste Weg von Saturn zu Mond führt nicht am Siebenstern entlang, sondern am Rande des Siebenecks direkt. Dies bedeutet aber, daß wir zuerst sterben müssen (Saturn), um dann zur Neugeburt (Mond) zu gelangen. Während wir tot sind, geraten wir in ein Zwischenreich, in die vierte Dimension sozusagen, die zwischen Saturn und Mond liegt. Wir wollen versuchen, diese vierdimensionale Zwischenzeit im Rahmen der bisher verwendeten Symbolik etwas zu erforschen.

Strukturell gesehen führt uns das Fünfeck bzw. der Fünfstern in die vierte Dimension. Dieses hochheilige Symbol nennt man auch Femstern, alchemistisch entspricht er dem fünften Element, also dem Stein. Das Ufo, das in der Mitte der Gralsburg landete, trug das Zeichen der Fünf, eine Botschaft aus der vierten Dimension. Mathematisch verhält sich die Sache wie folgt: Ein Punkt ist nulldimensional. Zwei Punkte erzeugen die erste Dimension in Form einer Gerade. Drei Punkte bestimmen den einfachsten zweidimensionalen Körper, nämlich das Dreieck auf einer Fläche. Vier Punkte führen bereits in den dreidimensionalen Raum, sie bestimmen das Tetraeder, den einfachsten dreidimensionalen Körper. Ganz analog erzeugen fünf Punkte den einfachsten vierdimensionalen Körper, in der Sprache der Mathematik heißt er Simplex. Natürlich können wir uns ein Simplex nicht vorstellen, doch wir können es beschreiben und auf die zweidimensionale Seite dieses Buches projizieren:

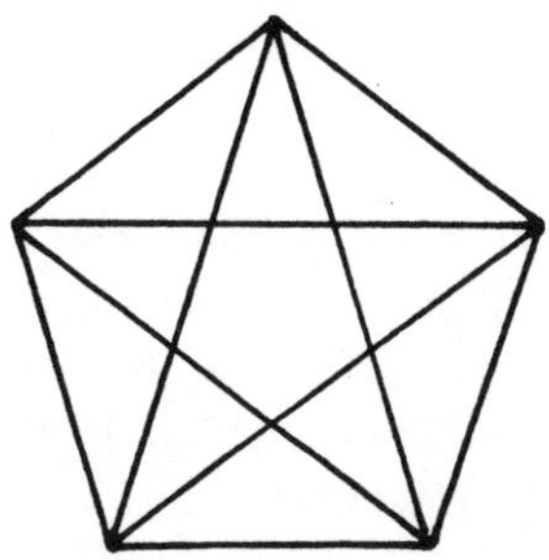

Das ist der Femstern im Fünfeck. Unser Ufo ist aus solchen und ähnlichen Gebilden zusammengebaut. Wie man bei einigem geometrischem Vorstellungsvermögen sehen kann, kann man ein Simplex in fünf dreidimensionale Tetraeder zerlegen. Diese Tetraeder bilden sozusagen seine »Seiten«, wie auch vier Dreiecke die Seiten eines einzigen Tetraeders bilden. Sitzt man in so einem Gefährt, hat man immer eine vierte Richtung frei, der dreidimensionalen Welt zu entfliegen und Zwischenwelten zu erreichen.

Besteigen wir also den Fünfstern und fahren mit ihm in die Zwischenwelt nach dem Tod und vor der Neugeburt, zwischen nigredo und albedo. Setzen wir ihn im Siebeneck der chaldäischen Planeten zwischen Saturn und Mond an und sehen, was passiert.

Es geschieht überhaupt nichts Neues. Auch hier finden wir die schon bekannte Reihenfolge von Venus, Jupiter, Merkur und Mars bzw. umgekehrt. Auch im Zwischenreich und mit Hilfe des Fünfsterns müssen wir uns entscheiden, ob wir den Weg der nigredo von Mond zu Saturn, oder den der albedo von Saturn zu Mond gehen wollen. Da

wir die Reinigung wollen, müssen wir den bereits beschriebenen Weg gegen die Zeit gehen. Die Lehre aus diesem kleinen Ausflug ist, daß der Tod allein uns keineswegs erlöst. In der Zwischenwelt müssen wir genau dort weitermachen, wo wir in dieser Welt aufgehört haben. Wenn das so ist, können wir ja gleich damit anfangen. Was tun?

Es mag der Eindruck entstehen, daß der Zustand der albedo mit Passivität verbunden ist. Das stimmt auch im Grunde, zumindest aus der Sicht der nigredo. Eigentlich geschieht jedoch eine ganze Menge, wenn es sich auch eher um innere Prozesse handelt, die erst im Laufe der späteren Entwicklung sichtbar werden.

Die chaldäische Reihe und der eingeschriebene Siebenstern zeigen vor allem die Zusammenhänge bei zeitlichen Prozessen, die wiederum mit der räumlichen Lage der Planeten im Weltraum zusammenhängen. Der eingeschriebene Fünfstern bestätigt die Folgerungen, die wir aus der Betrachtung des Siebensterns gezogen haben, und zeigt noch einmal ganz deutlich die Notwendigkeit des Ausgleiches zwischen den ergänzenden Planetenpaaren Venus-Mars und Merkur-Jupiter.

Die Zeit versteht der Alchemist ohnehin als Qualität. Betrachtungen über die Zeit sagen ihm, wann er etwas tun oder lassen muß. Was zu tun ist, zeigt ihm im hohen Maße ein anderer Siebenstern, den wir ebenfalls aus der chaldäischen Reihe gewinnen.

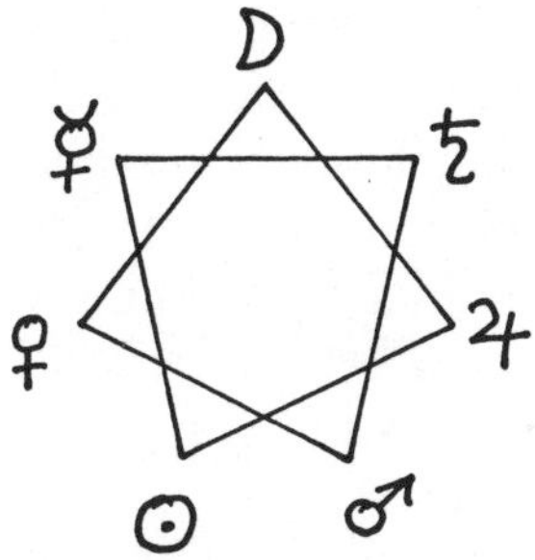

Dieser »breite« Siebenstern entsteht, indem wir jeden zweiten Planeten der in den Kreis geschriebenen chaldäischen Reihe miteinander verbinden. Er ist gut geeignet, brave und nichtsahnende Naturwissenschaftler zu verblüffen, denn er zeigt erstaunliche Zusammenhänge aus der modernen Chemie.

1. Mars	26 Fe Eisen 55,85
2. Venus	29 Cu Kupfer 63,54
3. Mond	47 Ag Silber 107,88
4. Jupiter	50 Sn Zinn 118,7
5. Sonne	79 Au Gold 197
6. Merkur	80 Hg Quecksilber 200,61
7. Saturn	82 Pb Blei 207,21

Wenn man die Planeten mit Mars beginnend entlang des Sternzuges abliest, erscheinen die zugehörigen Metalle nach ihren Atomgewichten geordnet, wie das die Tabelle der Ordnungszahlen aus dem Periodensystem der chemischen Elemente zeigt. Die Zuordnung der Metalle zu den Planeten war schon im Mittelalter eindeutig festgelegt und allgemein bekannt, die Atomgewichte wohl erst in neuerer Zeit.

Mit dem Engelsturz war eine erste Periode der Weltenschöpfung abgeschlossen, mit Saturn die äußere Grenze des Sonnensystems abgesteckt. Der Sündenfall ist nur aus menschlicher Sicht ein Fall, für Luzifer war er der erste

Schritt der Erhöhung. Der gefallene Engel benutzt die Kräfte von Mars und Venus, um von der unteren Ebene auf die mittlere Ebene der Erde zu gelangen, denn seine Sehnsucht, nach oben heimzukehren ist groß und Gottes Wille. Das kleine Werk der Alchemie ist die vorbereitende Arbeit auf der horizontalen Ebene der Erde, das Schleifen des Gralgefäßes mit Hilfe von Mars, Venus und Mond, oder Eisen, Kupfer und Silber.

Der Mars-Engel Samael, der Eva verführte, ist ein Abgeordneter Saturns auf der Erde. Er erscheint als Tier und gebraucht die Sexualkraft für die Erweckung der Menschen. Die Verquickung des Eisens mit animalischen Sexualkräften ist sehr breit nachweisbar. Die häßlichen Schmiede der Mythologien (Wieland, Hephaistos) sind Herren von großen Gewalten. Durch ihre Kunst verführen sie die schönsten Frauen (Venus), vernichten ihre Gegner (Mars), und daß sie Kinder Saturns sind, zeigt die Tatsache, daß sie hinken. Leben zeugen und vernichten sind zwei Aspekte des Mars, beide Mächte besitzt der Schmied, der Künstler des Eisens. Die Eisenbearbeitung der Naturvölker (z.B. heute noch in Afrika) ist sehr eng an sexualmagische Praktiken und an Opferungen von Tieren gekoppelt, woran die ganze Dorfgemeinschaft teilnimmt, und wobei der Schmied die Funktion des Medizinmannes innehat.

Wie die Darstellung der Weltenentwicklung mit Hilfe des Merkurstabes zeigt, erreicht der gefallene Saturn die tiefste Ebene der Erde als Mars, das Eiserne Zeitalter ist die Periode der dichtesten Verstofflichung. Wie der gefallene Engel, fällt das Eisen vom Himmel: In früheren Zeiten konnte es nur aus Meteoren und Meteoriten gewonnen werden. Dies und auch seine magnetischen Eigenschaften erklären den magischen Charakter des Eisens, sowie die große Macht des Schmiedes. All das zeigt die innere Verwandtschaft von Saturn und Mars. Beide »Übeltäter« sind gefallene Engel, wobei Mars sozusagen der irdische Stellvertreter Saturns ist. Daß sie sich im Horoskop trotzdem nur schwer vertragen, liegt an ihren Charakteren, denn als gefallene Engel sind sie stolz und selbständig, und Saturn ist dabei genauso streng wie Mars wild ist. Aus der Begegnung dieser extremen Kräfte kann jedoch das Höchste entstehen, wie wir das anhand der Kohle-Eisen-Verbindung zum Diamanten gesehen haben. Saturn-Mars ist die Eiserne Schlange, die am Kreuz erhöht zur Sonne werden kann.

Kupfer ist älter als Eisen. Den Übergang von Venus (Stier) zu Mars (Widder) finden wir im Weltenjahr vor 4000 Jahren, diese Zeit ist durch große Völkerwanderungen der indogermanischen Völker nach Süden und Westen gekennzeichnet. Diese Widder-Völker besaßen das Geheimnis des Eisens, und ihre agressive marsische Einstellung verdrängte nach und nach die älteren Kulturen der auf Venus und Kupfer basierenden Stier-Völker. Andererseits ist in einer größeren Perspektive Eisen älter als Kupfer, wie auch der Planet Mars älter als Venus ist. Das Geheimnis des Eisens stammt letzten Endes von den gefallenen Engeln und danach aus Atlantis. Auch Venus ist ein gefallener Engel, der Unterschied zu Mars ist jedoch, daß sie nicht so tief wie dieser fiel. Beide gehören zur sublunaren Welt der Erde, Mars tiefer, Venus höher, zwischen ihnen ist die Welt der Menschen.

Darum erscheint die Venus als Engel, als die Schöne, die die Menschensöhne verführt. Mars dagegen ist das Tier, er verführt die Töchter der Menschen. Zusammen sind sie die Schöne und das Biest, sie müssen vermählt werden. Der Schmied Hephaistos ist der Bändiger des Eisens, dafür bekommt er Venus als Frau. Es gelingt ihm aber nicht, das Eisen vollkommen unter seiner Kontrolle zu halten, denn seine Frau betrügt ihn mit Mars. Man sieht, wie schwierig es ist, mit dem Tier fertig zu werden, wenn es selbst erfahrenen Schmieden nur teilweise gelingt. Genau dies ist aber die Silberherstellung oder das kleine Werk.

Die Aufgabe der Venus ist die Verbindung. Kupfer ist ein ausgezeichneter Leiter, Kupferdrähte verbinden heute die ganze Welt, alle Menschen und Völker miteinander. Der Planet Erde befindet sich in einem fein gesponnenen Netz von Kupferdraht. Die Kupfergefäße, die man früher in der Küche verwendete, verbanden die einzelnen Zutaten zu einer Speise, und die Funktion eines Gefäßes zeigt den aufnehmenden, empfangenden, passiven Charakter der Venus. Der Vormarsch des Eisens verdrängte das Kupfer aus der Küche, heute wird zumindest in Europa nur noch türkischer Kaffee in Kupfertöpfchen serviert. Das ist widersinnig, denn eine Eisenpfanne zum Beispiel mag zwar praktischer sein, doch kann Mars niemals verbinden, er trennt alles. So essen wir dann getrennt angehäufte Mengen von bestimmten Kalorien, doch keine organisch zubereiteten Speisen mehr. Als Gurdjieff, der gerne kochte, einmal gefragt wurde, ob Kochen ein Teilgebiet der Medizin sei, antwortete er, daß vielmehr die Medizin ein Teilgebiet der Kochkunst ist. Kochen ist Alchemie, das heutige Kochen jedoch leider überwiegend nur noch Chemie. Wo aber das »Al« verlorengeht, ist alles ganz allgemein ohne Bezug zum All und seiner Weisheit. Die Kirchen, deren Dächer mit Kupferblech beschlagen sind, suchen noch diese Verbindung zum All, denn Venus verbindet auch den Himmel mit der Erde.

Kirchen mit Dächern aus Stahlbeton verbinden jedoch gar nichts, so kommt es denn – wie dies schon Luther erkannt hat – daß die Theologie nur noch »sündige Leut'« produziert, doch keine Ahnung mehr von göttlichen Dingen hat.

Solche Beispiele sollten ernst genommen werden. Sie sind keine mehr oder weniger originellen Konstruktionen, sondern verzweifelte Aufrufe zur Umkehr von einem verfehlten oder nicht mehr weiterführenden Weg, von der nigredo zur albedo. Jeder kann etwas machen, wenn er bei sich anfängt.

Die Lösung der Kontroverse zwischen Mars und Venus, zwischen Eisen und Kupfer, ist – wie immer – die Vereinigung beider. Mars und Venus können gemeinsam Merkurius, den Baum des Lebens erzeugen, wie wir das bereits gesehen haben. Merkurius zeigt uns den Schliff des silbernen Gralgefäßes, und wir bauen uns damit eine lebenswerte Welt. Die Vermählung von Venus und Mars oder die Verheiratung von King-Kong mit der weißen Frau ist in der altersgemäßen Entwicklung die Aufgabe des mittleren Lebensabschnittes. Etwa mit 42 sollte man damit fertig sein, falls man noch weiter gehen will. Bezogen auf unser Alter als Menschheit von 35 Jahren wird es Zeit.

Solve et coagula! Der mittlere Teil im alchemistischen Prozeß betrifft das Problem der Lösung und Verbindung von Mars und Venus. Der Siebenstern der Alchemie zeigt uns den Weg vom schwarzen Saturn über Mars und Venus zum weißen Mond, vom Blei zum Silber. Mars steht für das Prinzip der aktiven Trennung. Diese Trennung ist immer aktiv, sie kann konstruktiv sein, wie etwa bei der Zeugung von neuem Leben, und genauso destruktiv wie es das Töten ist. Venus ist das ergänzende Prinzip der passiven Verbindung. Auch Venus kann dabei sowohl konstruktiv wie auch destruktiv sein. Konstruktiv ist sie, wenn sie sich mit lebensbejahenden, destruktiv, wenn mit lebensverneinenden Kräften verbindet. Sie verbindet sich leicht mit allen und allem, denn sie ist im Wesen passiv und trifft keine allzu strenge Wahl. Wenn sich Mars und Venus vermählen, ertönen Glocken und der Himmel freut sich.

Zunächst muß die schwarze Welt Saturns sterben. Mars tötet den alten König, zerstückelt ihn in tausend Teile und zerstreut die blutigen Fetzen in alle Windrichtungen. Dann kommt Venus und sammelt alle Stücke wieder zusammen, baut aus ihnen den neuen, jungen und wiedergeborenen König und haucht ihm durch ihre Liebe neues Leben ein. Doch der neue König ist weiß und nicht mehr schwarz, Blei hat sich in Silber gewandelt.

Viele Menschen nehmen sich das Leben, wenn sie nicht mehr weiterkommen. Der Selbstmord ist in diesem Leben eine Möglichkeit, und über sein Recht oder Unrecht können wir hier kein Urteil fällen. Als Tatbestand ist der Selbstmord jedoch der Beweis, daß der Mensch – aus welchen Gründen auch immer – nicht die Kraft hatte, in diesem Leben schon zu sterben und ein neues Leben zu beginnen. Er hätte ja Schluß machen können mit allem und allen, mit seinen Freunden und mit seiner Familie, mit seinem Wohnort, Beruf und Namen, sogar mit seinem Aussehen, und hätte ein ganz neues Leben beginnen können. Offenbar hatte er Angst davor oder keine Lust dazu. Wer aber von der nigredo zur albedo schreiten will, muß einen symbolischen Selbstmord begehen, koste es was es wolle, und er muß ein neues weißes Leben beginnen.

Alchemistisch gesehen ist die akademische Psychologie ein schlechter Witz. Da wird irgendein Müller als Mann von der Straße konstruiert und nach den neuesten Erkenntnissen der Wissenschaft statistisch untersucht. Dabei geht man an diesem Menschen, der vielleicht Müller heißt, als Individuum völlig vorbei. Die neuere Tiefenpsychologie geht schon etwas tiefer und erreicht die mittlere Stufe der Alchemie. Die Problematik von Anima und Animus – wie Jung sie formulierte – deckt sich etwa mit dem kleinen Werk, obzwar die Psychologie leicht dazu neigt, die Erscheinungen als nur seelisch zu betrachten und damit aus der konkreten Realität zu schaffen.

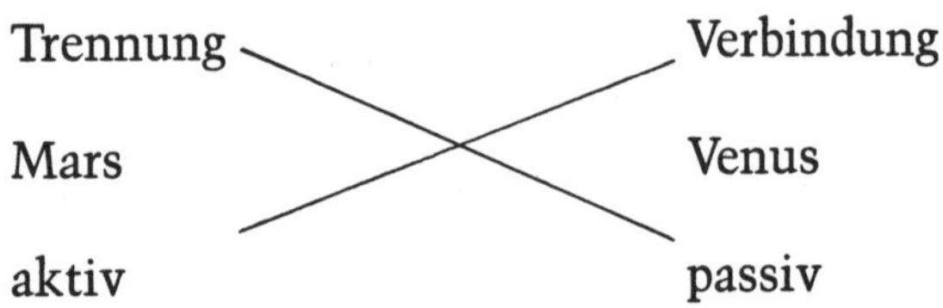

Mars und Venus müssen über das Andreaskreuz vermählt werden. Das Mars-Prinzip für sich bedeutet immer aktive Trennung, das Venus-Prinzip passive Verbindung. Wenn sie vermählt werden, bedeutet ihre Konjunktion passive Trennung und aktive Verbindung, und nur so helfen sie dem Gralssucher.

Nehmen wir als Beispiel einen Trinker, der in tieffeuchter nigredo steckt und sich von seiner Sucht befreien will. Wie fest er sich auch immer vornimmt, keinen Alkohol mehr anzurühren, wird er immer wieder seiner Sucht verfallen, denn er versucht sich durch Willensanstrengung, durch den aktiven Mars allein vom Alkohol zu trennen. Er muß die passive Trennung üben, indem er einfach das Trinken läßt. Es ist gar keine heroische Willensanstrengung und kein Kampf dazu nötig, er muß nichts tun, also auch nicht trinken. Das Nicht-Tun ist eine große Kunst und die erste Hälfte der Mars-Venus-Verheiratung. Wir entledigen uns der unerwünschten Dinge nicht, wenn wir sie bekämpfen, sondern indem wir sie stehenlassen und weitergehen. Der zweite Schritt ist die aktive Verbindung oder das bewußte und gewollte Tun. Nichts, was der Alchemist tut, darf nebenbei, automatisch, unbemerkt und unbewußt geschehen. Wenn man sich mit etwas verbindet, so muß es bei voller Aufmerksamkeit vollzogen werden. Wenn wir beim Beispiel des Trinkers bleiben: Will er trinken, so soll er bei voller Konzentration und ohne jegliche Ablenkung einen Liter Schnaps schlukken und sich bewußt mit dem Geist des Alkohols verbinden. Es wird ihm wahrscheinlich klarwerden, daß er sich mit destruktiven Kräften verbindet und so fällt es ihm leichter, sich aktiv mit dem Nicht-Trinken zu verbinden.

Die Vermählung von Mars und Venus besagt nichts über die Konstruktivität oder Destruktivität der beteiligten Kräfte. Destruktive Kräfte dienen dem Tod und führen in die nigredo zurück, sie machen den Menschen zum Schwarzmagier und bringen ihn vor seiner Zeit um. Zur albedo führen die aufbauenden und lebenserhaltenden Kräfte, die jedoch stets der Schwärze entstammen. Es gibt nichts Weißes, das seinen Ursprung nicht im Dunkeln hätte.

Aus diesem Grund sind erzwungene Askese und gewollte Enthaltsamkeit Unsinn, sie machen nur äußerlich gesund, innerlich aber hohl. Das Helle kommt ganz von alleine, wie Schuppen von den Augen fällt das Schwarze ab, und die Schlange häutet sich und wird weiß. Der Weg dazu ist das beschriebene kleine Werk, die Hochzeit von Tier und Engel, die eigentliche Menschwerdung.

T A
O R

Im Tarot stellen die Karten 12 bis 18 diesen mittleren Teil des Prozesses in sieben Stufen dar, es sind die Karten, die in unserer Anordnung dem Buchstaben R entsprechen. Nigredo ist TARO, albedo ist ROTA, hier hängt der Gralssucher kopfunter am windkahlen Baum und erkennt die verkehrte Lage der Welt. Die Zukunft sieht er in hellem ROT, doch zunächst muß er den schwarzen Saturn in den weißen Mond wandeln, die Wandlung erreicht er durch den gekonnten Umgang mit den Mars-Venus-Kräften.

12. Der Gralssucher am Baum sieht die Welt in hellem Rot.

13. Es wird ihm schwarz vor den Augen, Saturn kommt als der Tod und beendet die Welt der nigredo.

14. Venus erscheint als Engel und zeigt, daß man die Mars-Venus-Kräfte durch Ausgleich vermählen muß.

15. Der erste Ausgleich ist, daß auf die Erscheinung des Engels Mars als Tier folgt. Das Tier nach dem Engel ist ein Schock, ein Rückfall, verursacht durch Mars im Auftrag des Saturn. Es ist normal, daß es dem Alchemisten in dieser Phase schlecht geht, daß er etwa krank wird. Dies ist der beste Beweis, daß er auf dem richtigen Weg ist.

16. Mars schlägt noch einmal zu und zerstört alle noch übriggebliebenen Werte aus der Welt der nigredo, die haben jetzt ohnehin keinen richtigen Wert mehr.

17. Venus kommt zurück und vollendet die Konjunktion mit Mars, sie stehen am Himmel zusammen als ein Stern.

18. Der Mond ist aufgegangen, die Welt erstrahlt in hellem Weiß.

Es ist nicht ratsam, ohne Vorbereitung sofort die ganze Wahrheit erblicken zu wollen, denn sie kann den Voreiligen vernichten. Der Blick in die Sonne mit ungeschütztem Auge macht blind, übertriebene Sonnenbäder, wie sie heutzutage Mode sind, sind mehr als unvernünftig. Als Perseus sich der Medusa näherte, wußte er, daß er den gefährlichen Gorgokopf nicht direkt ansehen durfte, er benutzte seinen Schild als Spiegel. Unser Spiegel ist der Mond und der Zustand der albedo, nur durch sie können wir uns ohne Gefahr der Sonne und rubedo nähern. Ein Spiegel wird hergestellt, indem man die Rückseite von Glas mit dem Mond-Metall Silber bestreicht. Das Gralsge-

ABBILDUNGEN DER TAROTKARTEN 12–18*

XII Der Gehängte

XIII Tod

XIIII Mäßigkeit

* Abbildungen aus dem »Tarot Classic«, AG Müller, CH-Neuhausen 1984

XV Der Teufel

XVI Der Turm

XVII Der Stern

XVIII Der Mond

fäß ist ein schöner, wertvoller, geschliffener Spiegel, der von einem Tier und einem Engel in gemeinsamer Arbeit hergestellt wird. Der Silberkelch ist in Kupfer gefaßt und ruht auf einem eisernen Ständer. Am Himmel können wir ihn täglich als Mond erblicken, wo er je nach seinem Stand verschiedene Ansichten der Welt widerspiegelt. Die einzelnen Mondphasen stellen so verschiedene Perspektiven des alchemistischen Werkes dar.

Bei Neumond oder Schwarzmond sehen wir überhaupt nichts. Die Sonne steht hinter dem Spiegel und beleuchtet dessen Rückseite, für uns bleibt der Spiegel dunkel. Die Sonne mag sich zwar in der Rückseite des Mondes spiegeln und sich darin erkennen, wir aber sehen es nicht. Dieser geheimnisvolle Schwarzmond ist nigredo und geeignet für den Beginn des Werkes und der Suche. Am Ende wird wieder die Konjunktion stehen, dann aber als rubedo.

Der zunehmende und auch der abnehmende Halbmond sind Phasen, wobei Sonne und Mond im rechten Winkel zueinander stehen. Das Sonnenlicht kommt von der Seite und beleuchtet Mond und Erde. Wir blicken in den Spiegel und sehen uns selbst auf der Erde. Die Sonne können wir darin jedoch nicht sehen.

Bei Vollmond haben wir die Möglichkeit, alles zu sehen, was der Spiegel zu bieten hat. Die Sonne steht hinter uns und beleuchtet voll den Mond. Vor uns steht die silberne Gralsburg, im Spiegel sehen wir uns selbst auf der Erde, aber auch die Sonne hinter der Erde. Es ist die Stunde des Gralssuchers, die Stunde der Erleuchtung. In der weißen Welt der albedo durchfährt uns wie ein Blitz die Erkenntnis: Die vor uns liegende Rote Welt ist hinter uns! Und der Silbermond erstrahlt plötzlich im goldenen Licht.

Schwarzmond: Wir sehen und erkennen nichts.

Halbmond: Wir erkennen uns selbst von der Sonne getrennt.

Vollmond: Sonne und Mond erkennen sich, und wir sind dazwischen. Sonne, Mond und Erde sind eins.

Neumond nach Vollmond: Die goldene Sonne der rubedo.

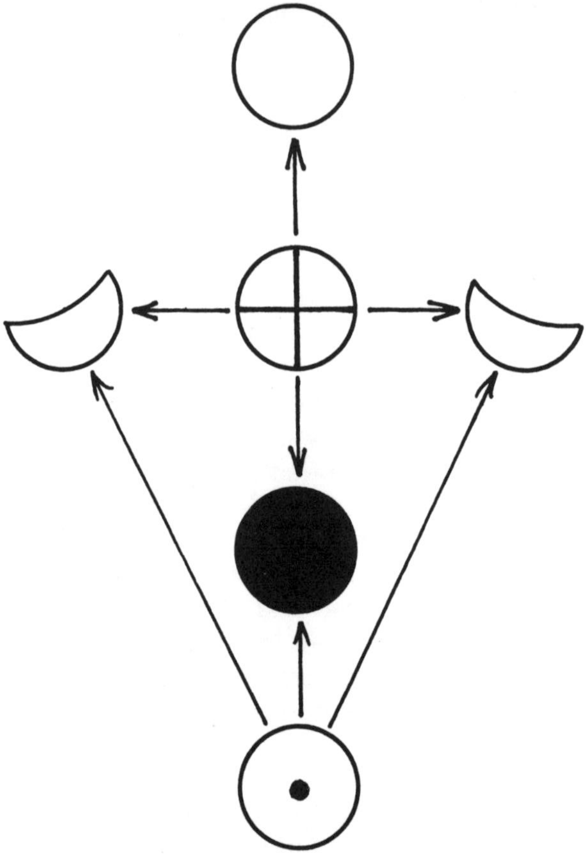

RUBEDO

nigredo	TARO	T——A
albedo	ROTA	| |
rubedo	TORA	O——R

Um von der nigredo zur albedo zu gelangen, genügte es, uns selbst und die Zeit auf den Kopf zu stellen. Das haben wir jetzt anhand des Tierkreises, der Planetensymbolik und des Tarot verfolgt. Um rubedo zu erreichen, müssen wir die Zeit endgültig verlassen und versuchen, unser Leben mit der der Zeit entgegengesetzten Richtung des Zeitgeistes gleichzuschalten. Der Gralssucher wird dadurch zum Weltbürger und seine Zeit zur Weltgeschichte. Im Rahmen der Tierkreissymbolik kam diese Umkehr klar zum Ausdruck, in der Planetenwelt werden wir sie noch verfolgen. Auch im Tarot wird der Weg nun klar.

Albedo führt den Menschen von der 12. zur 18. Karte, der Gralssucher, der die Prüfung des Kopfstandes auf sich nahm, wurde durch den Vollmond erleuchtet. Sein Lohn ist der kosmische RAT zur radikalen Umkehr. Diesen RAT zu befolgen, bedeutet, vom Baum zu steigen, umzukehren und den Weg der Tarot-Karten in umgekehrter Folge bis zur ersten Karte zu gehen. Dort angelangt, ist der Alchemist ein Magier geworden. Er sieht plötzlich das TOR, schreitet weiter und betritt als TOR eine völlig neue Welt. Getrost geht er seinen Weg weiter, denn er sieht vor sich TORA, das Weltgesetz.

In nigredo gehen wir mit der Zeit wie die meisten Menschen. In albedo bleiben wir stehen und erleben, daß die Zeit uns entgegenkommt. In rubedo müssen wir wieder gehen, jetzt gehen wir aber mit der Welt und ihrer Geschichte.

Sowohl im Tierkreis wie auch im Tarot stehen Sonne und Mond nebeneinander als Löwe und Krebs bzw. als die 19. und 18. Karte. Das Endziel ist ihre Hochzeit, die Konjunktion von Sonne und Mond in rubedo. Im Mondstadium angekommen scheint also die Sonne sehr nahe, und manche Gralssucher scheuen sich vor einer Umkehr und dem damit verbundenen Umweg. Ungeduld zahlt sich hier jedoch nicht aus, wie wir es durch die Tarot-Anordnung sehen können.

Springt man vom Mond direkt auf die Sonne und marschiert in die ursprüngliche Richtung weiter, so kommt man unweigerlich erneut zur ersten Karte und in die nigredo als TARO. Der Weg ist dann ROTAR, und man rotiert in Ewigkeit weiter in der schwarzen Welt. Eine andere Möglichkeit ist, nur bis zur ersten Karte weiterzugehen, und dort – verspätet – die Rückkehr vorzunehmen.

Das ist der Weg ROTOR, der Weg der Roten Toren. Der rote Tor hat es nicht leicht, denn er wollte Weg sparen und steht jetzt in der Welt ohne RAT. So bleibt ihm nichts anderes übrig, als mit ORA zu beten, daß er doch noch RAT erhält. Der aufmerksame Beobachter findet in unserer heutigen Welt eine Menge Leute, die den Weg der Roten Toren gehen, und noch mehr solche, die sich dem Prinzip ROTAR verschrieben haben. All diese Menschen sind RAT-los und schließen sich daher in Gruppen zusammen. Sie tragen die ihnen gemäßen Farben: Schwarz, gut für Festessen, Begräbnisse und Bankgeschäfte; und rot, gut, um sich als Toren auszuweisen und die Schwarzgekleideten zu ärgern. Und so kommt der weiße Frieden nur sehr schwer in die schwarze Welt, obwohl sie ihn dringend nötig hat.

ROTAR –	ROTAR –	ROTAR		weiß-schwarz
TOR –	ORA –	RAT	– TORA	weiß-rot
TARO –	ROTA –	TORA		schwarz-weiß-rot

Der empfohlene Weg führt also vom Mond (18. Karte) zur 11. Karte. Hier finden wir eine Frau, die einen Löwen bändigt. Die Darstellung bedeutet das Ergebnis der albedo: Tier und Engel bekämpfen sich nicht mehr, die Kraft des Tieres steht der Frau zur Verfügung. Diese Frau ist eine Magierin, das Gegenstück zum Magier am anderen Ende der oberen Reihe. Die ganze obere Reihe ist nigredo, doch wir durchqueren sie diesmal in Richtung der albedo. Der männliche Magier (1) stürzt sich in die Welt der nigredo, trennt und spaltet sie und erreicht am Ende die gespaltene Einheit als 11. Wir müssen jetzt weiblich vorgehen, gegen die Zeit, so können wir entlang der oberen Reihe die getrennte Einheit der 11 der Wiedervereinigung als 1 zuführen.

Die vollständige Beschreibung dieses Weges durch die schwarze Welt darf ich in diesem bereits weiß-roten Stadium weglassen, es handelt sich um Darstellungen psychologischer Probleme in der persönlichen Entwicklung bis zur zweiten Geburt. Die mittlere Karte der Reihe (6.) zeigt das Dilemma der Richtung bzw. die mögliche

Verheiratung von Magier und Magierin – (1 + 11) : 2 = 6 – wir gehen weiter und erreichen die erste Karte.

Der Magier ist nun weiß und nicht mehr schwarz. Er ist auch nicht mehr männlich, sondern zweigeschlechtig. Als Tor (0. bzw. 22. Karte) betritt er die Welt (21. Karte). Es ist eine vollständig neue Welt, die jenseits von persönlichen Vorstellungen liegt. Um hier zu bestehen, wird der Tor neu geboren (20. Karte) und erreicht danach die goldene Welt der Sonne (19. Karte). Endlich hat er sein Ziel erreicht und steht wieder am Anfang (19 = 1 + 9 = 10 = 1 + 0 = 1). Doch er hat jetzt Gold genug. Indem er sich selbst geändert hat, hat er die Welt verändert.

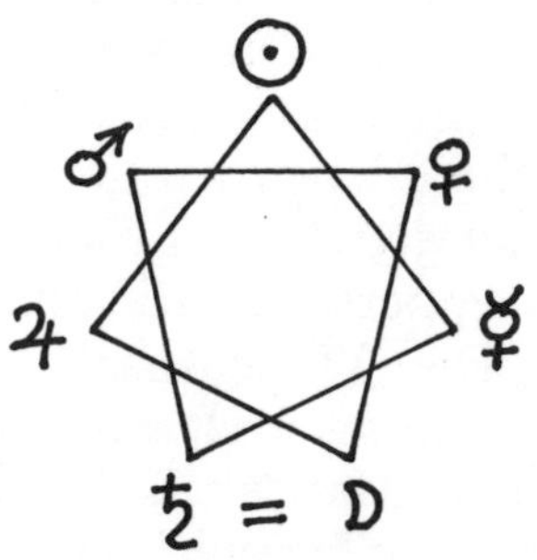

Das kleine Werk hat das Blei in Silber umgewandelt, Saturn und Mond sind eins. Erreicht wurde dies durch die Vermählung von Mars und Venus, die psychologisch eine konstruktive Triebbewältigung bedeutet. Um das Silberblei weiter in Gold zu verwandeln, müssen nun tiefere bzw. höhere Schichten des Menschen erfaßt werden als die des Tieres und des Engels in ihm. Diese kann man noch mit Hilfe der Psychologie beschreiben, die nun folgenden Ebenen von Merkur und Jupiter jedoch nicht mehr. Um im Vergleich zu bleiben, stehen wir jetzt vor der Frage, wie der Mensch die Stufen der Pflanze und des Erzengels in sich integrieren kann.

Der Siebenstern der Alchemie zeigt zwei mögliche Wege. Der erste führt von Saturn über Merkur zur Sonne, der andere vom Mond über Jupiter. Diese beiden Wege sind ergänzende Gegensätze, jeder für sich betrachtet ist notwendig, doch nur beide zugleich und zusammen führen zum Gold.

Das klassische große Werk der alchemistischen Goldherstellung ist die Umwandlung des Bleis mit Hilfe des Quecksilbers in Gold, eben der Weg von Saturn über Merkur zur Sonne. Dies ist aber natürlich auch der schwerste Weg und äußerst gefährlich. Das Werk kann nur gelingen, wenn Merkur nicht mehr in seiner niederen Natur, sondern als lebensbejahender Merkurius vorhanden ist. Nur dann kann das »bewegliche Silber« (Quecksilber ist quicklebendiges Silber) das konservierende, schwerste Metall Blei in Gold wandeln. Merkurius beinhaltet bereits das Sonnenprinzip, während Merkur nur mit dem Mond verwandt ist. Geht man aber trotzdem mit dem niederen Merkur ans Werk, führt das zur Katastrophe.

Diese Katastrophe erleben wir gerade heute in unserer wissenschaftlich ausgerichteten Welt. Merkur in seiner niederen Form akzeptiert jede Erkenntnis, auch wenn sie dem Tod dient. Die Wissenschaft wird dadurch zur schwarzen Magie, und die Welt wird langsam aber sicher statt in Gold in Blei verwandelt. Es ist kein Zufall, sondern einfache alchemistische Einsicht, daß unsere heutige Umwelt gerade und vor allem durch die zwei Gifte Blei und Quecksilber bedroht ist. Saturn und Merkur sind höchste Gifte, die nur ein erfahrener und gewissenhafter Alchemist bzw. eine reife Menschheit anwenden darf, will man nicht in die tiefste nigredo zurückfallen. Wir sind als Menschheit noch nicht so weit und zur Zeit in höchster Gefahr. Der andere Weg führt vom Mond über Jupiter zur Sonne. Hier fehlt es nicht an Gesundheit, Vernunft, Glaube und Idealismus, dafür fehlt Merkur und mit ihm der Verstand, das Wissen und die praktische Anwendbarkeit. Das Jupiter-Metall Zinn ist im Gegensatz zu Quecksilber sehr gesund, vor allem in Verbindung mit der Nahrung. In idealistisch ausgerichteten Zeiten mit guter Beziehung zu Jupiter wurde gerne Zinngeschirr beim Essen und Trinken verwendet, und zwar aus weiser alchemistischer Einsicht. Moderne Zeiten haben solche Gewohnheiten aus praktischen, merkurischen Gründen lächelnd abgeschafft, doch versieht die Lebensmittelindustrie die Innenseite der Konservendosen trotzdem mit Zinn, denn selbst das blinde Huhn der Wissenschaft findet hin und wieder alte Wahrheiten.

Über Jupiter zur Sonne gelangt man, indem man über die Sonne hinausgreift. Wie wir bereits sahen, stellt Jupiter in der Planetenordnung eine »Über-Sonne« dar. Wir kommen zum Gold und zum wahren Kern in uns, wenn wir die persönliche Sicht überschreiten und unser individuelles Zentrum durch die Abwendung von der Persönlichkeit in der Zuwendung zu einem höheren Zentrum finden. Das ist das Anliegen Jupiters, der naturwissenschaftlich gesehen eine verhinderte, esoterisch gesehen eine werdende Sonne ist. Doch auch dieser Weg hat erhebliche Tücken aufzuweisen. Wenn der Gralssucher sein Sonnen-Ich ablegt, bevor er es ganz gefunden hat, verfällt er Jupiter, der als Guru, eine Ideologie oder als Fanatismus religiöser und sonstiger Art auftritt. Vor lauter Vernunft sieht man den praktischen Verstand nicht mehr, aus gesunder Ernährung z.B. wird unausstehlicher Gesundheitsfanatismus, aus wissender Erkenntnis kosmischer Zusammenhänge blinde Gläubigkeit irgendwelcher fremden Vorstellungen.

Wir haben die Trennung und die jeweils einseitige Entwicklung der zwei Wege deutlich genug in unserer Welt. Merkur und Jupiter sind getrennt und bekämpfen sich, sie müssen vereinigt werden. Die Vereinigung ergänzender Gegensätze ist jedoch nicht ganz einfach, denn wenn man sie zusammenbringt, entsteht Alles und Nichts zugleich, und das ist für unser dualistisches Denken zu viel. Wir haben nur eine Möglichkeit, die schon bei Mars und Venus praktizierte Vereinigung über das Andreaskreuz.

Merkur	Jupiter
Wissen	Glaube
Materialismus	Idealismus
Verstand	Vernunft
Zweck	Sinn
Taktik	Strategie
Analyse	Synthese

Zunächst müssen wir Merkur und Jupiter in ihre Bestandteile auflösen, so gründlich es nur geht. Die Beispiele der Tabelle können natürlich noch beliebig vermehrt werden. Das ist die alchemistische Trennung, und wir erhalten dadurch eine Reihe ergänzender Gegensatzpaare. Jetzt erst können wir an die Vereinigung oder die alchemistische Bindung herangehen, und zwar über Kreuz. Die ergänzenden Gegensätze können nicht direkt verbunden, wohl aber über Kreuz vermählt werden. Die Vereinigung muß mit allen möglichen Kombinationen vollzogen werden, nur so werden Merkur und Jupiter Freunde.

Ein Beispiel: Niemals werden sich Wissenschaft und Religion direkt einigen können, denn die Wissenschaft pocht auf den angeblich objektiven Verstand und der Glaube an eine logisch unbeweisbare, doch angeblich höhere Vernunft göttlicher Art. Eine Lösung der Feindschaft wird nur möglich, wenn sich die Wissenschaft der Vernunft und der Glaube dem Verstand öffnen. Vernünftige Wissenschaft und verstandener Glaube sind Vermählungen von Merkur und Jupiter, ohne daß die Gegner von gestern gemerkt haben, daß sie heute Freunde geworden sind. Die moderne Naturwissenschaft zeigt durchaus Ansätze, den Verstand gegen die Vernunft einzutauschen. Dadurch geht der Verstand keineswegs verloren. Andererseits sehen wir überall Bemühungen – etwa dieses Buch – Glaubensdinge zu verstehen, wodurch wiederum eine göttliche Vernunft kaum leidet.

Diese kreuzweise Vermählung entlang aller Gegensatzpaare ist die einzige Möglichkeit, sie ist zugleich eine dringende Notwendigkeit, denn die Merkur-Jupiter-Problematik ist die Eintrittskarte in die Wassermann-Zukunft. Gehen wir ans Werk, und Gold wird im Lande fließen. Lassen wir es sein, und wir werden im Blei verkommen. Was wollen wir?

Die Entdeckung Plutos ist der Hinweis, daß es heute für uns Menschheit – wie man so sagt – um die Wurst geht. Es eröffnet sich die Möglichkeit, die zerstörte Alte Gralsburg der alten Planeten als Neue Gralsburg wieder aufzubauen. Die unabdingbare Voraussetzung ist die Meisterung des kleinen Werkes, die Silberschale des Mondes muß bereitgestellt werden. Gelingt das, haben wir das horizontale Problem gelöst, und unsere Welt erscheint in der »objektiven« Sicht der rubedo. Was gemeint ist, zeigt noch einmal die Planetenordnung in Rot.

7. Chakra	Geistwesen	Sonne	Gold	Saturn
6. Chakra	Erzengel	Merkur	Quecksilber	Uranus
5. Chakra	Engel	Venus	Kupfer	Neptun
4. Chakra	Mensch	Erde	Merkurius	Pluto
3. Chakra	Tier	Mars	Eisen	11. Planet
2. Chakra	Pflanze	Jupiter	Zinn	12. Planet
1. Chakra	Mineral	Saturn	Blei	Sonne

Das A und O zu dieser Ordnung der Zukunft ist Merkurius, der als Bote den verlorenen Gral wiederfindet. Nach dem vollbrachten kleinen Werk besteht Merkurius aus Silberblei, durch die Vermählung von Mars und Venus bringen wir den gefallenen Saturn auf die Erde. Die Frage ist nur, was der Teufel auf der Erde macht. Wenn wir ihm helfen, in den Himmel zu fahren, ist er uns dankbar, tun wir es nicht, frißt er uns. Genauso denkt Gott im Himmel! Das ist Erlösung.

Merkurius muß durch das große Werk zu Silberbleigold gewandelt werden, nur so kann im Herzen (4. Chakra) die Sonne erhalten bleiben, die ansonsten in den Kopf steigt und die Erde sich selbst überläßt. Heute leben wir in einer Welt, in der die Sonne bereits im Kopf ist, allerdings nur als Vorstellung, das ist die Folge der modernen »giftigen« Goldherstellung Saturn-Merkur-Sonne. Unsere Herzen sind aber leer bis auf die immer größer werdenden Bleispuren darin.

Pluto ist Gold, wenn wir ihn als Eigenkraft begreifen, er zerstört aber alles und wird uns wahrscheinlich durch die Kernkraft auslöschen, solange wir nichts Besseres zu tun haben, als unsere Feinde zu bekämpfen, seien diese der Teufel, Gott, die Russen, die Amerikaner oder Frau Müller.

Merkurius führt uns zum Gral, und der Gral ist dreifältig aus Saturn, Mond und Sonne zusammengesetzt als Einheit. Wenn wir bleiernen Herzens wie törichte Kinder mit den Kräften Plutos herumspielen, erzeugen wir nicht den Gral, sondern Grauen und Greuel. Dieses aus Blei und Radioaktivität zusammengesetzte Monstrum sieht dem Gral täuschend ähnlich, weshalb auch so viele Menschen darauf hereinfallen:

Nur der erfahrene astrologische Gralssucher erkennt darin den verärgerten Saturn im Bund mit dem wütenden Pluto. Er setzt den fehlenden Punkt ein, ändert sein Leben und blickt nun mit ein bißchen mehr Hoffnung in die Zukunft.

Damit wir dieses Buch mit dieser Hoffnung schließen können, besteigen wir ein letztes Mal unser Fernstern-Ufo und fahren damit in die vierte Dimension. Wir landen im Zentralhof der Roten Gralsburg, wo man die Zukunft befragen kann, und stellen die Frage nach der weiteren Zukunft des Planeten Erde.

Die Antwort ist gut und schön, die »jungen« Planeten Jupiter und Venus treten hervor, begleitet von einem goldenen Engel. Er spricht: »Das ist eine mögliche Zukunft, doch nur, wenn du den »Schwarzen Peter« selbst schluckst. Die letzte Wahrheit ist einfach wie frischer Käse und schmeckt genauso gut. Die Zukunft machst du selbst, singe ein Lied und fange an!«

Sprach's und verschwand...

NACHWORT

Astrologie kann man auf verschiedenen Ebenen betreiben. Die psychologisch orientierte Astrologie untersucht das Horoskop und versucht, daraus die Charakteranlagen des Betreffenden zu erkennen. Eine andere Einstellung zur Astrologie versucht, die laufende Zeit mit Hilfe des Horoskops zu fassen, um dadurch das – als gegeben angenommene – persönliche Schicksal des Horoskopeigners zu sehen. Die logische Synthese beider Sichten ist die Erkenntnis, daß Charakter und Schicksal eins sind.

Das vorliegende Buch setzt hier ein und versucht in der Hauptsache zweierlei zu zeigen. Erstens die Möglichkeit und die Notwendigkeit, das Horoskop nicht nur in der Zeit, sondern auch im Raum und in der Umwelt zu erleben und zu leben. Zweitens die Einsicht, daß wir die in der Zeit vor uns liegende Zukunft, also unser Schicksal, zumindest zum großen Teil selbst gestalten können und sollten. Die Betrachtungen über die Zeit sind verwirrend und nie eindeutig. Wir müssen erkennen, daß wir in verschiedenen, auch gegensätzlichen Zeitströmen leben, und wir müssen lernen, trotzdem stets das als richtig Erkannte zu tun.

Hierdurch wird die Astrologie zur wirksamen Orientierungshilfe in Zeit und Raum. Sie wird weiterhin zur gestaltenden Kunst, die, wie auch die wahre Philosophie, die engen Grenzen einer wissenschaftlichen Einstellung sprengt. Zu unserer aller Glück und Hoffnung, daß wir aus einer scheinbar trostlosen Lage doch noch weiterkommen.

Da die moderne Welt nur allzu gern alles auf das »nur« Psychologische reduziert und dadurch den Erscheinungen ihre Wirklichkeit in der realen Welt nimmt, soll hier ausdrücklich betont werden, daß Gralsburg und Gral wirklich existieren. Daß sie nur durch symbolische Metaphern beschrieben werden können, tut ihrer Realität keinen Abbruch, es liegt vielmehr in ihrer Natur. Hier ist Wirklichkeit auch nicht etwa im Sinne einer nur seelischen Wirksamkeit gemeint, sondern schlicht und einfach die Tatsache, daß es die Gralsburg und den Gral gibt. Sie sind so real wie der Schreiber oder der geneigte Leser selbst. Man kann sie suchen, und man kann sie finden. Man muß daran glauben, und man muß wissen, wie man vorzugehen hat. Weder das Wissen allein, noch der Glaube nur führen zum Gral, Gralssuche ist die Vermählung beider, und der Gralssucher arbeitet am kleinen, später am großen Werk.

Unsere Welt hat zum Überleben nur eine Chance: Wenn immer mehr Menschen einsehen, daß das alte Wissen kein dummes Zeug, sondern Wahrheit ist. Doch die Einsicht im Kopf allein genügt noch nicht. Die Aussagen müssen »wörtlich« genommen werden, das heißt, die Symbole müssen wie Bäume in die Erde verpflanzt werden, damit sie leben und wachsen. Das allein verändert die Welt wirklich. Unsere Zeit ist deshalb besonders geeignet für die Anwendung des alten Wissens, weil die – inzwischen durchgedrehte – Wissenschaft Mittel zur Verfügung stellt, wovon die Menschen früherer Zeiten nicht einmal zu träumen wagten. Es ist das erste Mal seit 10000 Jahren, daß die Menschheit die Möglichkeit erhält, globale Verantwortung für den ganzen Planeten zu übernehmen. Es ist sozusagen die Aufnahmeprüfung in die Vorschulklasse an der Engelschule. Versagen wir jetzt, so erweisen wir uns als Behinderte.

Ich habe die Gralsburg so beschrieben, wie ich sie sah. Viele Leser werden sie wiedererkennen, andere haben andere Erfahrungen gemacht. Die Darstellung ist zwar ziemlich knapp gehalten, doch hoffe ich, daß sie deutlich und verständlich genug ist, und daß sie genügend Anhaltspunkte für die konkrete Suche liefert. Da ich für jede Meinungsäußerung dankbar bin, gebe ich meine Anschrift an. Ebenso mein Horoskop, denn mancher Leser wird sich für die persönliche Gleichung des Schreibers interessieren.

Konstanz, den 1. August 1983

Zoltán Szabó
Stifterstraße 31

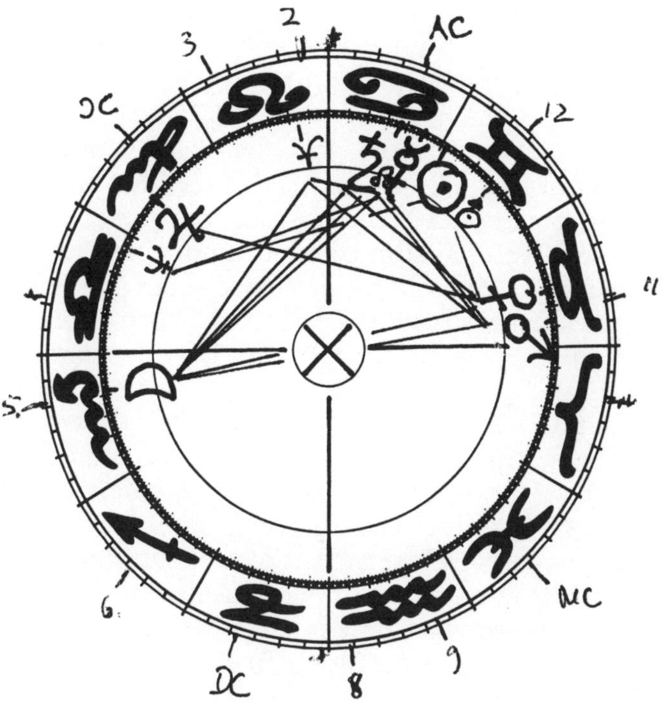

21.6.1945 5.55 S.Z. Györ

Der Name, den wir tragen, ist kein zufälliges Anhängsel, sondern Ausdruck unserer Persönlichkeit. Auf dieser Grundlage führen Zoltán und Ingrid Szabó uns zu einer Namensdeutung, die nicht auf der üblichen Umwandlung von Buchstaben in Zahlen beruht, sondern die Initialen in Runen umwandelt. Alsdann wird aus dem Sinngehalt der Runen die Kombination der Initialen gedeutet – mit erstaunlicher Treffsicherheit und Aussagekraft.

Zoltán Szabó, Ingrid Szabó
Geheimnis der Namen
Runenkombinationen für
Namensdeutung und Orakel
Paperback, 224 S., 14 x 21 cm
ISBN 3-89060-033-6

Zoltán Szabó ist einer der wenigen heutigen Runenforscher, die das Wissen um Ursprung und Sinn der Runen wirklich vorangebracht haben. BUCH DER RUNEN ist ein maßgebliches Buch, das die Runen in einen Sinnzusammenhang stellt und so verborgene Bedeutungen ans Licht bringt. Ein Muß für alle an dem Thema Interessierten.

Zoltán Szabó
Buch der Runen
Götter, Lebensbaum und Runenkosmos
Gebunden, 256 Seiten, 13 x 21 cm
ISBN 3-89060-035-2

Dieses Buch ist ein echtes Kleinod. Es ist inspiriert von der »Astrologie des Schwanes« von Sokrates, einem mysteriösen Buch, das dem Autor auf eigenartige Weise zugefallen ist. Diese Schrift ist absolut unverständlich, doch aus Bruchstücken, die Zoltán Szabó gekonnt in einen Zusammenhang stellt, gewinnen wir Einblick in das wahre Wesen von Alchimie und Astrologie.

Zoltán Szabó
Alchimie des Schwanes
Die Reise des Sokrates durch
die Planetensphären zum Tierkreis
Klappenbroschur, 128 S., 13 x 20 cm
ISBN 3-89060-036-0

»Geist der Bäume« beschreibt die uralte tiefe Freundschaft zwischen Mensch und Baum. Es führt uns in das Innere der Körper der Bäume, erklärt die elektromagnetischen Kraftfelder und wie Bäume mit Hilfe von Licht kommunizieren. Und es führt uns zum Geist der Bäume, der in jeder Baumart eine andere Ausprägung annimmt. Wege werden beschrieben, auf denen der heutige Mensch sich wieder einstimmen kann, um in einen bewußten und liebevollen Austausch mit lebendigen Bäumen zu treten.

Fred Hageneder
Geist der Bäume
Eine ganzheitliche Sicht des Wesens der Bäume
Paperback mit Fadenheftung,
384 Seiten, 17 x 24 cm, reich illustriert,
viele Farbabbildungen
ISBN 3-89060-449-8

Die Zeit ist reif, unser Verständnis von Ökologie entscheidend zu vertiefen. Dieses Buch hilft uns, die Scheuklappen abzulegen und neue Horizonte zu entdecken.

Dolores LaChapelle
Weisheit der Erde
Das Grundwerk der Tiefenökologie
Pb., 400 Seiten mit 27 Fotos.
ISBN 3-89060-409-9

Das Vermächtnis einer Frau, die der Stimme der Erde lauscht und sie für uns alle hörbar macht. Tiefenökologie geht über das vom begrenzten rationalen Denken Erfaßbare hinaus und hinein in die mystische, magische und existenzielle Wirklichkeit unseres Seins. Wir sind ein Teil dieser Erde, liebevoll aufgehoben und geborgen, und Angst hat keine Berechtigung mehr. Denn wir sind Teil des immerfort fließenden Stromes von Seinsform zu Seinsform.

Dolores La Chapelle
Heilige Erde - Heiliger Sex
3 Bände, Pb., je über 320 Seiten
ISBN 3-89060-018-2, -019-0, -020-4

Nachdem die Vorstellung, daß in der Natur unsichtbare Intelligenzen am Wirken sind, nicht mehr ganz so absonderlich erscheint, wie noch vor Jahren, ist jetzt die Zeit gekommen für dieses Buch, in dem uns einer vom elbischen Volk der Leprechâns erzählt, wie wichtig die Zusammenarbeit der Menschen mit den Naturgeistern ist. Leicht lesbar und auf unterhaltsame Weise bringt uns die Autorin Tanis Helliwell die Welt der Elfen, Devas und Elementale näher – und selbst Skeptiker werden ihr Vergnügen haben und ins Nachdenken kommen.

Tanis Helliwell
Elfensommer
Meine Begegnung mit den Naturgeistern
Ein Tatsachenbericht
Paperback, 224 Seiten
ISBN 3-89060-318-1

Feng-Shui ist in aller Munde, aber die wenigsten wissen, daß Feng-Shui nur ein Aspekt der traditionellen Wissenschaft der Geomantie ist.

Um Geomantie zu verstehen, muß man sich auf das Unsichtbare einlassen, eine ganzheitliche Wahrnehmung entwickeln. Die Autorin öffnet in diesem Buch den Blick auf überzeugende Weise. Zuerst erklärt sie die Grundlagen der Geomantie, die auf einem traditionellen Wissenschaftsbild beruhen. Ohne ein Verständnis dieser Grundlagen – alles ist Schwingung, die Erde ist ein Lebewesen, es gibt unsichtbare feinstoffliche Dimensionen – ist Geomantie nicht möglich, bedeutet doch schon das Wort: »die Erde erspüren«.

Petra Gehringer
GEOMANTIE
Wege zur Ganzheit von Mensch und Erde
Überarbeitete Neuauflage,
416 Seiten, viele teils farbige Abb., kartoniert
ISBN 3-89060-469-2

Broschüre
Geomantie & Tiefenökologie
Das neue Erdbewußtsein«
48 Seiten
ISBN 3-89060-485-4

Es gibt zwei Sorten von Engeln: Die mit Flügeln und die mit Blättern!

Projekt HEILIGER HAIN

Das Projekt HEILIGER HAIN soll dazu dienen, die Heiligkeit der Bäume wieder anzuerkennen, das Band zu ihnen zu erneuern und den Menschen wieder in die Obhut des Lebens-Weltenbaumes zu stellen.

Wir wollen verschiedene Konzepte von Heiligen Hainen verwirklichen: einen traditionellen keltischen Baumkreis als Baumheiligtum; ein Areal mit Bäumen für alle Kulturen und Religionen, da ja alle Traditionen den Baum heilighielten; und Flächen, auf denen der Wald sich selbst gehört.

Ein Info-Pavillon vor Ort sowie professionelle Öffentlichkeitsarbeit sollen helfen, dem BAUM seine Würde innerhalb der modernen europäischen Kultur und Gesellschaft zurückzugeben.

Wenn Sie Interesse haben oder uns tatkräftig (Baumpflanzungen), ideell oder finanziell unterstüzen möchten, schreiben Sie uns:

Sie finden unsere Bücher in Ihrer Buchhandlung oder im Internet unter **www.neueerde.de**

Bücher suchen unter: **www.buchhandel.de**. (Hier finden Sie alle lieferbaren Bücher und eine Bestellmöglichkeit über eine Buchhandlung Ihrer Wahl.)

Bitte fordern Sie unser Gesamtverzeichnis an unter

NEUE ERDE Verlag
Cecilienstr. 29 · D-66111 Saarbrücken
Fax: 0681 390 41 02 · info@neueerde.de

NEUE ERDE